Carola Ferstl

Keine Angst vor Mäusen

GOLDMANN
Lesen erleben

Carola Ferstl

KEINE ANGST VOR MÄUSEN

So kriegen Frauen ihre Finanzen in den Griff

GOLDMANN

 Dieses Buch ist auch als E-Book erhältlich.

MIX
Papier aus verantwor-
tungsvollen Quellen
FSC
www.fsc.org   FSC® C014496

Penguin Random House Verlagsgruppe FSC® N001967

1. Auflage
Originalausgabe Mai 2021
Copyright © 2021: Wilhelm Goldmann Verlag, München,
in der Penguin Random House Verlagsgruppe GmbH,
Neumarkter Str. 28, 81673 München
Umschlag: Uno Werbeagentur, München
Umschlagillustrationen: FinePic®, München
Umschlagfotografie: Malou Pentzien
Redaktion: Nadine Lipp
Satz: Satzwerk Huber, Germering
Druck und Bindung: GGP Media GmbH, Pößneck
Printed in Germany
CH · IH
ISBN 978-3-442-17915-2

Besuchen Sie den Goldmann Verlag im Netz

Inhalt

. . . .

Teil I: Geld – alles Psychologie, oder?

Teil II: 7 Lifehacks für Ihre finanzielle Wellness

Vorwort

Keine Sorge, dieses Buch ist keine dröge Lektüre mit viel finanztechnischem Blabla über Rente, Aktien oder Fonds. Im Grunde geht es darin gar nicht ums Geld, sondern darum, dass es Ihnen gut geht und Sie sich wohlfühlen.

Jetzt schauen Sie sicher nochmals auf den Titel. Ja, richtig, da steht: »Keine Angst vor Mäusen«. Das bedeutet doch wohl Geld, Kohle, Knete, oder? Wie sollte es da nicht um Finanzen gehen?

Stimmt, Sie werden einiges über Geld lesen auf den nächsten Seiten. Sie werden vielleicht sogar Ihr Portemonnaie holen und das Geld darin zählen.

Dieses Buch wird Sie aber ganz sicher nicht langweilen. Am Ende Ihrer Lektüre werden Sie nicht nur wesentlich mehr wissen, sondern sich vor allem wohler fühlen.

Warum ich das so sicher sagen kann? Weil ich selbst erlebt habe, wie Geld zu einem höchst interessanten und sogar zu einem Wellness-Thema werden kann.

Als ich ins Arbeitsleben startete, war ich alles andere als eine erfahrene Finanzfachfrau. Beim Thema »das liebe Geld« hatte ich die gleichen Ängste und Vorbehalte wie Sie: Reicht es zum Leben? Kann ich es mir erlauben, eine Familie zu gründen? Kann ich mir meine Wünsche erfüllen und irgendwann sorgenfrei in die Zukunft schauen? So wie Ihnen und mir geht es übrigens fast allen Menschen, auch denen, von denen wir es vielleicht am wenigsten erwarten.

Für dieses Buch habe ich viele »Money-Mind-Interviews« mit prominenten Frauen geführt, die Sie aus dem Kino oder dem Fernsehen kennen. Diese tollen, starken Vorbilder haben mir von ihren Erfahrungen berichtet. Sie werden auf den folgenden Seiten daher auch lesen, was zum Beispiel Maren Gilzer, Katja Burkard, Dagmar Wöhrl, Susanne Fröhlich und Frauke Ludowig über ihre »Mäuse« zu erzählen haben – und das ist ganz schön spannend!

Im ersten Teil des Buches möchte ich zunächst mit Ihnen erforschen, warum es uns so schwerfällt, über Geld zu sprechen und unsere finanziellen Dinge zu ordnen. Dahinter steckt nämlich einiges, das mit unserer Erziehung, unseren Erfahrungen und unseren Glaubenssätzen zu tun hat. Es ist also nichts, was sich nicht verändern ließe – Sie müssen sich nur erst einmal bewusst machen, woher Ihre Einstellungen und Verhaltensweisen in Bezug auf Geld stammen und in welche Richtung Sie sie ändern möchten.

Im zweiten Teil des Buches beschreibe ich die sieben Lifehacks, mit denen Sie Ihr finanzielles Leben auf eine stabile Basis stellen können. Das ist weder besonders kompliziert noch besonders anstrengend: Die eigenen Finanzen zu ordnen, bei Steuern und Versicherungen den Durchblick zu haben, in der Partnerschaft für finanzielle Gerechtigkeit und in der Erziehung für einen vernünftigen Umgang mit Geld zu sorgen – all das ist im Grunde nicht schwierig. Sie brauchen nur ein bisschen Wissen und Lust, sich damit zu beschäftigen.

Sie werden sehen: Wenn Sie das, was ich Ihnen auf den folgenden Seiten näherbringe, tatsächlich umsetzen, ist das wirklich eine Art Wellnessprogramm. Denn am Ende werden Sie sich mit gesunden Finanzen einfach rundum gut und entspannt fühlen!

Eine unterhaltsame, wertvolle und lebensverändernde Wellness-Lektüre wünscht Ihnen Ihre

Carola Ferstl

Teil 1:

Geld – alles Psychologie, oder?

. . . .

Wie ist Ihr »Money-Mindset« – und warum?

In der Vorbereitung für dieses Buch habe ich mit vielen Frauen gesprochen. Mit erfolgreichen und weniger erfolgreichen, mit Frauen, die immer genug Geld haben, und mit solchen, die nie mit ihrem Geld auskommen und auf einem Berg unbezahlter Rechnungen sitzen.

Woran liegt es, dass der einen das Geld quasi an den Händen klebt, während es der anderen einfach durch die Finger rinnt?

Meiner Erfahrung nach liegt es zu einem großen Teil an der Einstellung, an der inneren Haltung zum Geld, neudeutsch am »Money-Mindset«. Es wird wesentlich geprägt durch die Glaubenssätze, die wir alle schon in unserer Kindheit mit auf den Weg bekommen und verinnerlicht haben.

Ob Sie wollen oder nicht, ob Sie es wissen oder nicht: Auch Sie haben ein »Money-Mindset«. Wie es aussieht, finden Sie am besten heraus, wenn Sie die folgenden Fragen für sich beantworten, die ich auch den Frauen gestellt habe, die ich interviewt habe. Nehmen Sie einen Stift und schreiben Sie auf, was Ihnen spontan zu diesen Fragen einfällt:

Selbsttest: Ihr persönliches »Money-Mindset«

1. Welches Gefühl haben Sie, wenn Sie an Geld denken?

Angst

2. Was sind Ihre Glaubenssätze zum Thema Geld?

Es ist schwer soviel zu verdienen, dass man finanziell abgesichert ist

3. Welche Rolle spielte Geld in Ihrer Kindheit für Sie? Welchen Umgang und welche Einstellung lebten Ihre Eltern Ihnen vor?

War nie ein Problem; man kann auch mit wenig Geld glücklich sein

4. Welche Rolle spielt Geld in der Beziehung zu Ihrem/r Lebenspartner/in?

Gemeinsame Sorge

5. Was machen Sie mit Geld, das Sie übrig haben, also nicht
   direkt für den Lebensunterhalt brauchen?

Sparen

6. Wie verhandeln Sie im Job über Ihr Gehalt bzw. über eine
   Gehaltserhöhung?

Gas nicht

7. Was tun Sie für Ihre Altersvorsorge?

*Vermutlich genug, sicher bl
ich mir nicht*

Die Antworten auf die ersten drei Fragen sehen wir uns im
ersten Teil dieses Buches genauer an. Zu den anderen werden
Sie wieder zurückblättern, wenn Sie sich in Teil II mit den
Lifehacks beschäftigen.

Geld ist (auch) Gefühlssache

»Geld hat doch nichts mit Gefühlen zu tun, sondern mit Wirtschaft und Mathematik.« Das denken viele, aber das ist ein Irrtum. Wirtschaft entsteht durch menschliches Handeln. Und menschliches Handeln ist immer ganz wesentlich durch Gefühle beeinflusst. Auch bei den Menschen, die denken, sie würden »ganz sachlich« entscheiden.

Mathematik selbst ist zwar abstrakte Logik – aber sie kann starke Gefühle auslösen (erinnern Sie sich mal an Ihren Matheunterricht in der Schule!). Übrigens haben wir alle ein mathematisches Grundverständnis, das ebenfalls von Gefühlen geprägt ist: Wir wissen intuitiv, dass »mehr« besser ist als »weniger« und dass es ungerecht ist, wenn Güter willkürlich ungleich verteilt werden. Darüber können schon Kinder in helle Wut geraten, selbst wenn es »nur« um Gummibärchen geht.

Wut ist aber bei Weitem nicht das einzige Gefühl, das mit Geld verbunden sein kann. Da gibt es noch viel mehr, zum Beispiel:

Liebe	Hass
Zufriedenheit	Unzufriedenheit
Sicherheit	Angst
Sehnsucht	Neid
Glück	Trauer
Stolz	Verachtung
Dankbarkeit	Zorn

Liebe zum Geld bescheinigen sich wohl nur wenige Menschen; dabei denken wir eher an Dagobert Duck als an uns selbst. Aber Liebe kann sich auch durch Geld ausdrücken, etwa wenn eine alleinerziehende Mutter es sich buchstäblich vom Mund abspart, um ihrem Kind einen Schulausflug oder einen Besuch im Tierpark zu ermöglichen.

Ein gutes Einkommen kann ein Grund für Zufriedenheit im Leben sein, ein finanzielles Polster ein Gefühl von Sicherheit vermitteln. Wer im Jetzt sparen und knapsen muss, denkt vermutlich mit Sehnsucht an eine Zeit in der Zukunft, in der genug Geld da sein wird, um sich ein paar Wünsche erfüllen zu können. Unverhofft zu Geld zu kommen, kann Glücksgefühle auslösen, eine Summe, die wir uns hart verdient haben, kann uns stolz machen. Und das Wissen, finanziell gut abgesichert zu sein, ist sicher ein Grund für Dankbarkeit.

Andererseits kann Geld auch mit negativen Gefühlen verbunden sein: Bis zum Hass steigert sich die Abneigung gegenüber dem »Mammon« wohl nur selten. Aber es gibt durchaus Menschen, die »Reiche« hassen – weil diese sehr viel Geld haben und damit deutlich mehr als andere. Wenn das Geld für den Lebensunterhalt nicht oder nur gerade so reicht, ist das ein Grund für Unzufriedenheit und Angst. Neid gegenüber finanziell Bessergestellten ist menschlich ebenfalls verständlich. Ebenso wie Zorn über zu Unrecht vorenthaltenes Geld und Verachtung gegenüber Menschen, die den Wert anderer nur an deren Finanzen festmachen.

Was haben Sie bei Ihrem Selbsttest notiert? Welches dieser Gefühle haben Sie bei sich erkannt? Welches nicht? Beides kann aufschlussreich sein, wenn es um Ihr »Money-Mindset« geht.

Was ich Ihnen mit dieser kleinen Betrachtung zeigen wollte: Geld selbst ist als Tausch- und Wertaufbewahrungsmittel neutral. Es ist weder gut noch böse. Aber je nachdem, was für Erfahrungen wir gemacht haben und wie unsere persönliche Situation aussieht, entwickeln wir unterschiedliche Gefühle in Bezug auf Geld. Diese Gefühle prägen unser Verhalten und unseren Umgang damit, was wir oft gar nicht bewusst wahrnehmen. Sie zu erkennen ist daher der erste Schritt, um sie zu hinterfragen und eventuell zu beeinflussen.

Geld und Glaubenssätze

Wie unterschiedlich und zwiespältig die innere Haltung zum Geld sein kann, zeigen auch die unterschiedlichen Glaubenssätze zu diesem Thema, die wir ebenfalls im Laufe unseres Lebens verinnerlicht haben. Viele davon haben sich in Sprichwörtern niedergeschlagen, andere formulieren wir selbst.

Beispiele für Geld-Glaubenssätze

- Geld regiert die Welt.
- Geld verdirbt den Charakter.
- Für Geld kann man den Teufel tanzen sehen.
- Der Geiz wächst mit dem Geld.

- Geld allein macht nicht glücklich.
- Geld ist etwas Schmutziges.
- Zeit ist Geld.
- Geld wächst nicht auf Bäumen.
- Wer den Pfennig nicht ehrt, ist des Talers nicht wert.
- Spare in der Zeit, so hast du in der Not.
- Geld beruhigt.
- Geld stinkt nicht.
- Geld bedeutet Freiheit und Unabhängigkeit.

Sehen wir uns die Glaubenssätze noch etwas genauer an. Welchen hatten Sie beim Selbsttest spontan notiert? Wie wirken die Glaubenssätze, die Sie gerade gelesen haben, auf Sie? Gehen Sie sie noch einmal bewusst durch, einen nach dem anderen.

Wo können Sie gefühlsmäßig sofort zustimmen, wo nicht? Warum ist das wohl so?

Übrigens habe ich auch die Schauspielerin Maren Gilzer nach ihren Gefühlen und Glaubenssätzen gefragt.

Maren Gilzer und ihr »Money-Mindset«

Welches Gefühl hast du beim Thema Geld?

Grundsätzlich ein gutes. Geld ermöglicht es mir, die Dinge zu tun, die mir Spaß machen.

Und welche Glaubenssätze hast du dazu?

Geld regiert die Welt. Das ist leider so. Politik ist damit in erster Linie eine wirtschaftliche Sache. Geld verdirbt aber

NICHT den Charakter. Es ist eher die Erziehung, die bestimmt, wie man mit Geld umgeht.

Alles Erziehungssache?

Welche Rolle spielte Geld in Ihrer Kindheit? Haben Sie Taschengeld bekommen? Hatten Sie ein Sparschwein? Welchen Umgang und welche Einstellung lebten Ihre Eltern Ihnen vor? Können Sie im Rückblick erkennen, inwieweit Sie von diesen Erfahrungen geprägt wurden?

In manchen Familien ist Geld ein Tabuthema, über das »man« nicht spricht. In anderen spricht man oft über Geld, eben weil es fehlt oder weil man sich mehr davon wünscht. In wieder anderen Familien ist es vor allem dann ein Thema, wenn darüber gestritten wird.

Zu Streit führt Geld oft auch deswegen, weil es eben gefühlsmäßig so unterschiedlich besetzt ist und wir Sachverhalte völlig unterschiedlich interpretieren. Wer in seiner Herkunftsfamilie durch große Sparsamkeit geprägt wurde, wird auf einen nicht unbedingt notwendigen Spontankauf des Lebenspartners vermutlich anders reagieren als jemand, in dessen Familie Geld immer reichlich vorhanden war. Was für den einen eine empörende Verschwendung ist, findet der andere möglicherweise kaum erwähnenswert. Umgekehrt wird so mancher, der sich selbst als sparsam einschätzt, von seinen Mitmenschen als geizig betrachtet. Auch in Ihrem Bekanntenkreis gibt es sicher für jeden Fall ein Beispiel.

Auf jeden Fall sollten wir uns bewusst machen, dass unsere Einstellung zum Geld auch mit unserer Kindheit und Erziehung zusammenhängt. Manches, was wir aus unserer Herkunftsfamilie mitbringen, kann uns daran hindern, einen gesunden Umgang mit Geld zu entwickeln. Sei es, weil wir gelernt haben, dass Geld »böse« ist und man sich am besten nicht näher damit befasst. Oder weil unser Geldverhalten immer noch aus einer kindlichen, lustorientierten Haltung heraus erfolgt und es uns deshalb immer »einfach so« durch die Finger rinnt.

Welche Erfahrungen mich in diesem Zusammenhang geprägt haben und was ich daraus für mein Leben gelernt habe, erzähle ich Ihnen im nächsten Kapitel. Zuvor lasse ich aber die Fernsehmoderatorin Katja Burkard zu Wort kommen.

Katja Burkard und ihr »Money-Mindset«

Katja, was für ein Gefühl hast du, wenn du an Geld denkst?
Oh, was für ein Gefühl? Ein gutes. Ich bin so erzogen, dass man sein Geld zusammenhält, dass man keine Schulden macht und immer einen Notgroschen hat. Das habe ich beherzigt.

Wie bist du mit Geld aufgewachsen?
Meine Eltern hatten eine Gastwirtschaft, da musste ich von Kindesbeinen an mithelfen. Wenn ich beim Bierzapfen nicht aufpasste und zu viel Bier übers Glas lief, sagte mein Vater immer: »Da läuft das Geld!« Ich sah nur das Bier und verstand erst später, was er meinte.

Welche Glaubenssätze hast du in Bezug auf Geld?

Man soll das Geld nicht zum Fenster rauswerfen! Das habe ich von meinen Eltern. »Let it flow – Geld muss fließen«, das ist mein Satz. Geld muss im Umlauf sein, dann kommt es zurück. Das hat etwas »Karmisches« für mich. Ich bin auch etwas abergläubisch: Ich kann gefundenes Geld nicht behalten, sondern muss damit etwas Gutes tun.

Was machst du mit Geld, das du übrig hast?

Da kaufe ich meinen Lieben etwas oder schenke mir selbst etwas, was ich mir lange schon wünsche. Viele Frauen kaufen sich ja Handtaschen, ich habe da lieber Sportgeräte. Ich habe mir neulich eine tolle Rüttelplatte geschenkt.

Warum Geld für mich total sexy ist

Meine Reise in die Welt des Geldes und meine Auseinandersetzung mit den persönlichen Finanzen verdanke ich zu einem großen Teil meinem Vater. Als ich ein Kind war, hatte er für mich magische Fähigkeiten, fast wie der Zauberer im Zirkus, der ein Kaninchen aus dem Hut zog. Denn mein Vater konnte meiner Mutter »die Rente berechnen«.

Er erklärte mir, dass er damit in die Zukunft sehen und der Mama vorhersagen könne, dass sie im späteren Leben keine Geldsorgen haben würde. Ich spürte, wie erleichtert er darüber war und sah, dass er oft den grauen Ordner in die Hand nahm, aus dem er diese rosige Zukunft herauslesen konnte. »Rente Roswitha« hatte er auf den Deckel geschrieben.

Meine Mutter hatte eine feste Anstellung und verdiente Monat für Monat ihr eigenes Geld. Sie hörte geduldig zu, wenn mein Vater ihr die genauen Zahlen zu ihrer zukünftigen Rente vorrechnete. Ich hatte aber manchmal das Gefühl, dass ihr das Thema doch etwas unangenehm war. Sie war schließlich erst Anfang 30, und die Rente war noch ganz weit weg.

Jedes Jahr zum Weltspartag ging ich mit meinem Vater zur Sparkasse und öffnete meine hölzerne Sparbüchse mit dem niedlichen Schneewittchen-Motiv. Ich drehte sie unten einfach auf und ließ alle Münzen auf das Zählbrett rollen. Dabei war ich froh, dass ich so eine praktische Büchse hatte und nicht erst ein armes Porzellan-Schweinchen zerschlagen musste, um an mein Geld zu kommen.

Die Summe wurde fein säuberlich in das rote Sparbuch gedruckt, das ich stolz wieder nach Hause trug. Zusammen mit einem Päckchen Gummibärchen, das ich als zusätzlichen Lohn fürs Sparen bekam. Für mich war der Weltspartag immer ein schöner Tag!

Mit den Jahren wuchs mein kleines Sparvermögen an, dank einiger Extra-Zahlungen zu Geburtstagen und von Verwandten. Neben dem normalen Sparbuch startete ich mit den ersten Festgeldanlagen, für die es damals noch deutlich mehr Zinsen gab als heute.

Mein Vater weckte auch schon früh den unternehmerischen Geist in mir, indem er mich ermunterte, in der Schule gebastelte Gruseligkeiten an die Verwandtschaft zu verkaufen. So landeten selbstgehäkelte Socken gegen ein paar Münzen bei der Oma und ein hölzernes Seeräuberschiff ging direkt in den Besitz des Ideengebers über, natürlich auch für bare Münze und ohne Provision für seine gute Geschäftsidee. Aber mein Vater wollte mir damit ja etwas beibringen: Dass ich nämlich selbst etwas herstellen konnte, das für andere so viel Wert hat, dass sie es bezahlten. Mein »Lehrgeld« zahlte also er.

Zum Glück gab es nie Geldsorgen in meiner Kindheit. Am Samstag ging ich oft mit meiner Mutter in die Stadt, wo wir ein Eis aßen und danach im Spielwarenladen ein neues Kleid für meine Barbie auswählten.

Meist waren es Ballkleider in bunten Farben mit viel Glitzer, wie sie wohl heute die Kardashians zu jeder Gelegenheit anziehen würden. Natürlich träumte ich auch davon, einmal in einem solchen Kleid in die Oper zu gehen oder vor einer Kamera zu stehen. Mir war aber immer klar, dass ich dazu nicht unbedingt einen Ken brauchen würde. Ich nahm mir vor, auch ohne Mann tolle Unternehmungen zu machen. Damit war ich damals immerhin geistig schon weiter als die arme Barbie, die ja erst viele Jahre später von ihrem Frauchen-Image loskommen sollte.

Meine ersten selbst verdienten Mäuse

Ich dachte schon früh darüber nach, wie ich selbst Geld verdienen konnte. Nämlich sobald mir klar wurde, dass das Geld, das mir meine Eltern zusteckten, letztlich nur von der einen Hosentasche in die andere wanderte.

So kam ich auf die Idee, Musikunterricht zu geben. Meine eigene Karriere als Musikerin endete zwar bei einfachen Klavierstücken von Mozart und Chopin. Damals war »Für Elise« aber ein wahrer Straßenfeger, und ich war sehr stolz, als ich es auf meinem alten Piano spielen konnte! Aus dem kleinen Talent machte ich ein kleines Geschäft und startete mit Blockflöten- und Klavierunterricht für die jüngeren Kinder aus der Nachbarschaft.

Als ich 14 Jahre alt war, las ich in der *Petra* von einem Model-Wettbewerb, den die Frauenzeitschrift ins Leben gerufen hatte. Ich beschloss sofort, mein Glück zu versuchen und schickte Fotos von mir ein. Tatsächlich kam ich in die Endausscheidung und wurde nach Hamburg eingeladen – was war ich darauf stolz! Gemeinsam mit meinen Eltern fuhr ich in die 200 Kilometer entfernte Großstadt, den Kopf voller Träume. Leider kam dann heraus, dass ich noch nicht 16 Jahre alt war, wie gefordert. Wir fuhren also ernüchtert wieder zurück.

Trotzdem fasste ich wieder Mut und stellte mich selbst bei einer Agentur in Hamburg vor. Diesmal wurde ich angenommen und bekam bald darauf die ersten Jobs als Model für eine bekannte Friseurin. Träume hatte ich immer noch – sobald ich das Geld dafür beisammenhatte, kaufte ich mir eine rote Vespa.

Schon damals ging es mir aber nicht nur um Konsum, sondern ich sparte in der Folgezeit einen Teil meiner Gagen als Model, um mir einen echten Herzenswunsch zu erfüllen: Ich hatte meiner Oma versprochen, dass ich alles tun würde, damit sie nicht in ein Altersheim gehen musste.

Für uns Frauen ist die Vereinbarkeit von Kindern und Beruf seit eh und je ein wichtiges Thema. Meine Mutter hat immer gearbeitet. Ihre Mutter, meine Oma, hat sie im Haushalt und bei meiner Betreuung unterstützt. Darum stand mir meine Oma immer sehr nah. Als ich 15 war, starb mein Opa, und meine Oma war allein. Nur sehr selten sprachen wir darüber, wie sie sich ihr späteres Leben vorstellte. Ganz sicher war sie sich aber, dass sie nicht in ein Heim wollte. Und dafür sparte ich.

Viele Jahre später konnte ich mein Versprechen wahrmachen. Viele Jahre sind bei der Geldanlage aber auch sehr hilfreich!

Meine ersten (kleinen) Karriereschritte

Während meines Studiums in Hamburg arbeitete ich nebenher, um meinen Lebensunterhalt zu finanzieren, aber auch um zu sparen und Geld auf die hohe Kante zu legen. Ich jobbte mit kleinen Rollen bei Filmproduktionen. Ein echtes Highlight war es für mich, als ich einmal neben Götz George beim Dreh der legendären »Schulz-und-Schulz«-Filme vor der Kamera stehen durfte. Meist waren die Jobs aber weniger glamourös und ich steckte beispielsweise für einen Waschmittel-Werbespot Socken in eine Waschmaschine und freute mich anschließend ganz doll darüber, wie sauber sie wurden.

Den Hauptteil meiner Einnahmen verdiente ich im Regionalprogramm von RTL, wo ich jeden Nachmittag drei Minuten lang die Nachrichten vorlas. Die Entlohnung für diesen Drei-Minuten-Job war für eine Studentin geradezu fürstlich.

Eines Tages fragte mich mein damaliger Freund, ob ich mich nicht beim ZDF als Ansagerin bewerben wolle. Im ersten Moment war ich empört: Mit meinem Diplom in BWL wollte ich mehr, als Spielfilm-Handlungen vorzulesen. Dann dachte ich noch mal darüber nach. Am nächsten Tag schickte ich meine Bewerbung ans ZDF.

Leider wurde ich nicht zu einem Ansagerinnen-Casting eingeladen. Ich bekam aber immerhin ein Praktikum in der Redaktion in Mainz. Es dauerte ein wenig, bis ich verstand, dass ich als Praktikantin vor allem Kaffee kochen und kopieren sollte. Daher war ich etwas neidisch, als ausgerechnet während meines Aufenthaltes in Mainz eine neue Ansagerin ihren Dienst aufnahm.

Ich kopierte beleidigt weiter. Dabei fiel mir eines Tages ein Bericht auf, der von einem mutigen Unternehmer namens Karl-Ulrich Kuhlo handelte, der in Berlin einen neuen Nachrichtensender aufmachen wollte. Das klang schon wieder spannend!

Ich fand die Adresse des Unternehmers heraus und erfuhr, dass er gerade zu Terminen nach Frankfurt gekommen war. Am nächsten Tag nahm ich den Zug von Mainz nach Frankfurt, traf Karl-Ulrich Kuhlo zu einem Gespräch und hatte wenige Tage später meinen Vertrag als Redakteurin beim neuen Nachrichtensender ntv in der Tasche.

Ab August 1992 war ich Teil des Teams von ntv, am 30. November begannen wir zu senden. Schon bald arbeitete ich als

Redakteurin im Studio und machte da weiter, wo ich während meines Studiums aufgehört hatte: vor der Kamera.

Das war eine tolle, aber auch stressige Zeit: Unser Programm war 24 Stunden live, sodass ich morgens, mittags, abends und nachts für die aktuellen Nachrichten lebte und arbeitete und praktisch rund um die Uhr im Studio war.

Nach sechs Monaten ging das Geld aus. Nachrichten waren und sind in Deutschland eine Domäne von ZDF und ARD, den öffentlich-rechtlichen Sendern. Private Nachrichtenkanäle, wie CNN oder CNBC in Amerika, waren bei uns noch recht unbekannt.

Viele Kollegen mussten gehen, und mein Abenteuer in Berlin stand nach diesem intensiven halben Jahr kurz vor dem Aus.

Aber auch diesmal kamen mir das Glück und meine Eigeninitiative zu Hilfe. Denn auch in Frankfurt wurde die Redaktion abgebaut, die Wirtschaftssendungen sollten von nun an aus Berlin gesendet werden. Wer konnte das machen? Wer hatte wirtschaftliches Fachwissen und konnte am nächsten Tag die beliebte »Telebörse« aus Berlin moderieren? Ich meldete mich dafür.

Durchbeißen als Frau in einer Männerdomäne

Ich stand vor der Herausforderung meines Lebens. Plötzlich hatte ich es mit DAX und Dow zu tun. Die Börsennews zu moderieren war in etwa so einfach für mich, wie es für einen Außerirdischen wäre, ein Fußballspiel zu kommentieren. Noch dazu waren die männlichen Kollegen im Sender nicht unbedingt hilfreich. Jede Wissenslücke kommentierten sie genüsslich, sie hoben jeden Fehler hämisch hervor.

Die ersten Wochen ging es mir deswegen richtig schlecht. Ich dachte mehrfach darüber nach, am nächsten Tag einfach nicht mehr ins Studio zu gehen.

Was sollte ich nur tun? Schließlich entschied ich mich, den einzigen möglichen Weg zu wählen: den nach vorn. Da ich selbst erst einmal lernen musste, was die ganzen Börsen-Fachbegriffe bedeuteten, machte ich aus der Not eine Tugend und sprach aus, was ich gerade erst gelernt hatte: »Der DAX, das sind die Aktien der 30 größten deutschen Unternehmen«, »ein Fonds, das ist ein Korb von Aktien« etc. Je öfter ich eine kleine Erklärung dieser Art in meine Moderation einbaute, desto sicherer wurde ich. Das Tollste war aber die Resonanz der Zuschauer: Viele (auch Männer!) schrieben mir und bedankten sich für meine verständlichen Erklärungen, für die Einordnung der Begriffe und das Ende der Geheimsprache. Plötzlich interessierten sich immer mehr Menschen für die Börse, denn nun verstanden sie endlich, was dort vor sich ging.

Die klare Sprache wurde mein Markenzeichen, und so war ich schon bald »das Gesicht der Börse« im deutschen Fernsehen.

Eines Tages saß ein gutaussehender Mann in der Maske und wartete auf seinen Auftritt im Studio. Wir kamen ins Gespräch, und er stellte sich als Bodo Schäfer vor. Gerade hatte er einen Bestseller zum Thema Geld geschrieben und erzählte nun in allen Talkshows, wie man es schaffte, in sieben Jahren zur finanziellen Freiheit zu gelangen.

Als ich bedauerte, dass solche Bücher meist nur von Männern gekauft würden, sagte er, dass er ein solches Buch speziell für Frauen auf den Markt bringen wolle. Mein Interesse, seine Co-Autorin zu werden, war sofort geweckt. Vor allem, weil ich dachte, dass ich die Wünsche und Ängste von Frauen sicher besser kenne und verstehe als ein männlicher Autor. Bald darauf unterzeichneten wir einen Vertrag mit einem großen Verlag und legten los.

In den nächsten Monaten arbeitete ich mich in Themen wie die Rentenlücke, Risiko-Lebensversicherungen, Bürgschaften und Erbschaften ein. Dabei wurde mir schnell klar, warum Frauen sich so ungern damit beschäftigen. Zum einen schienen die Texte und Bücher ausschließlich von Männern für Männer geschrieben zu sein. Zum anderen waren und sind die Bedingungen und Aussichten für Frauen einfach deutlich schlechter: Frauen verdienen im Durchschnitt weniger als Männer, sie sparen weniger, sie legen so gut wie gar nichts in Aktien an. Sie bürgen für ihre Männer, verlieren alles durch Scheidung oder Trennung und sie treten im Job kürzer, wenn die Kinder kommen. Dadurch bringen sie sich um die Karriere, die ihre Männer einfach durchziehen. Wie sollte frau bei dieser miserablen und unerfreulichen Ausgangslage überhaupt Interesse fürs Thema Finanzen entwickeln?

Im Jahr 2000 erschien unser gemeinsames Buch »Geld tut Frauen richtig gut«, das auf Anhieb zum Bestseller wurde.

So begann für mich die »Rushhour« des Lebens. 1999 hatte ich geheiratet und in den Jahren darauf kamen unsere drei wunderbaren Kinder auf die Welt. Anfangs lebte auch noch meine Oma bei uns im Haus. Wir pflegten sie bis zu ihrem Tod im Jahr 2003.

Nach und nach veröffentlichte ich weitere Bücher zum Thema Frauen und Finanzen. Und da ich feststellte, dass durchaus auch Männer Fragen zur Geldanlage haben, kamen allgemeine Finanzratgeber hinzu.

2008 gründete ich dann den Verein »Learn Money«, denn Finanzthemen finden in der Schule viel zu wenig Beachtung. Wie sollen junge Erwachsene mit ihrem Geld umgehen können, wenn sie es nicht in der Schule gelernt haben?

Regelmäßig gehen wir nun gemeinsam mit anderen Initiativen in Schulen, um Kindern mit viel Spaß und Freude den Umgang mit Geld beizubringen. Den älteren Schülern zeigen wir sogar, wie man sein eigener Chef wird und ein kleines Unternehmen gründet. Man muss nur früh genug das Bewusstsein für das Thema schärfen, dann erzieht man ganz automatisch verantwortungsvolle Menschen, die mit ihrem Geld etwas Sinnvolles tun wollen, statt Angst vor der Verantwortung zu haben.

Auch heute moderiere ich noch für ntv verschiedene Ratgeber-Sendungen zum Thema Geldanlage, Steuern, Immobilien und Hightech. Seit dem Boom der Podcasts bin ich auch hier häufig zu Geldthemen zu hören und lade auf der App Clubhouse fast täglich diejenigen zum Money-Talk ein, die an der Börse die ersten Schritte wagen.

Was ich kann, können Sie auch!

Obwohl vieles nicht geplant war und Zufälle eine große Rolle spielten, sehe ich im Nachhinein ganz klar den roten Faden, der sich durch mein Leben zieht: Ich wollte etwas tun, das mich erfüllt. Ich wollte mich nicht durch Klischeevorstellungen einengen lassen, ich wollte meine Unabhängigkeit bewahren und finanziell gesichert leben können.

Ich habe früh begriffen, dass Geld für die Verwirklichung meiner Träume eine entscheidende Rolle spielt. Geld ist daher wirklich sexy für mich. Denn wenn ich selbst Geld habe, muss ich mich nicht von einem Mann abhängig machen. (Nicht einmal von meinem Mann, der für mich der beste Ehemann der Welt ist.) Ich muss nicht jeden Job annehmen, sondern kann das tun, was mich erfüllt. Ich muss mir keine Sorgen um die Zukunft machen, sondern weiß, dass ich auch im Alter gut leben kann und meinen Kindern nicht auf der Tasche liegen werde.

Wünschen Sie sich das nicht auch? Nun werden Sie vielleicht sagen: »Klar, die hat gut reden, die ist ja auch prominent und beim Fernsehen.«

Glauben Sie mir, darauf kommt es nicht an. Egal, ob Sie gelernte Friseurin, Fachverkäuferin oder Medizinische Fachangestellte sind, ob Sie als Altenpflegerin, Juristin oder Lehrerin arbeiten, das Prinzip ist immer dasselbe: Sie sollten sich um Ihre Finanzen kümmern wie um Ihr Aussehen – nicht ausufernd, aber regelmäßig und liebevoll.

Sorgen Sie dafür, dass Sie ein eigenes Einkommen haben und in der Partnerschaft nicht finanziell benachteiligt werden.

Legen Sie Geld auf die Seite und vorausschauend an. Schließen Sie die Versicherungen ab, auf die es wirklich ankommt, und sparen Sie sich den Rest. Berücksichtigen Sie ein paar steuerliche Grundlagen. Was Sie dabei konkret beachten sollten, lesen Sie in den sieben Lifehacks im zweiten Teil dieses Buches.

Jede Frau weiß, welches Shampoo ihrem Haar guttut, welche Creme ihre Haut verträgt und wie sie am besten entspannt. Solches Wissen brauchen Sie auch für Ihre finanzielle Wellness. Anders als beim Shampoo und der Creme müssen Sie dafür aber nicht etliches ausprobieren und Fehlschläge in Kauf nehmen, sondern können sich auf die erprobten Tipps verlassen, die Sie auf den folgenden Seiten finden.

Bevor wir mit dem konkreten Wellnessprogramm für Ihre Finanzen loslegen, müssen wir aber noch an Ihrer Einstellung arbeiten, an Ihrem Money-Mindset.

Wie Sie Ihr »Money-Mindset« beeinflussen

Stellen Sie sich vor, wie Sie Ihren Kleiderschrank ausmisten und aufräumen. Immer wieder haben Sie es vor sich hergeschoben, die Winterpullover in die eine Ecke gequetscht, die Jeans in die andere. Nun schauen Sie endlich einmal genau nach, welche Hose noch passt, welche Farbe wirklich nicht mehr modern ist, und Sie machen Platz für etwas Neues.

Sie können vorab schon mal überlegen, womit Sie sich anschließend belohnen wollen. Gönnen Sie sich etwas, tun Sie sich etwas Gutes, nachdem Sie in Sachen Finanzen geistig und praktisch Ordnung geschaffen haben.

Nun lassen Sie uns aber gemeinsam beginnen mit der Aufräumarbeit. Die meisten von uns haben doch sonst alles im Griff, managen Familie und Beruf, nebenbei noch Vereinsarbeit, Ehrenamt und kümmern sich um Eltern oder Verwandte, die nicht mehr die Jüngsten sind. Der Tag könnte für uns locker 26 oder 28 Stunden haben, so viel ist zu erledigen. Das meiste tun wir für andere und vergessen darüber uns selbst. Warum ist das so? Und warum ist uns unsere eigene finanzielle Sicherheit nie so wichtig? Ich habe die Erklärung dafür, und wir werden daran arbeiten, einige Gedanken zum Positiven hin zu verändern. Über Geld spricht man doch. Wir werden das jedenfalls von nun an tun!

Geld tut Frauen wirklich gut!

Frage an Maren Gilzer: Warum haben so viele Frauen keine Lust, sich mit Geld zu beschäftigen?

Für Männer ist Geld und Geldverdienen ein Statussymbol: »Ich habe das größte Mammut erlegt, ich habe das meiste Geld auf dem Konto.« Mit viel Geld auf dem Konto hat man Macht, da kann man fehlendes Haupthaar oder einen Bierbauch kompensieren.

Das ist Frauen nicht so wichtig. Wir haben immer noch eine Neandertaler-Mentalität: Der Mann geht zur Jagd. Die Frau bleibt zu Hause und macht sich schön für ihn.

Das ist noch immer in uns drin. Dass wir Frauen mit einem tollen Abschluss hausieren gehen, das ist einfach immer noch nicht so weit.

Ob das stimmt? Ein bisschen Wahres ist vielleicht dran. Aber
ich glaube nicht, dass es der entscheidende Punkt ist.

Ich habe Ihnen bereits erzählt, wie ich zur Finanzfachfrau
geworden bin und mein erstes Buch mit Bodo Schäfer geschrieben habe, das denselben Titel trägt wie dieses Kapitel.
Es war ein voller Erfolg. Wir standen damit wochenlang auf
der Bestsellerliste. Ich hatte selbst nicht damit gerechnet, dass
so viele Frauen so viel Interesse an Finanzen, Versicherungen
und Geldanlage haben würden. Offenbar hatten wir einen
Nerv getroffen. Es gab damals aber auch kaum Bücher, in
denen diese Themen unkompliziert und auf Leserinnen zu-
geschnitten erklärt wurden.

In den folgenden Wochen und Monaten war ich neben
meiner Arbeit bei ntv vollauf damit beschäftigt, Fragen zu beantworten, Interviews zu geben und in Talkshows zu diesem
Thema aufzutreten. Dabei wurde mir eines klar: Es stimmte
gar nicht, dass Frauen keine Lust auf Finanzen und Geldanlage hatten. Es hatte nur zuvor niemanden gegeben, der
ihre Fragen auf Augenhöhe beantwortet und ihnen nicht den
Eindruck vermittelt hatte, sie hätten sowieso keine Ahnung
von Geld, Börse und Aktien und sollten das am besten irgendeinem Mann in ihrer Umgebung überlassen.

Der Titel »Geld tut Frauen richtig gut« sorgte übrigens
immer wieder für Heiterkeit und Augenzwinkern. Beson-

ders Männer machten dazu häufig mit wissendem Blick eine Bemerkung wie:»Ich weiß ja, dass sie vor allem mein Geld liebt!«

Frauen hingegen sagten mir oft, dass sie zum ersten Mal darüber nachgedacht hätten, dass sie über kein eigenes Geld oder kein eigenes Konto verfügten. Erst durch mein Buch sei ihnen bewusst geworden, dass ihnen für die Hausarbeit oder Kinderbetreuung durchaus auch eine Art »Gehalt« zustehen würde. Sie wünschten sich eigenes Geld, über das sie ganz allein verfügen könnten und bei dem sie niemandem Rechenschaft darüber schuldig wären, ob es für den Einkaufsbummel mit der Freundin oder einen Friseurbesuch ausgegeben wurde.

Frauen sind die besseren Anleger!

Bei den vielen Gesprächen mit Frauen auf den Vortragsreisen und Lesungen wurde auch immer wieder der Wunsch formuliert, mehr über das Thema Aktien und Geldanlage zu erfahren.

Darum entschloss ich mich, mein nächstes Buch darauf auszurichten. Es trägt den Titel: »Frauen sind die besseren Anleger«. Der kommt eigentlich gar nicht von mir, sondern steht ganz häufig über Studien von Banken, die untersuchen, wie sich die Geldanlage von Männern und von Frauen im Zeitablauf entwickelt.

Dabei kommt immer wieder heraus: Frauen machen irgendetwas besonders gut, denn sie erwirtschaften bei der

Geldanlage mehr Erträge als Männer – wenn sie sich an das Thema herantrauen. Das ist doch ein tolles Ergebnis!

Aber wie machen sie das? Was sind die typischen weiblichen Eigenschaften, die sie beim Geldvermehren so erfolgreich machen? Oder, andersherum gefragt: Welche Fehler machen eigentlich die Männer, die doch mehrheitlich von sich glauben, das Thema Aktienanlage besonders gut zu verstehen? Dazu zitiere ich aus zwei aktuellen Studien.

Aus der Frauen-und-Männer-Studie 2019 der Consorsbank

»Männer sind zwar beim Handeln mit Wertpapieren deutlich aktiver und gehen höhere Risiken ein, sind dabei aber kaum erfolgreicher als Frauen. Über die drei Jahre vom 1. Juli 2016 bis zum 30. Juni 2019 hinweg erzielten sie mit ihren Depots eine Performance von 16,2 Prozent. Bei den Frauen waren es 15,5 Prozent. Dabei entwickelten sich die ›Männerdepots‹ deutlich volatiler als die Portfolios der Frauen: In guten Börsenzeiten erzielten die Männer überproportional hohe Gewinne, während sie in Bärenmärkten wie im vierten Quartal 2018 deutlicher verloren. Im Vergleich ist die Entwicklung der ›Frauendepots‹ ausgeglichener.«[1]

Auch die ING hat sich damit beschäftigt, ob Frauen und Männer unterschiedliche Ergebnisse in der Geldanlage erzielen.

Aus der ING-Privatanleger-Analyse 2019

»Frauen hatten 2019 ein besseres Händchen bei Anlage-entscheidungen als Männer. Weibliche Privatanleger waren mit durchschnittlich 24,11 Prozent Rendite erfolgreicher als männliche mit 23,5 Prozent. Sie weisen für den Untersuchungszeitraum einen vergleichsweise hohen Anteil von Fonds in ihren Depots auf. Dieser beträgt 25 Prozent, bei Männern sind es hingegen nur 18 Prozent.«[2]

So viel zu den Neandertaler-Genen: Vielleicht sind Männer auf der Mammutjagd erfolgreicher – auf der Mäusejagd haben sie uns aber nichts voraus!

Ich selbst habe übrigens auch schon in meinen jungen Jahren Geld »typisch weiblich« und damit gut angelegt, obwohl ich damals nicht viel über Geldanlage wusste.

Da mir klar war, dass ich das Geld auf meinem Sparkonto und später im Depot nicht so schnell wieder brauchen würde, kaufte ich Fonds, die ich für längere Zeit behalten wollte. Das Geld war also »für später« reserviert und konnte sich über die Jahre vermehren. Für den Notfall, der jeden Tag passieren kann, gibt es den immer flüssigen »Notgroschen« auf dem Giro- oder Tagesgeldkonto. Darüber werden Sie im zweiten Teil dieses Buches mehr lesen.

Was sich aus den zitierten Studien und meinen eigenen Erkenntnissen ergibt, ist jedenfalls eine klare Tendenz: Frauen informieren sich besser und brauchen daher länger für ihre Anlageentscheidungen. Diesen bleiben sie dafür lange treu. Männer entscheiden aus dem Bauch heraus und damit schneller. Sie kaufen und verkaufen Aktien und Fondsanteile daher öfter, was zu Lasten ihrer Rendite (also des Ertrags aus der Geldanlage) geht.

Umso merkwürdiger ist es, dass so viele Frauen sich in Geldangelegenheiten nichts zutrauen und stattdessen blind ihrem Ehemann, Vater, Bruder oder Anlageberater vertrauen.

Warten Frauen noch immer auf den Märchenprinzen? Es scheint so. Dabei wissen wir, dass selbst nach den romantischsten Märchenhochzeiten auch bei den Royals etliche Ehen traurig enden und so mancher Prinz sich am Ende als Frosch entpuppt.

Schlussfolgerung

Ob Prinzessin oder Putzkraft, frau sollte sich lieber selbst um ihr Geld kümmern.

Diese Erkenntnis hat sich bei den jungen Frauen zwar mehr und mehr durchgesetzt, aber spätestens mit dem ersten Kind ändert sich das oft. Auch deswegen, weil Männer im Durchschnitt mehr verdienen und damit klar ist, wer seine Stundenzahl reduziert, um den Nachwuchs zu betreuen: diejenige, die weniger verdient.

Traurigerweise hat die Corona-Krise die alten Muster zusätzlich verstärkt. Umso wichtiger ist das kleine Einmaleins der persönlichen Finanzen, das ich Ihnen mit diesem Buch zur Verfügung stelle. Darin steht alles, was Sie wissen müssen, um finanziell auf eigenen Beinen zu stehen. Sowohl für junge Frauen als auch für diejenigen, die schon seit einigen Jahren Familie und/oder Job managen und nun auch ihre Geldangelegenheiten endlich in die eigene Hand nehmen wollen.

Ran an Ihr »Money-Mindset«!

Mit Ihren Geld-Glaubenssätzen haben Sie sich im ersten Kapitel bereits befasst. Nach meinen Erfahrungen sind es vor allem zwei, die Mädchen mit auf den Weg gegeben wurden und werden:

»Geld allein macht nicht glücklich« und »Geld verdirbt den Charakter«. Frauen sollen sich selbstlos um ihren Mann, die Kinder und den Haushalt kümmern. Über viele Generationen war das der Weg zum Glück, den eine junge Frau doch bitteschön einschlagen sollte. Dagegen war es völlig okay, dass Männer sich Jobs suchen, in denen sie gut verdienen. Schließlich sollen sie »ihre Familie ernähren«.

Heute haben die meisten Frauen eine Ausbildung und einen Job und sind durchaus in der Lage, selbst für ihren Lebensunterhalt zu sorgen. Trotzdem ist der Gedanke, dass Geld für sie nicht im Vordergrund stehen darf, im Kopf der meisten Frauen tief und fest verankert.

Ich plädiere keineswegs dafür, dass sich in Ihrem Leben alles ausschließlich ums Geld drehen soll. Geld allein stiftet weder Lebenssinn noch Glück. Aber es hilft. Ohne eigenes

Geld werden Sie nämlich garantiert auch nicht glücklich. Armut und finanzielle Abhängigkeit sind nicht romantisch, sie machen den betroffenen Frauen nur das Leben schwer.

Geld, das Sie selbst verdienen, sparen und anlegen, stärkt Ihr Selbstbewusstsein und verschafft Ihnen Unabhängigkeit.

Merke

Geld ist weder gut noch böse. Es kommt nur darauf an, was Sie damit machen.

Übrigens können Sie mit Ihrem eigenen Geld sehr wohl viel Gutes tun. Ich werde im Kapitel »Anlegen« noch darauf eingehen.

Wie verändern Sie also das traditionelle »Mädchen-Mindset«, das Sie daran hindert, sich als erwachsene Frau um Ihr Geld zu kümmern? Den ersten Schritt haben Sie bereits getan, als Sie sich mit Ihren Gefühlen, Glaubenssätzen und Kindheitserfahrungen in Bezug auf Geld beschäftigt haben. Sie kennen jetzt Ihre innere Haltung.

Im zweiten Schritt gilt es, dieses Mindset anzupassen. Versuchen Sie, die negativen Glaubenssätze umzuwandeln. Nehmen Sie sich noch einmal das vor, was Sie beim Selbsttest aufgeschrieben haben und schreiben Sie es ins Positive um. Zum Beispiel so:

Verwandeln Sie Ihre Glaubenssätze

Geld verdirbt den Charakter.

→ Geld erlaubt mir, meinen Charakter noch besser zu entfalten.

Geld ist schmutzig.

→ Ich verdiene mein eigenes Geld durch meine Arbeit. Darauf kann und darf ich stolz sein.

Geldanlage ist etwas für Männer/für Reiche/für Experten.

→ Ich kann mich selbst um meine Geldanlage kümmern und alles lernen, was ich dazu brauche.

Dazu passt das, was mir Dagmar Wöhrl im Interview erzählt hat. Sie kennen sie vermutlich als Unternehmerin und Jurorin in »Die Höhle der Löwen«.

Was Dagmar Wöhrl zu Glaubenssätzen sagt

Was für ein Gefühl hast du, wenn du an Geld denkst?

Meine Gedanken kreisen nicht permanent um Geld. Aber grundsätzlich habe ich ein positives Gefühl in Bezug auf Geld.

Wie sind deine Glaubenssätze beim Thema Geld?

Es ist wichtig, Geld nicht zum Fenster rauszuwerfen und nicht leichtsinnig damit umzugehen. Ich denke, dass man selbst erarbeitetes Geld mehr zu schätzen weiß, als wenn man es zum Beispiel geerbt hat. Man weiß einfach, was man dafür geleistet hat, wie viel Arbeit oder Entbehrung darin steckt.

»Geld verdirbt den Charakter«, sagt man. Wie stehst du dazu?

Das würde ich nicht pauschalisieren. Im Gegenteil, viele Menschen nutzen ihr Geld, um soziale Projekte zu unterstützen oder in die Zukunft zu investieren, indem sie beispielsweise bei Start-ups einsteigen. Geld per se zu verteufeln, halte ich nicht für richtig.

Wie bist du mit Geld aufgewachsen?

In meiner Generation war es nicht üblich, Taschengeld zu bekommen. Meine Mutter hat immer gesagt: »Wenn du was brauchst, dann sag es.« Ab einem bestimmten Alter war mir das etwas unangenehm, daher habe ich schon sehr früh angefangen zu arbeiten. Mit 15 habe ich meinen ersten Job bekommen, in einer Bank. 3,10 D-Mark war mein damaliger Stundenlohn. Für mich unheimlich viel Geld.

Der nächste Schritt ist der schwierigste: Nun geht es darum, diese neuen Glaubenssätze auch wirklich im Leben zu verankern.

Streichen Sie dazu am besten ein paar Wörter aus Ihrem Sprachgebrauch, damit die positiven Gedanken wachsen können. Das wichtigste Wort, das Sie von nun an nicht mehr benutzen sollten, ist: »aber«. Vielleicht denken Sie jetzt: »Ja, das liest sich alles ganz gut, aber …« Schluss damit! Doch, Sie können das und Sie machen das ab jetzt.

Das zweite Wort, das Sie nach und nach auf dem Schrottplatz der nutzlosen Wörter entsorgen sollten, ist »müssen«. Finden Sie heraus, was Sie wirklich wollen. Das tun Sie dann statt etwas, was Sie im Grunde nicht wollen, aber vermeintlich müssen.

»Ich muss Geld für mein Alter zurücklegen.« Das ist nicht schön, es klingt nach Mühe und Verzicht. Es stimmt auch nicht, denn natürlich können Sie ohne jegliche private Altersvorsorge durchs Leben gehen. Den Preis dafür zahlen Sie dann im Alter. Wollen Sie das wirklich? Vermutlich nicht. Dann versuchen Sie es doch mit einem positiven Ansatz, ganz ohne »müssen«: »Ich möchte im Alter ein schönes Leben ohne finanzielle Sorgen führen. Dafür kann ich etwas tun und werde deswegen in den nächsten Jahren Geld zurücklegen.« Ich bin sicher, dass Sie diesen positiven Glaubenssatz viel besser in Taten umsetzen können als die »Ich muss«-Variante.

Um Ihr neues »Money-Mindset« tief zu verankern, empfehle ich Ihnen, ab sofort ein Erfolgsjournal zu führen. Am besten kaufen Sie sich dafür eines dieser hübschen, altmodischen Tagebücher, die man im Buchladen als Geschenkidee an der Kasse findet.

Darin notieren Sie ab heute jeden Abend fünf positive Erfahrungen oder Dinge, die Ihnen an diesem Tag gut gelungen sind. Das können Kleinigkeiten aus der täglichen Arbeit, aber auch Erlebnisse aus dem Privatleben sein. Geld muss dabei nicht unbedingt eine Rolle spielen, denn hier geht es erst einmal nur darum, eine positive Grundstimmung in Ihr Leben einziehen zu lassen.

Sie werden sehen: Mit jedem notierten Erfolg steigt Ihre Zufriedenheit, Ihr Selbstbewusstsein wächst und nach und nach trauen Sie sich mehr zu. Warum auch nicht? Ja, Sie können Ihre Finanzen selbst regeln und Strategien für Ihre Vermögensbildung entwickeln. Ja, Sie schaffen sich damit ein Stück weit finanzielle Unabhängigkeit. Oh ja, Sie werden das genießen!

Wie das geht, das wird in diesem Buch ganz einfach erklärt. Gehen Sie an, was Sie dazu brauchen: Einmal alles sortieren, einmal Entscheidungen treffen, die Geldfresser finden, das gesparte Geld anlegen, Versicherungen kündigen. Die Apps, die ich auf den folgenden Seiten beschreibe, können dabei hilfreich sein. Wenn Sie keine Lust auf so viel Technik haben, schaffen Sie das alles aber auch ohne das Handy.

Und nun starten wir mit den sieben Lifehacks Ihr ganz persönliches Wellnessprogramm in Sachen Geld – nichts wie ran an die Mäuse!

Teil II:
7 Lifehacks für Ihre
finanzielle Wellness

. . . .

Lifehack 1: Schluss mit dem Finanzchaos!

Wie ist das bei Ihnen mit dem Geld im täglichen Leben? Reicht es immer problemlos, um den Lebensunterhalt zu bestreiten? Bleibt öfter etwas übrig? Wenn Sie grundsätzlich ganz gut mit Ihrem Geld auskommen, sollten Sie überlegen, wie Sie übrige Beträge gut anlegen und/oder für Ihr Alter vorsorgen (mehr dazu lesen Sie in Lifehack 5).

Oder wird es bei Ihnen in finanzieller Hinsicht üblicherweise zum Monatsende hin knapp? Sind unvorhergesehene Ausgaben, etwa für eine Autoreparatur, ein größeres Problem? Müssen Sie sogar regelmäßig den Dispositionskredit Ihres Girokontos beanspruchen? Kurz: Reicht das Geld bei Ihnen grundsätzlich nicht, obwohl Sie nicht ausschließlich von staatlichen Lohnersatzleistungen leben?

Dann sollten Sie dieses Kapitel besonders aufmerksam lesen. Keine Frage, gerade bei einem kleineren Haushaltseinkommen ist es kein Kinderspiel, die Finanzen im Griff zu haben. Aber Sie wissen ja inzwischen, dass auch das Money-Mindset eine wichtige Rolle spielt. Der Umgang mit Geld hat zwar viel mit Gefühlen zu tun. Je knapper es aber ist, desto kühler müssen Sie denken und rechnen. Die gute Nachricht ist: Das kann man lernen. Zwar leider nicht in der Schule, aber zum Beispiel in diesem Buch. Das Prinzip ist dabei einfach:

- Im ersten Schritt geht es darum, den Überblick zu gewinnen: Wie viel Geld kommt monatlich rein? Wie viel geht für feste Ausgabeposten drauf? Was bleibt dann überhaupt zum Ausgeben übrig?
- Erst im zweiten Schritt nehmen Sie die einzelnen Ausgaben unter die Lupe: Wofür geben Sie Ihr Geld aus? Was sind die größten Posten, wo gibt es Sparmöglichkeiten? Oft gibt es da Überraschungen: Manche Geldfresser entdeckt man erst auf den zweiten Blick.
- Im dritten Schritt geht es um Ihr Mindset und wie Sie sich selbst dabei helfen, die Finanzen auch dauerhaft in Ordnung zu halten.

Sie werden sehen: Mit diesem Wissen und ein bisschen Disziplin ist das meistens gar nicht so schwierig.

Mehr Überblick? Sie brauchen eine Einnahmen-Ausgaben-Übersicht!

Falls Sie zu den Menschen gehören, die ständig vergessen, die Kontoauszüge abzuholen oder abzuspeichern, ist jetzt der richtige Zeitpunkt, um das zu ändern: Ihre Kontoauszüge sind nämlich die Basis für eine vernünftige Finanzübersicht. Sortieren Sie sie und heften Sie sie der Reihe nach ab.

Im Anschluss erstellen Sie sich eine zweispaltige Tabelle – egal, ob auf Papier oder elektronisch. Gehen Sie Ihre Kontoauszüge Posten für Posten durch und tragen Sie in der linken

Spalte ein, was als Einnahme regelmäßig monatlich herein-
kommt. In die rechte Spalte schreiben Sie alles hinein, was
jeden Monat an festen Beträgen (Fixkosten) abgebucht wird.

Einnahmen, z.B. ...	Fixe Ausgaben, z.B. für ...
<ul><li>Lohn/Gehalt (netto)</li><li>Elterngeld</li><li>Kindergeld</li><li>Unterhalt</li><li>BAföG</li><li>AlG I oder II</li><li>Wohngeld</li><li>...</li></ul>	<ul><li>Miete/Rate für das Eigen-heim</li><li>Miet-Nebenkosten</li><li>Strom, Erdgas, Wasser</li><li>Versicherungen</li><li>Kreditraten für Anschaf-fungen</li><li>Telefon/Internet (Grundge-bühr/Flatrate)</li><li>Rundfunkgebühr</li><li>Abonnements (Netflix, Spotify, Kabel usw.)</li><li>Kita-/Kindergartengebühren</li><li>Fitnessstudio/Sportverein</li><li>Monatskarte für die Öffis</li><li>...</li></ul>
Einnahmen - fixe Ausgaben = verfügbares Einkommen	

Manche fixe Ausgabenposten fallen nicht monatlich an, sondern viertel- oder halbjährlich bzw. jährlich. Oft kann man
auch wählen, wie man das haben will, beispielsweise bei bestimmten Versicherungen oder auch bei Strom und Wasser.

Für Ihre Übersicht können Sie sie entweder auf eine monatliche Basis umrechnen. Oder Sie erstellen diese Übersicht
gleich mit zwölf Zeilen – eine für jeden Monat. Dort können

Sie dann auch Einnahmen wie Urlaubs- oder Weihnachtsgeld berücksichtigen, die zwar regelmäßig, aber eben nicht jeden Monat eintreffen.

Nachdem Sie die Zahlen eingetragen haben, berechnen Sie die Differenz zwischen den Einnahmen und den fixen Ausgaben. Diesen Betrag schreiben Sie am besten in Rot ans Ende des linken Feldes: Das ist das Geld, das Sie ausgeben können, ohne ins Minus zu geraten.

Damit muss also alles abgedeckt werden (können), von den Lebensmitteln über Kleidung und Kosmetika bis hin zu Restaurant- und Kinobesuchen. Vielleicht haben Sie beim Betrachten dieses Betrags bereits ein Aha-Erlebnis: Wenn das verfügbare Einkommen sehr klein ausfällt, ist es kein Wunder, wenn Sie damit nicht auskommen.

Dann haben Sie zwei Ansatzpunkte: Sie können zum einen versuchen, Ihr Einkommen zu erhöhen (etwa durch eine Aufstockung Ihrer Wochenstundenzahl oder durch einen zusätzlichen Minijob). Zum anderen sollten Sie sich Ihre Fixkosten genauer ansehen: Der größte Batzen ist in der Regel die Miete, daran können Sie zumindest kurzfristig nichts ändern. Aber vielleicht können Sie ein paar Abos streichen, unnötige Versicherungen kündigen, auf eine billigere Handy-Flat und zu einem günstigeren Stromanbieter wechseln.

Falls Sie noch einen Ratenkredit laufen haben, müssen Sie ihn natürlich abzahlen – aber ich rate dringend dazu, keine weiteren Anschaffungen auf Pump zu tätigen. Das neue Sofa per Null-Prozent-Finanzierung zu zahlen, sieht nur auf den ersten Blick nach einer guten Idee aus: Sie müssen dann nämlich Monat für Monat die Rate für Ihr immer älter werdendes Möbelstück zahlen. Auch in Monaten, in denen es bei Ihnen finanziell besonders eng ist. Wenn Sie sich die Summe zuerst zusammensparen und dann einkaufen gehen, können Sie immerhin selbst entscheiden, wann Sie wie viel dafür zur Seite legen.

So macht es übrigens auch Susanne Fröhlich:

Susanne Fröhlich zum Sparen und Geldausgeben
Susanne, was machst du mit »übrigem Geld«?
Da meine Fixkosten mit zwei Kindern usw. recht hoch sind, habe ich nicht immer so viel Geld übrig. Aber wenn, dann spare ich auf eine Immobilie.

Ich gönne mir recht viel, aber ich bin vernünftig. Ich gebe nichts aus, was ich nicht habe. Ich kaufe nichts auf Raten.

Vielleicht sieht Ihr Aha-Erlebnis aber auch ganz anders aus: Beim Nachrechnen stellen Sie fest, dass Ihr verfügbares Einkommen eigentlich ganz ordentlich ist, sodass Sie sich selbst fragen, warum es nicht reicht. Dann können Sie davon ausgehen, dass da ein paar Geldfresser versteckt sind, denen Sie an den Kragen gehen sollten.

Vielleicht fragen Sie sich auch, was denn ein »normales« Einkommen und eine »normale« Ausgabenstruktur ist. Dazu habe ich vorab ein paar Zahlen für Sie zusammengetragen.

Zahlen und Fakten: So sehen die Ausgaben im Durchschnittshaushalt aus

Das Statistische Bundesamt erhebt regelmäßig eine Einkommens- und Verbrauchsstichprobe (EVS), bei der 60 000 Haushalte mitmachen. Die Ergebnisse lassen sich natürlich nicht eins zu eins auf Ihren Haushalt übertragen, können aber zur Orientierung dienen. 2020 wurden die Zahlen aus der EVS 2018 veröffentlicht.

Das durchschnittliche monatliche Haushaltsbruttoeinkommen der Privathaushalte in Deutschland belief sich danach auf 4846 Euro. 64 Prozent davon stammen aus Erwerbstätigkeit.[3] Das ist allerdings über alle Haushaltsgrößen hinweg gerechnet, und vom Bruttoeinkommen gehen ja noch die Steuern und Sozialabgaben weg. Das Haushaltsnettoeinkommen, also das, was tatsächlich zur Verfügung steht, lag 2018 in einem Ein-Personen-Haushalt im Schnitt bei 2142 Euro. Ein durchschnittlicher Vier-Personen-Haushalt hatte 5864 Euro zur Verfügung.[4]

Davon wird laut EVS das meiste ausgegeben. Demnach hat der durchschnittliche Ein-Personen-Haushalt private Konsumausgaben von 1706 Euro im Monat, von denen 662 Euro (also 38,8 Prozent) für Wohnen, Energie und Wohnungsinstandhaltung verwendet werden. Dagegen nehmen sich die 212 Euro (12,4 Prozent) für Nahrungsmittel, Getränke und Tabakwaren bescheiden aus.

Ein durchschnittlicher Vier-Personen-Haushalt hat private Konsumausgaben in Höhe von 4122 Euro. Das Wohnen schlägt dabei mit 1250 Euro (30,3 Prozent) zu Buche, Nahrungs- und Genussmittel mit 584 Euro (14,2 Prozent). Über alle Haushaltsgrößen hinweg gingen 51 Prozent der privaten Konsumausgaben für Wohnen, Ernährung und Bekleidung drauf.[5]

Die Euro-Beträge sind schon wegen der regional höchst unterschiedlichen Einkommens- und Mietmarktverhältnisse nicht sehr aussagekräftig. Interessant sind aber die prozentualen Anteile: Rechnen Sie doch einmal nach, wie das bei Ihnen ist. Wohnen Sie überdurchschnittlich teuer – geben Sie mehr als etwa ein Drittel Ihres Haushaltseinkommens fürs Wohnen aus? Deutlich mehr als 12 oder 13 Prozent für Nahrungs- und Genussmittel? Daraus können sich schon Erkenntnisse ergeben, an denen Sie ansetzen können, wenn Sie Ihre Finanzen ordnen wollen.

Allerdings werden Sie vermutlich feststellen, dass Sie zwar aus Ihren Kontoauszügen gut ablesen können, wie hoch Ihre Fixkosten sind, allen voran die Miete und Mietnebenkosten bzw. die Raten fürs Eigenheim. Aber wie es mit den übrigen Ausgaben aussieht, wie viel Geld genau für Essen, Kleidung und Sonstiges verbraucht wird, können Sie so nicht erfahren. Dazu brauchen Sie ein anderes Finanzwerkzeug, das zum Glück ganz einfach zu handhaben ist:

Geldfresser aufspüren:
Ein Haushaltsbuch muss her!

»Boah, ein Haushaltsbuch führen, das klingt ja maximal unsexy!«, denken Sie jetzt vielleicht. Mag sein. Andererseits ist es auch nicht gerade sexy, am Monatsende regelmäßig nur noch Knäckebrot zu essen oder Freunde anpumpen zu müssen. Wohingegen die Aussicht, jederzeit genug Geld und manchmal auch welches für ein kleines Extra zu haben, doch recht attraktiv ist, oder?

Das Haushaltsbuch muss auch gar kein Buch sein. Es gibt inzwischen auch schicke Apps dafür (dazu mehr im letzten Kapitel dieses Buches). Oder Sie legen sich eine Excel-Tabelle an. In welcher Form Sie es führen, ist letztlich egal.

Wichtig ist vor allem, dass Sie ausnahmslos jede nicht fixe Konsumausgabe dort eintragen, die Posten Monat für Monat zusammenrechnen und analysieren. Nur so können Sie sehen, wofür Ihr Geld wirklich draufgeht und wo Sie beim Sparen ansetzen können bzw. müssen.

Für diesen Überblick sollten Sie die verschiedenen Ausgaben bündeln und sich dafür eigene Rubriken bzw. Tabellenspalten anlegen. Dabei sollten Sie gut überlegen, was sinnvollerweise in dieselbe Rubrik gehört. Beispielsweise ist es nicht zielführend, unter »Essen« sowohl Lebensmitteleinkäufe im Supermarkt als auch Essen im Lokal und zum Mitnehmen (Coffee-to-go, heiße Theke) zu bündeln. Schon deswegen, weil Sie auf Essengehen und Mitnahmeessen verzichten können, auf den Kauf von Lebensmitteln aber nicht.

Andererseits sollten die einzelnen Rubriken nicht zu fein unterteilt sein, denn dann steigt der Aufwand beim Eintragen und damit die Gefahr, dass Sie das mit dem Haushaltsbuch schnell wieder sein lassen.

Manche fertigen Vorlagen für Haushaltsbücher führen übrigens auch Rubriken für fixe Kosten auf, etwa für Versicherungsbeiträge und Abos. Das können Sie weglassen, denn diese Posten haben Sie ja im Zuge Ihrer Kontoauszugsanalyse bereits untersucht.

Mögliche Rubriken für Ihr Haushaltsbuch

1. Lebensmittel und Getränke
2. Kosmetik und Körperpflege
   (inkl. Friseur, Nagelstudio und Hygieneartikel)
3. Haushaltsbedarf
   (z.B. Wasch- und Reinigungsmittel, Küchenzubehör)
4. Kleidung, Schuhe und Zubehör
5. Essengehen und unterwegs essen
6. Mobilität
   (z.B. Tanken, Autowartung und -inspektion, Fahrradreparatur, Einzelfahrtkarten)
7. Schul- und Bürobedarf
   (inkl. Porto, Nachhilfe, Fachzeitschriften, Weiterbildung)
8. Freizeit und Sport
   (z.B. Eintritt ins Schwimmbad, Kosten für Hobbybedarf, Kino, Clubbesuche)

9. Sonstiges
   (z.B. Geschenke für Freunde und Familie, Gesundheits-
   kosten wie Rezeptgebühren und freiverkäufliche Medika-
   mente, Ausgaben für alkoholische Getränke und Tabak)

Damit müssten Sie einen recht guten Überblick über Ihre Ausgaben bekommen. Falls Sie allerdings feststellen, dass sich unter »Sonstiges« recht große Summen ansammeln, die mehr als 10 Prozent Ihrer Gesamtausgaben ausmachen, sollten Sie diese noch feiner aufdröseln.

Noch ein Tipp: Tragen Sie Ihre Ausgaben immer so zeitnah wie möglich in Ihr Haushaltsbuch ein. Sei es noch von unterwegs in Ihre App oder gleich nach dem Heimkommen in Ihre Tabelle oder Kladde. Meistens geht das ganz schnell, weil Sie die einzelnen Posten direkt nach dem Einkaufsbummel leicht zuordnen können. Nur beim Kassenzettel aus dem Supermarkt müssen Sie vermutlich ein bisschen herumrechnen, um Spülmittel und Batterien nicht bei den Lebensmitteln, sondern unter Haushaltsbedarf einzusortieren. Die Taschenrechner-App auf Ihrem Handy hilft Ihnen dabei.

Wenn Sie das nicht tun, sondern erst einmal alle Kassenzettel in eine Schachtel werfen, um sie »demnächst« zu sortieren und einzutragen, steigt die Gefahr, dass Sie erst gar nicht mit dem Aufschreiben anfangen. Sie können aber die Kassenzettel nach dem Aufschreiben ruhig noch ein Weilchen aufheben, um sie am Monatsende bei Bedarf nochmals genauer zu studieren.

Ich kann aus eigener Erfahrung sagen: Anfangs ist diese Aufschreiberei ein bisschen lästig, aber wenn Sie das ein paar Tage lang bewusst tun, wird es erstaunlich schnell zur Gewohnheit.

Sobald der erste ganze Monat mit Ihrem neuen Haushaltsbuch herum ist, wird es spannend: Machen Sie es sich bei einer Tasse Tee bequem und studieren Sie Ihre Aufzeichnungen in aller Ruhe. Der erste Schritt ist es, die Rubriksummen zu ermitteln (falls Excel bzw. die App das nicht schon erledigt hat). Wow! Zum ersten Mal wissen Sie ganz genau, wie viel Geld Sie für was ausgegeben haben.

Wenn es Ihnen so geht wie den meisten Leuten, dürfte das für einige weitere Aha-Erlebnisse sorgen. Zum Beispiel, weil sich viele kleine Ausgaben wie für den schnellen Kaffeebecher oder Döner, aber auch für Freizeitaktivitäten oder Geschenke zu erstaunlich großen Summen addieren. Oder weil Sie für Lebensmitteleinkäufe gar nicht so viel ausgeben, wie Sie gedacht hätten – eben weil die Supermarktrechnung zwar meist größer ausfällt, aber dafür seltener anfällt und zudem meist andere Posten wie Hygieneartikel oder Putzmittel enthält.

Im zweiten Schritt können Sie ein bisschen tiefer bohren und kritisch prüfen, welche Ausgaben im Einzelnen tatsächlich notwendig waren und auf welche Sie ohne größere Verlustgefühle verzichten könnten. Mussten die zwei neuen Hosen tatsächlich sein? Der neue Nagellack, der Ihnen jetzt sowieso nicht mehr gefällt? Die Deko für das Wandregal, das ohnehin überquillt? Das sind die Sparpotenziale, die Sie am leichtesten ausschöpfen können. Sollte es bei Ihnen finanziell sehr eng zugehen, wird das zwar nicht reichen. Aber auch dann werden Sie anhand Ihres Haushaltsbuches sehen, wo das meiste Geld hingeht und wo Sie demnach am meisten einsparen können bzw. müssen.

Besonders interessant wird es, wenn Sie in Ihrem Haushaltsbuch auf mehrere Monate zurückblicken und die Entwicklung im Laufe der Zeit verfolgen können. Sie werden sehen, dass es saisonale Schwankungen gibt. Zum Beispiel wird in den meisten Familien im Dezember und im März/April überdurchschnittlich viel für Lebensmittel ausgegeben – die Feiertage lassen grüßen. Kleidung schlägt besonders im Herbst zu Buche, wenn Winterjacken und -stiefel und neue Turnschuhe für den Schulsport gekauft werden müssen. Es ist gut, wenn Sie das wissen und rechtzeitig in Ihrer Finanzplanung berücksichtigen!

Andere Schwankungen haben ihre Ursache aber nicht in äußeren Einflüssen, sondern in Ihrem höchst persönlichen Kaufverhalten. Das können Sie glücklicherweise selbst beeinflussen. Mit Ihrem Money-Mindset und ein paar sehr praktischen Tipps.

Mit diesen 5 Praxistipps besiegen Sie das Finanzchaos

Manchmal könnte man denken, die Mäuse hüpften einem heimlich aus dem Geldbeutel – so schnell, wie die immer weg sind! Dagegen gibt es aber erprobte Mittel, die so einfach wie wirksam sind. Falls Ihre Mäuse besonders flüchtig sind, sind die folgenden Tipps besonders nützlich.

Tipp 1: Legen Sie Budgets fest

Sobald Sie wissen, wie viel Geld Ihnen im Monat nach Abzug Ihrer fixen Kosten zum Ausgeben bleibt, können Sie es einteilen: Angenommen, Sie haben 1500 Euro zur Verfügung. Dann können Sie in einem Monat mit 30 Tagen genau 50 Euro pro Tag ausgeben, ohne ins Minus zu geraten. Das sind 350 Euro pro Woche; das ist Ihr Budget. Sie sollten diese Zahl immer im Hinterkopf haben und bei Ihren täglichen Einträgen ins Haushaltsbuch mitrechnen. Falls Sie in einer Woche Ihr Budget überschreiten, sollten Sie alles daransetzen, den Mehrbetrag in der Folgewoche wieder einzusparen. So vermeiden Sie böse Überraschungen am Monatsende.

Noch besser ist es, wenn Sie es schaffen, Ihr Budget nicht nur einzuhalten, sondern sogar zu unterschreiten. Sie könnten in unserem Beispiel statt der 50 Euro nur 45 pro Tag zum Ausgeben vorsehen. Dann bleiben Ihnen am Monatsende 150 Euro übrig. Die können Sie sparen oder sich damit etwas Schönes gönnen (oder die Hälfte sparen und die andere Hälfte auf den Kopf hauen) – ja, Disziplin lohnt sich und macht am Ende sogar Spaß!

Tipp 2: Lieber Cash als Karte

Sowohl das Shoppen im Internet als auch das Zahlen per Handy-App oder Karte beim analogen Einkauf wird immer beliebter. Kein Wunder: Es ist so schön bequem und geht superschnell. Genau das ist das Problem: Wer nur auf »Jetzt kaufen« klickt oder die Karte ins Gerät schiebt, spürt gar nicht, wie viel Mäuse da gerade den Besitzer wechseln. Noch dazu wird die Zahlung erst später vom Konto abgebucht, sie bleibt also zunächst unsichtbar. Erst recht gilt das bei der Zahlung per Kreditkarte, weil die nur einmal im Monat abgebucht wird; bis dahin hat man beinahe schon vergessen, dass und wie viel man per Karte bezahlt hat.

Ganz anders ist es, wenn Bargeld den Besitzer wechselt: Scheine und Münzen, die Sie jemandem in die Hand drücken bzw. über den Tresen schieben, spüren Sie direkt und vergessen sie nicht so schnell. Daher sollten Sie, wenn Sie die Kontrolle über Ihre Finanzen behalten wollen, lieber auf Bargeld setzen, so wenig wie möglich im Internet bestellen und beim realen Einkauf die Karte im Portemonnaie lassen.

Enorm wirksam ist es, wenn Sie Tipp 1 und Tipp 2 kombinieren: Sie heben jede Woche genau den Betrag Ihres Wochenbudgets von Ihrem Konto ab und legen das Geld in einen Umschlag. Aus dem Umschlag füllen Sie Ihren Geldbeutel vor jedem Einkauf mit dem Betrag, den Sie maximal ausgeben wollen – natürlich nur in bar. Die Maestro- oder Kreditkarte nehmen Sie gar nicht erst mit zum Einkaufen. Mit diesem Trick fällt es leicht, diszipliniert zu bleiben, denn damit können Sie gar nicht mehr ausgeben, als geplant ist.

Tipp 3: Vermeiden Sie Frustkäufe

Beim Einkaufen geht es natürlich keineswegs nur um Lebensnotwendiges wie Essen und Hygieneartikel. Supermarktbesuche gehören normalerweise ohnehin nicht zu den wirklich prickelnden Shoppingtrips. Viel mehr Spaß macht es nämlich, Dinge zu kaufen, die man nicht unbedingt braucht, die das Leben aber ein bisschen bunter und schöner machen: einen schicken Lippenstift, eine flauschige Kuscheldecke fürs Sofa, ein paar hübsche neue Stühle für den Balkon. Mit ihnen kauft man nicht nur eine Ware, sondern ein Stück Lebensgefühl und einen kleinen Zukunftstraum: Wie schön wird es sein, unter dieser schmuseweichen Decke oder auf den neuen Stühlen einen gemütlichen Nachmittag zu verbringen! Mit diesem Lippenstift wird das Outfit erst perfekt und der Abend bestimmt fantastisch!

Solche Käufe machen wir übrigens besonders oft, wenn das sonstige Leben uns mal nicht so verwöhnt und wir unzufrieden und gefrustet sind. Das Glücksgefühl, das uns fehlt, möchten wir uns dann auf andere Weise beschaffen.

Oft klappt das sogar, ein toller Einkauf hebt die Stimmung. Zumindest kurzfristig. Meistens ist nämlich spätestens am dritten Tag der Reiz des Neuerwerbs verschwunden. Trotzdem will ich Ihnen das kleine Kaufglück nicht grundsätzlich ausreden. Ich gönne mir selbst auch öfter mal »was Schönes«, nur um mir selbst eine kleine Freude zu machen.

Für den Fall, dass es bei Ihnen finanziell ziemlich eng zugeht, sollten Sie aber ganz genau auf Ihre Zahlen (Haushaltsbuch!) schauen, bevor Sie zum Frustshoppen losziehen bzw. losklicken. Wenn das Geld nämlich weg und die Decke einfach nur ein weiteres Stück Stoff ist, ist der Frust umso größer.

Zwei Tricks helfen dagegen: Zum einen sollten Sie Ihren Nettostundenlohn ausrechnen, also das, was für eine Stunde Arbeit auf Ihrem Konto ankommt. Sobald Sie einen Frust- oder Luxuskauf erwägen, rechnen Sie aus, wie lange Sie arbeiten müssen, um ihn zu bezahlen. Und dann wägen Sie erst einmal in Ruhe ab, ob Ihnen das gute Stück tatsächlich drei oder acht oder noch mehr Stunden Arbeit wert ist.

Zum anderen sollten Sie eine Liste mit Dingen und Aktivitäten erstellen, die Ihnen guttun und die kein zusätzliches Geld kosten. Zum Beispiel ein Spaziergang mit einer Freundin, ein paar Yoga-Übungen auf dem Balkon oder ein gemütliches Wannenbad.

Mit nüchternen Zahlen und verlockenden Alternativen gewappnet, sollten Sie einem akuten Anfall von Frustkauflust erfolgreich widerstehen können.

Tipp 4: Kühler Kopf statt Schnäppchenfieber

Zugegeben, die Anbieter machen es einem nicht leicht: Was im stationären Handel WSV, SSV, Jubiläumswochen und Räumungsverkäufe sind, läuft beim Internet-Kaufhaus unter Cyber Week, Black Monday oder Schnäppchensonntag. Da werden sensationelle Angebote zu unglaublich niedrigen Preisen so lange beworben, bis man tatsächlich glaubt, es sei doof, jetzt nichts zu kaufen. Und dann gibt es ja auch noch diese ganzen »Kauf-mehr-Angebote«: Wer zwei T-Shirts kauft, bekommt das günstigere zum halben Preis, bei drei Flaschen Prosecco gibt es ein Gläserset dazu ... da fällt es wirklich schwer, sich nicht vom Schnäppchenfieber anstecken zu lassen.

Dagegen hilft am ehesten kühle Vernunft: Brauchen Sie überhaupt zwei neue T-Shirts? Gefallen Ihnen die angebotenen wirklich so gut, dass Sie davon zwei haben möchten? Ist der Preis am Ende tatsächlich so viel niedriger? Auch beim Cyber-Supersonderangebot muss die erste Frage lauten: Brauchen Sie das wirklich? Und die zweite: Was kostet es denn bei anderen Anbietern? Und was ist mit den versteckten Zusatzkosten, etwa für Lieferung und Montage?

Klar: Wenn Sie schon lange auf eine neue Küchenmaschine sparen, genau wissen, welches Modell Sie wollen und was sie wo kostet, und dann gibt es sie bei einem Anbieter plötzlich um 20 Prozent billiger, ist das der richtige Zeitpunkt, um zuzuschlagen. Aber nur, weil es etwas irgendwo billiger gibt, sollten Sie sich nicht zum Kauf verlocken lassen.

Tipp 5: Nicht ohne Liste shoppen!

Im Supermarkt fängt es schon an: Gewiefte Händler bauen ihre Regale so auf, dass Sie auf dem Weg durch den Laden an möglichst vielen Werbeständern und Angebotsflächen vorbeikommen. Keineswegs zufällig sind die teureren Produkte meist in Blick- und Greifhöhe platziert, wohingegen die billigeren in der Regel weiter unten zu finden sind, sodass man sich bücken muss, um sie herauszuholen. Außerdem sind die Einkaufswagen in den letzten Jahren immer größer geworden, sodass Ihre Einkäufe darin selbst beim Großeinkauf recht klein wirken. Die Quengelware an der Kasse verführt zum schnellen Griff zu etwas Süßem. Noch dazu riecht es an der Brottheke so gut nach frisch Aufgebackenem und weiter hinten nach gerade aufgebrühtem Kaffee – kein Wunder, dass sich dort viele Menschen zum Spontankauf verführen lassen.

Das wird Ihnen nicht passieren, wenn Sie zwei Regeln beherzigen: Erstens sollten Sie nie hungrig einkaufen gehen, weil sonst Ihr knurrender Magen den Sieg über den nüchternen Verstand davonträgt. Zweitens sollten Sie immer – auch außerhalb des Supermarkts – eine Einkaufsliste dabeihaben, an die Sie sich konsequent halten. Schreiben Sie vor jedem virtuellen oder analogen Einkaufsbummel auf, was genau Sie brauchen und was es höchstens kosten darf. Was nicht auf der Liste steht oder was das Budget sprengt, wird nicht gekauft – so einfach ist das!

Lifehack 2: Versicherungen – so sichern Sie sich wirkungsvoll ab

»Geld für später zurücklegen? Dafür habe ich nicht die Mittel!«, diese Aussage höre ich immer wieder. Vielleicht gehören auch Sie zu den Menschen, die am Ende des Monats froh sind, wenn das Girokonto wenigstens nicht ins Minus gerutscht ist. Die Frage ist, wo das ganze Geld hingeht. Und bevor Sie sich jetzt mit Vorwürfen überhäufen, dass das neue Top oder die hippen Schuhe im Schlussverkauf ja nun wirklich nicht hätten sein müssen, fragen Sie sich lieber, wofür regelmäßig viel Geld von Ihrem Konto abgebucht wird, ohne dass Sie viel davon haben. Die Antwort lautet: für Versicherungen. Da können Sie Unmengen von Geld sparen. Geld, das Sie für später anlegen können, wenn Sie die Tipps in diesem Kapitel beachten.

Aber von vorn. Es ist schon kurios, wie manche Leute drauf sind. Sie reisen in die gefährlichsten Ecken der Welt. Sie brettern mit 150 Sachen mit dem Motorrad durch die Gegend. Sie begeistern sich fürs Bungee-Jumping, fürs Wingsuit-Flying und fürs Free-Climbing. Und sie setzen sich bedenkenlos in ihrer Freizeit auch anderen Risiken aus.

Aber irgendwie sind sie auf der anderen Seite sehr sicherheitsbedürftig – und schließen eine Versicherung nach der anderen ab. Wer sich die Versicherungsordner ansieht, die in deutschen Regalen stehen und eine dicke Schicht Staub ansetzen, der versteht die Welt nicht mehr. Darin findet sich ein Sammelsurium an Policen, die teuer sind und keinen nennenswerten Schutz bieten. Dazu gehören pro Person meist gleich mehrere Kapital-Lebensversicherungen. Dazu Policen, die den Zahnersatz zahlen oder für einen Fahrraddiebstahl, Reisegepäck- oder Smartphone-Verlust aufkommen. Auch eine Brillen-Versicherung darf nicht fehlen, eine Sterbegeld-Police oder eine Krankenhaustagegeld-Versicherung (ja, so was gibt's).

Das Problem ist nur: All diese Versicherungen bezwecken nicht, was sie eigentlich sollten. Packen Sie das Übel an der Wurzel: Sie brauchen zwar eine ganze Reihe von Versicherungen dringend – aber es sollten die richtigen sein!

Grundsatz: Erst absichern, was Sie finanziell vernichten könnte

Eine einfache Faustregel hilft Ihnen zu entscheiden, welche Versicherungen Sie brauchen und welche nicht so wichtig oder gänzlich unnötig sind: Vorrangig sollten Sie solche Policen abschließen, die in Schadensfällen zahlen, die Sie ansonsten finanziell vernichten könnten.

Mal ehrlich: Einen Smartphone-Verlust können Sie finanziell wahrscheinlich noch verkraften, auch wenn er nicht schön ist. Notfalls kaufen Sie eben ein gebrauchtes und wiederaufbereitetes Modell, falls Ihr Geldbeutel ein nagelneues gerade nicht zulässt. Und selbst für den Zahnersatz, der locker ein paar tausend Euro kosten kann, finden Sie bestimmt eine Lösung – und sei es nur eine Ratenzahlung, die Sie mit Ihrem Zahnarzt vereinbaren. Andere Schäden dagegen haben ein so riesiges Ausmaß, dass sie Ihr Leben auf Dauer ruinieren könnten – oder dasjenige Ihrer Liebsten. Dazu ein paar Beispiele.

Welche Schäden wirklich existenzbedrohlich sind

Angenommen, beim Einbiegen auf einen Fahrradweg sind Sie für einen kurzen Moment unaufmerksam und stoßen mit einer anderen Radfahrerin zusammen. Die schlägt mit dem Kopf auf dem Asphalt auf und ist für den Rest ihres Lebens arbeitsunfähig. Sie kann also kein Einkommen mehr erzielen und ist damit nicht mehr in der Lage, für ihren eigenen Lebensunterhalt zu sorgen. Für ihre lebenslange Rente müssten im Zweifel Sie aufkommen – und das würde Sie finanziell nicht bloß ein bisschen überfordern, sondern komplett vernichten. Dabei spielt es keine Rolle, dass Sie den Unfall gar nicht absichtlich herbeigeführt haben. Gegen Fälle wie diesen müssen Sie sich (mit einer Haftpflichtversicherung) absichern, auch wenn die Wahrscheinlichkeit, dass sie eintreten, zum Glück sehr gering ist.

Ein weiteres Beispiel: Sie haben Kinder, die noch zur Schule gehen und kein Geld verdienen. Angenommen, Sie oder Ihr Partner würden einen tödlichen Unfall erleiden. Das wäre nicht nur menschlich eine Tragödie, sondern auch finanziell. Denn wer könnte dann für Unterhalt und Ausbildung der Kinder aufkommen, bis sie auf eigenen Füßen stehen? Auch dafür sollten Sie unbedingt Vorsorge treffen (mit einer Risiko-Lebensversicherung).

Und schließlich gilt es zu überlegen, ob nicht auch eine Berufsunfähigkeit Sie oder Ihre Familie in existenzielle Not bringen könnte. Angenommen, Sie können krankheitsbedingt nicht mehr zur Arbeit gehen? Auf die Leistungen der gesetzlichen Rentenversicherung können Sie sich in solchen Fällen nicht verlassen. Wenn Sie überhaupt einen Anspruch darauf hätten, dann wäre Ihre Erwerbsminderungsrente extrem gering. Und schon sind wir beim dritten klassischen Beispiel für wirklich existenzbedrohliche Schäden, für die Sie aber mit einer Berufsunfähigkeits-Versicherung vorsorgen können.

Jetzt wissen Sie, was Sie vorrangig absichern müssen: das, was Ihr ganzes Leben bzw. das Ihrer Familie in größte finanzielle Not bringen könnte. Im nächsten Abschnitt verrate ich Ihnen, welche Policen sich zur Absicherung eignen – und welche Sie weniger dringend oder überhaupt nicht brauchen.

Welche Policen Sie unbedingt brauchen – und welche nicht

Durchforsten Sie mal Ihren Versicherungsordner. Aber erst abstauben, falls Sie ihn schon lange nicht mehr zur Hand genommen haben! Das ist nämlich der Hauptfehler, den viele machen: Einmal abgeschlossene Versicherungen werden quasi als gottgegeben betrachtet. Über Jahre, wenn nicht sogar Jahrzehnte nimmt niemand mehr den eingestaubten Versicherungsordner zur Hand – und folglich prüft auch keiner, ob sie notwendig sind und hinreichenden Schutz gegen die wirklich schlimmen finanziellen Risiken im Leben bieten.

Am besten sortieren Sie Ihre bestehenden Policen erst mal auf drei Stapel:

- Stapel 1: unbedingt notwendige Versicherungen
- Stapel 2: sinnvolle oder vorgeschriebene Versicherungen
- Stapel 3: komplett unnötige Versicherungen

In den folgenden Abschnitten finden Sie die wichtigsten Infos zu jedem dieser Stapel. Der Rest ist kein Hexenwerk, sondern eine Aufgabe, die Sie sich einfach an einem freien Nachmittag vorknöpfen:

- Bei **Stapel 1** fragen Sie sich, ob Sie alles haben, was existenziell wirklich empfehlenswert ist. Falls nein, schließen Sie die betreffenden Policen möglichst schnell ab.
- Bei **Stapel 2** sollten Sie die Kosten mit dem Nutzen vergleichen. Auch wenn eine Police noch so sinnvoll erscheint: Ist die Wahrscheinlichkeit, sie beanspruchen zu müssen, wirklich so groß? Und zahlen Sie auf Dauer nicht weitaus mehr ein, als Sie an Leistungen erhalten? Nach dieser Überlegung entscheiden Sie, worauf Sie wirklich nicht verzichten wollen und was Sie kündigen.

- Die Policen auf **Stapel 3** kündigen Sie am besten sofort, weil sie reine Geldverschwendung sind. Lediglich bei älteren Kapital-Lebensversicherungen gibt es noch andere Möglichkeiten, die womöglich besser für Sie sind. Aber dazu später mehr.

Stapel 1: Diese Policen sind unerlässlich

Drei Policen sind unerlässlich:

1. eine Privat-Haftpflicht
2. eine Risiko-Lebensversicherung
3. eine Berufsunfähigkeits-Versicherung (diese allerdings mit Einschränkungen)

Hier kommen die Einzelheiten, die Sie beachten sollten.

Privat-Haftpflicht

Erinnern Sie sich noch an das oben erwähnte Fahrrad-Beispiel? Ja, es kann richtig blöd laufen! Und nicht nur wegen einer vorübergehenden Unachtsamkeit. Angenommen, Sie kriegen nicht mit, dass die Außentemperatur nach einem Regentag über Nacht unter die Null-Grad-Grenze gefallen ist?! Sie liegen noch wohlig in Ihrem Bett, während andere morgens längst zur Arbeit aufbrechen?! Wenn dann der Gehweg vor Ihrer Wohnung nicht gestreut ist, jemand auf dem Glatteis ausrutscht und sich verletzt, dann sind Sie dran, auch wenn Sie den Schaden ganz bestimmt nicht gewollt und schon gar nicht absichtlich herbeigeführt haben. Sie haften, wie es im

schönsten Juristendeutsch heißt. Aus diesen Gründen empfiehlt sich eine Privat-Haftpflicht, eine Versicherung, die in
solchen Fällen einspringt. Sie zahlt Behandlungskosten und
Folgeschäden (z.B. auch eine lebenslange Berufsunfähigkeits-
rente für das Opfer). Sie merken: Es kann hier um Summen
von Millionen von Euro gehen.

Erfreulicherweise ist eine gute Privat-Haftpflicht erschwinglich. Sie kostet – je nach Leistungsumfang – 30 bis
130 Euro pro Person und Jahr. Das ist auch bei schmalem
Budget verkraftbar, vor allem, wenn Sie die Spartipps weiter hinten in diesem Kapitel beachten. Einen dieser Spartipps
will ich gleich vorwegnehmen, weil er ebendiese Privat-Haftpflicht betrifft.

Spartipp: Als Paar können Sie sich eine Police teilen

Als zusammenlebendes Paar können Sie sich gemeinsam
versichern – unabhängig davon, ob Sie miteinander verheiratet sind oder nicht. Hauptsache, Sie haben einen gemeinsamen Wohnsitz. Dann schließt nur eine/r eine Privat-Haftpflicht ab und meldet seinen Partner oder seine Partnerin
als mitversicherte Person beim Anbieter an. So profitieren
beide vom vollen Versicherungsschutz – und das kostet nicht
einen Cent mehr als eine Police für eine einzelne Person!

Wenn Sie eine Privat-Haftpflicht abschließen wollen, sollten Sie auf eine Mindest-Deckungssumme von zehn Millionen Euro achten. »Deckungssumme« heißt: Bis zu diesem Höchstbetrag übernimmt die Versicherung alle Schäden. Ebenfalls empfehlenswert: dass die Privat-Haftpflicht auch den sogenannten Deckungsausfall mitversichert (manchmal ist auch umgekehrt von einer »Ausfalldeckung« oder »Forderungsausfalldeckung« die Rede – was für ein Wortungetüm!). Was bedeutet das? Angenommen, Sie erleiden einen Schaden, für den eigentlich jemand anderes haften müsste. Dieser Jemand hat aber keine Haftpflichtversicherung und schon gar keine Kohle, um für Ihren Schaden aufzukommen. Der Schaden ist also nicht gedeckt. Dann sollte Ihre eigene Privat-Haftpflicht auch für diesen Schaden aufkommen, damit Sie nicht im Regen stehen, wenn jemand anderes Sie schädigt.

Policen vergleichen – das ist kein Hexenwerk!

Wie kommen Sie zu einer guten Privat-Haftpflicht zum günstigen Preis? Hier hilft das Internet weiter. Denn Vergleichsportale wie Check24 (www.check24.de) oder Verivox (www.verivox.de) bieten Online-Berechnungen an, die Sie ruhig mal ausprobieren können. Äußerst praktisch: Es gibt hier die Möglichkeit anzuklicken, was genau Sie haben wollen. Also die Mindest-Deckungssumme von zehn Millionen Euro und die Versicherung eines Deckungsausfalls. Daneben können Sie beispielsweise auch den Schlüsselverlust als Mieterin oder den Schlüsselverlust an Ihrer Arbeitsstelle mitversichern. Bei Check24 gibt es sogar die Option, einfach die Versicherungen herauszufiltern, die mindestens den Schutzumfang anbieten, den die Stiftung Warentest empfiehlt. Das ist komfortabel und macht Ihnen wenig Mühe. Sie können sich aber auch einfach den empfohlenen Schutzumfang notieren und damit zu einem Makler gehen, wenn Ihnen das lieber ist. Das ist übrigens oft nicht die schlechteste Lösung. Denn ein Makler hilft Ihnen im Schadensfall auch bei der Beantragung der Versicherungsleistung. Wenn Sie Ihre Haftpflicht-Police nur über ein Internetportal abschließen, dann müssen Sie sich selbst darum kümmern.

Risiko-Lebensversicherung

Bei Lebensversicherungen geht es immer um die Absicherung Ihrer Liebsten – also Ihres Partners und Ihrer Kinder. Aber Achtung – es gibt zwei Sorten von Lebensversicherungen, und nur eine davon ist empfehlenswert:

- **Risiko-Lebensversicherungen** zahlen im Todesfall – und ausschließlich im Todesfall – eine bestimmte Summe an die Hinterbliebenen aus. Falls die Person, die versichert ist, bei Fälligkeit noch lebt, gibt es kein Geld. Nur diese Form von Lebensversicherung ist sinnvoll, weil hier das Preis-Leistungs-Verhältnis stimmt.
- **Kapital-Lebensversicherungen** dagegen zahlen nicht nur im Todesfall, sondern auch bei Fälligkeit, also zu

einem vorher bestimmten Enddatum des Vertrags (z.B. der Tag, an dem die versicherte Person in Rente geht). Die Auszahlungssumme bei Fälligkeit nennt sich Ablaufleistung und wird auch dann ausgezahlt, wenn die versicherte Person dann noch am Leben ist. Nun könnten Sie ja sagen: »Das klingt gut, weil dann die ganzen Einzahlungen, die ich über Jahre hinweg geleistet habe, wenigstens nicht ganz vergeblich waren.« Tatsächlich aber ist eine solche Versicherung alles andere als günstig. Denn der Versicherer fährt zweigleisig. Von einem Teil des eingezahlten Geldes bietet er, falls nötig, die Todesfall-Absicherung für die Hinterbliebenen. Diese Summe ist aber oft zu gering, um wirklich den dann benötigten Schutz zu bieten. Einen weiteren Teil des eingezahlten Geldes legt der Versicherer an – allerdings nicht besonders profitabel. Denn Versicherungen müssen das Geld ihrer Kunden extrem vorsichtig investieren und erzielen damit keine besonders hohen Zinsen. Zudem zwacken sie sich einen beträchtlichen Teil selbst als Gebühren ab. Das heißt auf gut Deutsch: Bei der Geldanlage durch eine Kapital-Lebensversicherung kommt wenig rüber.

Deshalb ist es besser, Sie trennen die Absicherung von der Geldanlage. Schließen Sie also keine Kapital-Lebensversicherung ab, sondern begnügen Sie sich mit einer weitaus günstigeren Risiko-Lebensversicherung. Stecken Sie das gesparte Geld lieber in eine Geldanlage, die Ihnen mehr bringt. Wie Sie das machen, erfahren Sie im Kapitel »Geldanlage«.

Jetzt noch mal zurück zur empfohlenen Risiko-Lebensversicherung: Natürlich wünscht sich niemand, plötzlich tot zu sein oder den Partner zu verlieren; schon der Gedanke daran ist so grauenvoll, dass es schwerfällt, sich damit zu befassen. Trotzdem sollten Sie ihn nicht einfach beiseiteschieben. Denn vom menschlichen Verlust ganz abgesehen, ist ein Tod auch häufig mit enormen finanziellen Problemen für die betroffene Familie verbunden. Völlig klar ist: Die Kinder stehen praktisch vor dem Nichts, wenn ein Elternteil stirbt. Neben der Trauer gibt es auch ein riesiges finanzielles Problem, wenn das Familieneinkommen ganz oder teilweise wegfällt oder der Mensch nicht mehr da ist, der sich vorrangig um Haushalt und Kinder gekümmert hat.

Es geht also darum, das Einkommen eines Partners oder Elternteils zu ersetzen, bis die Kinder aus dem Gröbsten raus sind und auf eigenen Füßen stehen. Oder bis das Familienheim abgezahlt ist oder sonstige Schulden getilgt sind. Prompt stellt sich hier die Frage nach der Deckungssumme, und hier gibt es keine einheitliche Empfehlung. Denn es kommt darauf an, welches monatliche Einkommen mit der Versicherungssumme ausgeglichen werden muss – und für welchen Zeitraum das Geld reichen soll.

Erfreulicherweise ist es aber nicht schwierig, den finanziellen Bedarf, also die Deckungssumme, selbst auszurechnen, und dazu reichen die Rechenkünste, die man Ihnen schon in der Grundschule beigebracht hat.

Beispiel: Berechnung der Deckungssumme

Es dauert noch zehn Jahre, bis Magdalenas jüngster Sohn Schule und Ausbildung abgeschlossen hat. Sie will sicherstellen, dass im Falle ihres Todes über den kompletten Zeitraum die 1200 Euro monatlich gezahlt werden, die sie netto nach Hause bringt. Über den Daumen gepeilt braucht sie also:

10 (Jahre) x 12 (Monate) x 1200 Euro (pro Monat)
= 144 000 Euro als Deckungssumme

Ich würde Ihnen an dieser Stelle gerne genauer beziffern, was eine Risiko-Lebensversicherung monatlich kostet. Bloß hängt das neben der Deckungssumme auch noch von anderen Dingen ab. Zum Beispiel von Ihrem Alter, vom Gesundheitszustand und von gesundheitlichen Risiken (z.B. einer erblichen Veranlagung zu irgendwelchen Krankheiten). Angaben dazu verlangt der Versicherer im Versicherungsantrag auf jeden Fall von Ihnen, um das Risiko zu ermitteln, und diese sollten Sie auch wahrheitsgemäß machen, sonst würden Sie Ihren Versicherungsschutz aufs Spiel setzen.

Meine Empfehlung lautet: Lassen Sie sich beraten. Gehen Sie zu einem Makler und lassen Sie sich das beste Angebot ermitteln. Machen Sie einen Gegencheck bei den Internetportalen Verivox oder Check24 und auch bei Direktversicherern wie Ergo Direkt, Cosmos Direkt oder HUK24, die dort nicht gelistet sind, aber häufig günstige Konditionen bieten.

Falls Sie erschrocken sind angesichts der monatlichen Kosten, die da auf Sie zukommen – bedenken Sie immer: Wenn Sie schnellstmöglich die unnötigen Versicherungen kündigen, die Sie sonst noch haben, dann kommt vermutlich genügend Geld zusammen, um sich diese so wichtige Absicherung zu leisten. Und falls Sie keine Familie haben, für die Sie Vorsorge treffen müssen, dann brauchen Sie auch keine Risiko-Lebensversicherung.

Über-Kreuz-Versicherung ist oft ratsam

Eine kleine Anregung noch: Sinnvoll ist es meistens, sich selbst und den Partner mit einer jeweils eigenen Police zu versichern. Denn das finanzielle Problem ist nicht nur dann riesig, wenn in einer traditionellen Familie beispielsweise der Papa als Hauptverdiener stirbt. Selbst wenn die Mama als Hausfrau und Mutter gar nicht erwerbstätig wäre, so würde ihr Tod doch bedeuten: Für Haushaltsführung und Kinderbetreuung müsste jemand bezahlt werden – und auch das sollte durch die Versicherungsleistung abgedeckt sein.

Häufig sind also zwei Versicherungen nötig. Empfehlenswert ist hier eine sogenannte Über-Kreuz-Versicherung: Der Mann übernimmt die Beiträge für die Police, die Leistung an ihn auszahlt, falls die Frau stirbt; und umgekehrt zahlt die Frau die Beträge für die Police, die die Leistung an sie auszahlt, falls der Mann stirbt. Das klingt erst mal absurd, ist aber aus steuerlichen Gründen günstiger. Das Finanzamt geht dann nämlich davon aus, dass der Empfänger oder die Empfängerin die Todesfallleistung quasi aus eigenem Geld bestritten hat. Folglich fällt keine Erbschaftssteuer an, die sonst häufig auf Auszahlungen von Lebensversicherungen erhoben wird. Unterstellt wird andernfalls nämlich, dass die Todesfallsumme der Versicherung vom verstorbenen an den überlebenden Partner vererbt wird.

Berufsunfähigkeits-Versicherung

Sorry, ich muss Ihnen noch ein unerfreuliches und bedrohliches Szenario schildern, bevor wir mit dem Schlimmsten durch sind. Denn zu den wichtigsten Fällen, die Sie absichern sollten, gehört neben einem hohen Haftpflicht-Schaden oder einem Todesfall auch noch die eigene Berufsunfähigkeit (BU). Berufsunfähigkeit heißt: nicht mehr arbeiten zu können und folglich auch kein Einkommen mehr zu erzielen. Was zu ähnlich üblen finanziellen Problemen führen kann, wie bei der Risiko-Lebensversicherung bereits geschildert.

Zunächst aber mal eine Klarstellung. Zwei Glaubenssätze gehören in Sachen Berufsunfähigkeit ins Reich der Märchen …

Wer so denkt, denkt falsch!

»Ich hab weder einen gefährlichen Beruf noch gefährliche Hobbys. Ein Unfall ist also unwahrscheinlich. Was brauche ich da eine Berufsunfähigkeits-Versicherung?!«

»Berufsunfähig zu werden – das passiert doch eh nur, wenn man kurz vor der Rente steht!«

Die Zahlen vom Gesamtverband der deutschen Versicherungswirtschaft sprechen leider eine andere Sprache. Sie belegen nur allzu deutlich, dass das nicht stimmt. Denn die häufigsten Gründe, berufsunfähig zu werden, sind nicht etwa Unfälle – es sind schlichtweg Krankheiten. Schaut man sich alle Fälle von anerkannter Berufsunfähigkeit an, dann sind diese drei Ursachen am häufigsten:

1. Psychische Erkrankungen (rund 30 Prozent)
2. Krankheiten an Skelett- und Bewegungsapparat (rund 25 Prozent)
3. Krebs (rund 15 Prozent)

Also alles Dinge, die auch einer Bürokraft oder Kassiererin zustoßen können. Und leider liegt auch das Durchschnittsalter, in dem es zu einer Berufsunfähigkeit kommt, viel niedriger, als viele sich je vorgestellt hätten. Hätten Sie's gedacht? Frauen sind im Schnitt 46 Jahre alt, wenn sie berufsunfähig werden, Männer 48.

Es ist allerdings nicht immer leicht und – leider! – auch nicht unbedingt billig, eine Berufsunfähigkeits-Versicherung zu bekommen. Ob Sie eine kriegen und ob die angebotene Police erschwinglich ist, hängt von Ihrem persönlichen Risiko ab. Je kleiner die Wahrscheinlichkeit, berufsunfähig zu werden, desto eher wird ein Versicherer den Antrag bewilligen und desto günstiger werden die monatlichen Prämien sein, die er für die BU-Police erhebt. Maßgeblich sind dafür die Angaben, die Sie im Versicherungsantrag machen.

Welche Angaben Sie im Versicherungsantrag machen müssen

Abgefragt werden vor Abschluss einer Berufsunfähigkeits-Versicherung in zahlreichen Einzelfragen vor allem folgende Punkte:

- Waren Sie womöglich schon einmal in Ihrem Leben schwer krank?
- Leiden Sie aktuell unter irgendwelchen gesundheitlichen Einschränkungen, die potenziell schlimmer werden könnten?
- Gibt es unter Ihren Vorfahren/in Ihrer Familie irgendwelche womöglich genetisch bedingten Krankheiten, die auch bei Ihnen ausbrechen könnten?
- Welchen Beruf haben Sie? (Gefährliche Berufe werden mit Risikozuschlägen versehen.)

▪ Welche Hobbys haben Sie? (Gefährliche Hobbys wie Bergsteigen, Klettern, Kickboxen oder Rennrodeln führen dazu, dass die Versicherung Sie als Antragstellerin ablehnt. Paragliding, Segelfliegen, Fallschirmspringen und Reiten (zumindest bestimmte Disziplinen) führen zumindest zu Risikozuschlägen.)

Mein Tipp: Eine Berufsunfähigkeits-Versicherung ist umso günstiger, je früher Sie sie abschließen – denn natürlich nimmt das Krankheitsrisiko mit steigendem Alter zu. Hier ist es unbedingt zu empfehlen, sich persönlich beraten zu lassen, am besten von einem Makler. Denn die Verträge sind wenig standardisiert, und Sie kriegen über ein Internetportal nur schwer einen aussagekräftigen Vergleich hin.

Wichtig sind aber auch hier – wie bei der Risiko-Lebensversicherung – absolut wahrheitsgemäße Angaben zu allen Fragen. Auch sollten Sie keinesfalls etwas weglassen, was sich nachteilig auswirken könnte. Andernfalls nutzt Ihnen die beste BU-Police nichts: Wer lügt, hat keinen Versicherungsschutz.

Tipp: Bitten Sie Ihren Makler um eine anonyme Risikovoranfrage

Ein Makler kann für Sie eine anonyme Anfrage an einen Versicherer stellen. Das ist empfehlenswert, gerade wenn Sie Vorerkrankungen, Gesundheitsrisiken (Krebsfälle in der näheren Verwandtschaft etc.) haben oder einem gefähr-lichen Hobby nachgehen. Denn die Versicherer behalten die Infos aus Ihrer namentlichen Anfrage nicht zwangsläu-fig für sich. Falls Sie in Ihrem Antrag auf eine BU-Police wahrheitsgemäß alle Krankheiten und Risiken offengelegt haben und der angefragte Versicherer deswegen ablehnt, wird er dies in Verbindung mit Ihrem Namen üblicherwei-se in die Wagnisdatei HIS der deutschen Versicherungs-wirtschaft eintragen, eine Datei, in der die Versicherer ihr Wissen über besondere Risiken abspeichern. Damit sol-len – aus ihrer Sicht – besonders teure Versicherungsfälle vermieden werden. Das Ergebnis: Auch andere Versicherer würden Sie höchstwahrscheinlich nicht nehmen. Das kön-nen Sie vermeiden, indem Sie zunächst eine anonyme Ri-sikovoranfrage starten. Das kann aber nur ein Makler oder Vermittler für Sie veranlassen – und da der Makler nicht nur eine Versicherungsgesellschaft vertritt, sondern meh-rere, ist er die bessere Wahl.

Ich will aber nichts beschönigen: Eine Berufsunfähigkeits-Police zu bekommen – und das noch zum bezahlbaren Preis – hat seine Tücken. Wenn es nicht klappt, gibt es nur eine Mög-lichkeit: Versuchen Sie herauszufinden, woran es liegt und ob der Versicherer sich auf einen Leistungsausschluss einlässt. Was das ist? Wie das geht? Dazu zwei Beispiele.

Leistungsausschluss als Weg zur gewünschten Police

Beispiel 1: Carina hatte mit Mitte 20 bereits einen Bandscheibenschaden. Sie hat ihn in den Griff bekommen und ist bei ihrer Bürotätigkeit wieder voll einsatzfähig. Aber sie musste ihn im Versicherungsantrag natürlich trotzdem angeben. Der Versicherer hat ihren Antrag abgelehnt bzw. ihr mitgeteilt, dass er eine Berufsunfähigkeits-Police nur mit hohen Risikoaufschlägen anbieten. Die kann sie sich unmöglich leisten, das wäre viel zu teuer. Daraufhin hat sie nachgefragt, ob eine Versicherung mit dem Leistungsausschluss »Wirbelsäulen-Erkrankungen« möglich ist. Was heißt: Der Versicherer zahlt nur bei einer Berufsunfähigkeit, die nicht auf eine Erkrankung der Wirbelsäule zurückzuführen ist. Sie würde dann zwar kein Geld bekommen, wenn ein erneuter Bandscheibenschaden sie außer Gefecht setzen würde. Aber immerhin könnte sie sich bei anderen Ursachen gegen die finanziellen Folgen einer Berufsunfähigkeit absichern.

Beispiel 2: Janina liebt den Pferdesport und begnügt sich nicht mit harmlosem Dressurreiten. Sie ist im Springreiten richtig gut und nimmt auch an Wettbewerben teil. Ab einem bestimmten Schwierigkeitsgrad verlangen die Versicherer allerdings einen Aufschlag, der für sie nicht bezahlbar ist. Sollte sie wegen der Risiken aufs geliebte Hobby verzichten? Das will Janina nicht. Deshalb vereinbart sie einen Leistungsausschluss. Bei Unfällen bzw. Verletzungen, die vom Springreiten herrühren, zahlt der Versicherer nicht, ansonsten schon.

Übrigens brauchen Sie eine Berufsunfähigkeits-Versicherung nicht mehr, wenn Sie im Rentenalter sind. Dann haben Sie ja Ihre Altersbezüge, die zum Glück unabhängig davon sind, ob Sie arbeiten können oder nicht.

Stapel 2: Diese Policen sind manchmal ratsam (oder sogar vorgeschrieben)

Wenn Sie ein Auto haben, kommen Sie um eine Kfz-Haftpflicht nicht herum. Wenn Sie ein Haus oder eine Wohnung haben, dann wird die finanzierende Bank üblicherweise eine Gebäude-Versicherung verlangen. Denn ohne gibt es keinen Immobilienkredit. Wenn Sie einen Hund haben, ist die Tierhalter-Haftpflicht häufig von der Stadt oder Gemeinde vorgeschrieben, damit Sie für Ihren vierbeinigen Liebling überhaupt eine Hundemarke bekommen – und selbst wenn nicht, empfiehlt sich ein Abschluss unbedingt. Das sind die Pflichtpolicen auf Stapel 2 – die Sie eben brauchen, wenn Sie ein Auto, eine (kreditfinanzierte) Immobilie oder einen Hund haben.

Daneben gibt es eine ganze Reihe von Versicherungen, die oft ratsam sind – aber eben nur, wenn Sie dadurch nicht finanziell überfordert sind und wenn eine hinreichende Wahrscheinlichkeit besteht, dass diese Policen Ihnen auch etwas bringen. Hier die wichtigsten aus der Kategorie: »Oft sinnvoll, aber nicht unbedingt oder nicht für jeden nötig«.

Hausratversicherung

Ein Einbruch in Ihre Wohnung, und es fehlen nicht nur Bargeld und diverse Wertsachen, sondern die Diebe haben auch ziemlich herumgewütet und zahlreiche Einrichtungsgegenstände kaputtgemacht. Ein Zimmerbrand, weil ein Elektrokabel durchgeschmort ist. Ein Blitzschlag ins Stromleitungsnetz, und Fernseher, Laptop und WLAN-Router sind kaputt. Ein Schaden in der Wasserleitung, und Teppiche sowie Möbel sind futsch. Ein Ausflug mit dem Fahrrad – und nach einer Pause in einem netten Café fehlt der Drahtesel plötzlich. All das sind Fälle, in denen eine Hausratversicherung einspringt. Eine Hausratversicherung ist daher häufig sinnvoll, wenngleich nicht unbedingt nötig. Versichert ist, grob gesagt, alles, was Sie bei einem Umzug mitnehmen würden – inklusive Fahrräder und Reisegepäck. Die Hausratversicherung leistet üblicherweise bei:

- Feuer
- Sturm und Hagel
- Einbruch, Raub und Vandalismus
- Leitungswasserschäden
- Diebstahl von Fahrrädern und Reisegepäck

Achtung: Schäden durch Überschwemmungen, Starkregen Erdrutsche, Erdbeben, Erdrutsche und Lawinen sind nur dann mitversichert, wenn Sie gegen Aufpreis die sogenannten Elementarschäden mitversichern. Falls Sie in entsprechenden Risikogebieten wohnen, sollten Sie das bedenken.

Falls Sie noch keine Hausratversicherung haben und eine abschließen wollen, gibt es zwei Wege, die Deckungssumme festzulegen, also den Betrag, den Sie im Schadensfall höchstens erhalten würden:

- Weg 1: Genaue Wertermittlung für den gesamten Hausrat
- Weg 2: Pauschale Versicherungssumme pro Quadratmeter

Weg 1: Hier müssen Sie den Wert Ihres Hausrates möglichst genau ermitteln. Es gilt dann, wirklich eine Liste zu machen und für Möbel, sonstige Einrichtungsgegenstände, Wertsachen, Bücher und Gebrauchs- sowie Unterhaltungselektronik und alles Sonstige in Ihrem Haushalt einen möglichst realistischen Preis festzulegen. Das könnten Sie vielleicht tun, wenn Ihnen langweilig ist und Sie mit Ihrer Freizeit nichts Besseres anzufangen wissen. Ich rate Ihnen trotzdem davon ab. Denn dieser Weg zur Ermittlung der Deckungssumme bringt einen entscheidenden Nachteil mit sich: Wehe, Sie setzen diesen Wert versehentlich zu niedrig an und es kommt zum Schadensfall. Dann kann der Anbieter sich auf »Unterversicherung« berufen.

Unterversicherung – was heißt das?

Maren hat ihren Hausrat in einer Liste zusammengefasst und für alles einen Betrag für die Wiederbeschaffung ermittelt. Die Summe hat aber nur 60 Prozent dessen ergeben, was der Hausrat wirklich wert ist. Nach einem Schaden durch Leitungswasser sind zwei trendige Möbel beschädigt, die sie sich geleistet hat (Wert: 2000 Euro), und ebenso ihr nagelneues Smartphone (Wert: 1000 Euro), das dummerweise

ebenfalls nass wurde. Eigentlich beläuft sich die Deckungssumme ihrer Hausratversicherung auf 30 000 Euro – weitaus mehr als die Schadenssumme. Aber der Gutachter der
Hausratversicherung hat festgestellt: Hier liegt »Unterversicherung« vor. Also zahlt sie der Versicherer nur anteilig.
Das heißt, er übernimmt nur 60 Prozent des entstandenen
Schadens und damit nur 1800 Euro.

   Fazit: Weg 1 sparen Sie sich lieber, wenn Sie eine Hausratversicherung abschließen wollen. Weitaus klüger ist Weg 2. Da
spielt das Thema »Unterversicherung« nämlich keine Rolle.

Weg 2: Sie legen eine Pauschalsumme pro Quadratmeter
Wohnfläche fest. Die Empfehlungen reichen von 500 bis 750
Euro pro Quadratmeter – und es liegt an Ihnen zu entschei-
den, ob Sie eher eine hochwertige Einrichtung haben oder ob
Ihr Hausrat doch nicht so wertvoll ist. Die Pauschale spart
Zeit – und wie gesagt: Der Versicherer verzichtet dann übli-
cherweise darauf, Unterversicherung geltend zu machen.

   Wichtiger Hinweis: Falls Sie schon seit Längerem eine
Hausratversicherung haben, sollten Sie sich den Versiche-
rungsschein mal vorknöpfen. Es kann nämlich sein, dass
er Ihnen viel weniger Leistungen bietet als eine Police nach
heutigen Standards. Die neuen Tarife bieten oft einen weitaus größeren Schutzumfang, ohne dabei mehr zu kosten. Der
wichtigste Unterschied: Nach einem Einbruch werden in alten
Tarifen bei Wertsachen (Schmuck, Uhren, Münzen etc.) und
Bargeld meist nur 20 Prozent erstattet. Bei neueren sind es im-

merhin 40 Prozent. Der Druck von Verbraucherschützern hat dazu geführt, dass die Versicherer inzwischen mehr bieten. Es kann sich also für Sie lohnen, eine neue Hausratversicherung abzuschließen oder alternativ beim bestehenden Versicherer anzurufen und sich zu erkundigen, ob es einen neuen Tarif gibt, der besser ist. Sollte das so sein, lassen Sie einfach den bestehenden Vertrag auf den neuen Tarif umstellen.

Rechtsschutzversicherung

Auch der friedfertigste Mensch der Welt kann manchmal nicht verhindern, in einen Rechtsstreit verwickelt zu werden – und sei es nur, weil er verklagt wird. Das kann leicht Hunderte von Euro kosten. Denn nicht nur die Gerichtskosten gehen ins Geld, sondern auch die Gebühren für Rechtsanwälte und Gutachter. Nur falls der Gegner unterliegt, muss er in der Regel die Kosten tragen (und dann ist oft die Frage, ob das zunächst vorgestreckte Geld bei ihm noch zu holen ist). Falls Sie den Prozess verlieren, bleiben Sie auf den Kosten sitzen und müssen auch die des Gegners übernehmen. Wie der Prozess ausgeht und wie hoch das Kostenrisiko ist, wissen Sie dummerweise immer erst im Nachhinein.

Eine Rechtsschutzversicherung kann sich also lohnen – aber auch das ist ein Kann und kein Muss. Idealerweise ist auch eine außergerichtliche Streitschlichtung im Schutzumfang inbegriffen – denn es ist ja durchaus möglich, dass Ihr Anwalt mit der Gegenseite einen Kompromiss aushandelt, um den Gang vor Gericht zu vermeiden. Dann sollten Sie ebenfalls nicht auf den Gerichts- und Anwaltsgebühren sitzenbleiben.

Beim Rechtsschutz kommt es vor allem darauf an, die richtigen Bausteine zu wählen. Dazu gehören vor allem:

- Verkehrsrechtsschutz (z.B. bei Streitigkeiten rund um Unfälle oder Autokauf)
- Privatrechtsschutz (z.B. bei Streitigkeiten rund um Reisebuchungen oder Einkäufe oder bei Zoff mit der Krankenkasse um eine abgelehnte Leistung)
- Berufsrechtsschutz (z.B. bei Streitigkeiten im Zusammenhang mit einer Stellenkündigung)
- Wohnungsrechtsschutz (z.B. bei Streitigkeiten mit dem Vermieter)
- Banken- und Kapitalanlagerecht (z.B. bei Streitigkeiten mit Versicherungen oder Banken)

Sie werden normalerweise nicht alle Bausteine brauchen. Wenn Sie beispielsweise selbstständig oder längst in Rente sind, dann droht kein Zoff mit dem Arbeitgeber, und Sie können den Baustein »Berufsrechtsschutz« getrost ausklammern. Falls Sie im eigenen Haus wohnen und kein Ärger mit den Nachbarn droht, dann wäre der Wohnungsrechtsschutz hinausgeschmissenes Geld. Nur diejenigen Bausteine abzuschließen, die Sie wirklich brauchen, und auf alle anderen zu verzichten, senkt die Prämien. Denn die Kosten hängen maßgeblich vom Schutzumfang ab.

Außerdem lohnt sich eine Selbstbeteiligung von beispielsweise 150 Euro, um die Prämien deutlich zu senken. Warum die Versicherer dann einen Nachlass gewähren, liegt auf der Hand: Die Selbstbeteiligung garantiert ihnen, nicht etwa einen streitsüchtigen Prozesshansel oder eine streitsüchtige Prozessgretel in ihren Tarif aufzunehmen, sprich Personen, die andauernd Kosten verursachen, ohne auch nur annähernd so viel an Prämien einzubringen. Also: Beweisen Sie durch Vereinbarung eines Selbstbehalts, dass Ihre Absichten friedlich sind, und die Police wird erschwinglich!

Wichtig: Familienzwist ist nicht versicherbar

Noch ein Nachtrag zu den Bausteinen: Üblicherweise schließen die meisten Versicherer Ehe-, Familien- und Erb-streitigkeiten aus. Die Scheidungskosten also von der Versicherung erstattet zu bekommen, ist eher unwahrscheinlich, und Gleiches gilt für den Rechtsstreit um Unterhalt oder den Zoff der Hinterbliebenen ums Erbe. Allenfalls eine anwaltliche Beratung wird von manchen bis zu einer bestimmten Obergrenze übernommen, aber keinesfalls die ganzen Kosten. Sie können sich wahrscheinlich vorstellen, warum. Wenn Ex-Partner oder nahe Verwandte miteinander streiten, dann sind das oft erbitterte, emotionale Kämpfe, die sich ewig lange hinziehen und entsprechend teuer werden. Das finanziert kein Versicherer – er müsste sonst von Anfang an horrende Prämien verlangen, die kein Mensch zahlen kann.

Nach Abschluss einer Rechtsschutzversicherung müssen Sie üblicherweise eine Zeit lang warten, bis Sie Anspruch auf Leistungen haben. Die Versicherer wollen verhindern, dass Sie die Police erst abschließen, wenn sich eine gerichtliche Auseinandersetzung bereits abzeichnet. Die Wartezeit kann – je nach Baustein – zwischen drei Monaten und drei Jahren liegen. Es gibt zwar auch Tarife ohne Wartezeit, empfehlenswert sind diese allerdings selten – denn hier ist das Preis-Leistungs-Verhältnis deutlich schlechter. Sprich: höhere Kosten, geringerer Schutzumfang. Die Versicherung erst abzuschließen, wenn der Gerichtstermin quasi schon in Sichtweite ist, ist also keine ratsame Option.

Auslandsreisekrankenversicherung

Eine Auslandsreisekrankenversicherung empfiehlt sich immer, falls Sie ins Ausland reisen wollen. Versichert sind üblicherweise Aufenthalte von maximal sechs bis acht Wochen. Die klassische Auslandsreisekrankenversicherung greift jedoch nicht bei längeren Auslandsaufenthalten – etwa studien- oder berufshalber; wenn Sie gleich monatelang wegbleiben wollen, müssen Sie eine extra Police abschließen.

Sie können die klassische Auslandsreisekrankenversicherung entweder für eine bestimmte, gerade bevorstehende Reise abschließen. Wenn Sie allerdings mindestens zwei Auslandsreisen im Kalenderjahr planen, ist eine Jahrespolice für Sie meist günstiger. Darin sind üblicherweise beliebig viele Aufenthalte versichert. Diese vermeintliche Großzügigkeit der Anbieter ist schnell erklärt: Die Versicherer wissen sehr wohl, dass die meisten Menschen kein Geld und obendrein auch nicht so viel Urlaub haben, um am laufenden Band ins Ausland zu reisen.

Der Versicherungsschutz ist allerdings nicht unbegrenzt. Er umfasst grundsätzlich keine planbaren Krankheitskosten. Übernommen werden nur die (Mehr-)Kosten für akute, unvorhergesehene Fälle.

Wenn Sie zur Zahnbehandlung ins Ausland reisen, nützt Ihnen eine solche Police herzlich wenig. Ebenso wenig erstattet der Versicherer eine medizinische Versorgung, die Sie aufgrund einer chronischen Erkrankung sowieso regelmäßig benötigen. Dazu gehört beispielsweise die Dialyse für Zuckerkranke. Wer diese braucht, weiß das vorher und kann sich die Kosten nicht von seiner Auslandsreisekrankenversicherung erstatten lassen.

Die Auslandsreisekrankenversicherung übernimmt außerdem nur die Beträge, die Ihre Krankenkasse oder Ihr privater Krankenversicherer nicht erstattet, sprich die Mehrkosten. Da viele Ärzte im Reiseland eine Behandlung ausländischer Patienten grundsätzlich privat abrechnen, fallen diese Mehrkosten im Notfall mit ziemlich großer Sicherheit an. In guten Tarifen sind außerdem die Kostenübernahme für den Rettungsdienst sowie der Rücktransport nach Deutschland im Krankheitsfall inbegriffen.

Stichwort »Rücktransport«: Empfehlenswert sind solche Tarife, die die Kostenübernahme nicht auf »medizinisch notwendige« Fälle beschränken, betonen Verbraucherschützer. Besser ist es, wenn dieser Rücktransport schon in »medizinisch sinnvollen« Fällen übernommen wird (auf solche Spitzfindigkeiten können wirklich nur Juristen kommen). »Medizinisch notwendig« ist beispielsweise ein Rücktransport, wenn eine nötige Operation im Ausland gar nicht durchgeführt werden kann. »Medizinisch sinnvoll« ist er dann, wenn das zwar möglich wäre, wenn aber die Chancen auf Genesung in Deutschland viel größer sind, etwa weil Sie sich als Patientin auf Deutsch mit dem Klinikpersonal viel besser verständigen können und weil überdies Familie und Freunde Sie besuchen und Ihre Heilung dadurch fördern können.

Reiseversicherungen im Paket – ist das sinnvoll?

Häufig wird eine Auslandsreisekrankenversicherung im Paket mit den beiden anderen Policen angeboten, die bei Reisen üblich sind. Das ist zum einen die Reiserücktritts- und Reiseabbruchversicherung sowie zum anderen die Reisegepäckversicherung. »Kauf drei, bezahle zwei«, das klingt doch gut, oder? Ich rate Ihnen trotzdem davon ab. Denn meistens sparen Sie nicht viel. Eine Reisegepäckversicherung brauchen Sie überhaupt nicht; und bei einer Reiserücktritts- und Reiseabbruchversicherung stellt sich ebenfalls die Frage nach der Sinnhaftigkeit. Zudem schmuggeln manche Versicherer bei solchen Paketlösungen häufig Klauseln in die Allgemeinen Versicherungsbedingungen, die Sie als Kundin nicht unbedingt haben wollen. Also: Schließen Sie die gewünschten Versicherungen lieber separat ab.

Vollkasko- oder Teilkaskoversicherung

In aller Regel reicht Ihnen eine Kfz-Haftpflicht, die Sie ohnehin brauchen, um ein Fahrzeug überhaupt anmelden zu können. Diese Police übernimmt allerdings nicht die Schäden an Ihrem eigenen Fahrzeug, wenn etwas passiert, was keine gegnerische Versicherung übernimmt. Diese Schäden können Sie zusätzlich versichern: mit einer Voll- oder Teilkasko.

Sinnvoll ist dies allerdings nur bei neuen, hochwertigen Autos, sonst nicht. Als Faustregel können Sie sich merken: Bei Gebrauchtwagen, die älter als sechs Jahre sind, lohnt sich diese Versicherung ohnehin nicht. Denn sie ersetzt nur den Zeitwert. Sprich, sie zahlt nur das, was das Auto zum Zeitpunkt direkt vor dem Unfall noch wert war – aber ein neues Auto können Sie sich von der Versicherungssumme nicht leisten.

Bleibt noch zu klären, was der Unterschied zwischen Teil- und Vollkasko ist. Der Name sagt es schon: Die Vollkasko liefert den umfassenderen Schutz. Eine Teilkasko zahlt bei Schäden am eigenen Fahrzeug durch:

- Brand
- Explosion
- Diebstahl
- Glasbruch
- Sturm und Hagel
- Blitzschlag
- Überschwemmung
- Unfälle mit Haarwild (z.B. Rehen oder Wildschweinen).

Eine Vollkasko deckt darüber hinaus auch noch selbstver-schuldete Schäden am eigenen Fahrzeug ab, außerdem Schä-den durch Vandalismus und fremdverschuldete Unfälle, bei denen der Verursacher Fahrerflucht begangen hat.

Was eine Teil- oder Vollkaskoversicherung kostet, hängt von verschiedenen Kriterien ab. Zum einen von Geschlecht und Alter. Das sind gute Nachrichten für uns Ladys: Frauen fahren üblicherweise defensiver und kosten daher weniger. Aber wenn auch andere Personen mit Ihrem Auto fahren, ist der Vorteil natürlich futsch. Durch eine Beschränkung des Fahrerkreises, etwa auf Sie selbst und Ihren Partner, können Sie die Prämien gleichwohl erheblich senken, vor allem, wenn Sie beide mittleren Alters sind. Denn jüngere und ältere Fah-rer verursachen statistisch gesehen die meisten Schäden und machen eine solche Police daher teurer.

Ein weiteres Kriterium ist schlichtweg das Fahrzeug, das Sie haben. Ist es teuer in Ersatz und Reparatur, ist auch die Police teuer. Ist es billig in Ersatz und Reparatur, kostet auch die Police nicht so viel. Logisch ist außerdem: Ein Auto, das zu einer – sagen wir mal – sportlichen Fahrweise geradezu he-rausfordert, kostet in der Versicherung ebenfalls mehr. Aber für solche Schlitten sind wir Frauen ja meistens nicht so an-fällig wie die Männer.

Die Fahrleistung spielt ebenfalls eine große Rolle. Klaro, wenn Sie Ihr Auto nur ab und zu nutzen, 5000 Kilometer pro Jahr fahren und ansonsten meistens mit dem öffentlichen Nahverkehr unterwegs sind, dann ist die Versicherung güns-tiger als bei einem Vielfahrer, der pro Jahr 40 000 Kilometer

Strecke macht. Sie sollten die Fahrleistung im Fragebogen des Versicherers gleichwohl realistisch einschätzen – eine deutlich zu niedrige Angabe kann Sie den Versicherungsschutz kosten. Falls Sie nach einem Jahr merken, dass die Angaben im Versicherungsantrag zu niedrig oder zu hoch waren, melden Sie die wirklich gefahrenen Kilometer beim Versicherer nach (das geht meist telefonisch oder online). Sind es mehr, erhalten Sie sich damit den Versicherungsschutz. Sind es weniger, sparen Sie womöglich sogar Prämien.

Der Fragenkatalog für die Teil- und Vollkasko ist lang, und es gibt beispielsweise auch Rabatte, wenn Sie für Ihr Auto eine Garage haben und es nicht auf der Straße parken müssen. Oder wenn Sie im öffentlichen Dienst beschäftigt sind. Hier unterstellt der Versicherer, dass Sie finanziell nicht so schnell klamm sind und Ihre Prämien zuverlässig zahlen. Die Wahrscheinlichkeit, den Job zu verlieren, ist in der freien Wirtschaft weitaus größer.

Stapel 3: Diese Policen sind überflüssig

Im Scherz heißt es oft: »Versicherungen kommen für alles auf – außer für die Schäden, die entstehen.« Oder: »Man kann Versicherungen manches vorwerfen. Aber schadenfroh sind sie nun wirklich nicht.«

Von wem diese tollen Sprüche stammen, ist nicht überliefert. Aber treffender könnte man es kaum auf den Punkt bringen. Das gilt zumindest für die folgenden Versicherungen, die Sie allesamt nicht brauchen.

Unfallversicherung

Wissen Sie, was ein Unfall ist? Ja klar, wissen Sie das. Aber können Sie diesen Begriff genau definieren? Sie fragen sich jetzt vielleicht, was diese blöde Frage soll. Ganz einfach: Sie erklärt, warum es recht unwahrscheinlich ist, eine Leistung aus einer Unfallversicherung zu bekommen.

PAUKE – die Unfalldefinition der Versicherer

Die Abkürzung PAUKE erklärt, welche Bedingungen erfüllt sein müssen, damit eine Versicherung einen Unfall auch wirklich als Unfall anerkennt: Ein Unfall ist ein **p**lötzlich von **au**ßen **u**nfreiwillig auf den **K**örper einwirkendes **E**reignis, das zur dauerhaften Gesundheitsschädigung führt.

Jetzt wissen Sie: Ein Herzinfarkt oder Schlaganfall ist kein Unfall, weil er nicht durch Einwirkung von außen, sondern von innen zustande kam. Selbst wer deshalb auf den Boden knallt, erfüllt die Kriterien nicht, um eine Zahlung von der Unfallversicherung zu erhalten. Eine Hirnhautentzündung oder Borreliose nach einem Zeckenbiss kommt nicht plötzlich und fällt daher auch aus der Unfalldefinition heraus. Ein Bänderriss beim Joggen ist kein Unfall, auch wenn er zu einem Sturz führt. Und jetzt raten Sie mal, warum die Unfallversicherung bei einem gebrochenen Bein nichts zahlt. Genau: Die gesundheitliche Beeinträchtigung ist nicht dauerhaft. Sie sehen: Diese Police können Sie sich sparen.

Kapital-Lebensversicherung

Mit Versicherungen sollten Sie Risiken absichern. Aber zum Sparen sind sie ungeeignet. Da eine Kapital-Lebensversicherung (KLV) aber hauptsächlich dem Sparen dient, ist mit diesem Satz schon viel gesagt. Das Wesentliche über diese Police haben Sie weiter vorn in diesem Kapitel schon erfahren, als es um die Abgrenzung zur Risiko-Lebensversicherung ging.

Kapital-Lebensversicherungen zweigen einen Teil Ihrer Einzahlungen ab und legen es an. Das ist der sogenannte Sparanteil der Prämien. Er beläuft sich aber meist nur auf rund drei Viertel Ihrer Einzahlungen, weil vorher noch Gebühren, Provisionen und die eiserne Reserve für den Todesfallschutz abgezogen wird. Die restlichen drei Viertel werden am Kapitalmarkt angelegt (also in Wertpapiere, Immobilien etc.), und dabei entscheidet der Versicherer, in was er investiert. Er muss sich dabei aber an Vorschriften halten – und die sind sehr rigide. Wertpapiere, die feste Zinsen abwerfen, haben hier Vorrang, und genau hier liegt das Problem: Da die Zinsen schon seit längerer Zeit im Keller sind, ist auch das Anlageergebnis der Versicherer ziemlich mau.

Zwar gibt es den sogenannten garantierten Mindestzins, eine Verzinsung, die Ihnen der Versicherer mindestens bieten muss. Oft ist auch kurz von »Garantiezins« die Rede, im hochtrabenden Jargon der Versicherer heißt es »Höchstrechnungszins«. Dieser Garantiezins hängt vom Abschlussjahr ab – und wird für die gesamte Laufzeit bis zur Fälligkeit garantiert. Allerdings bezieht er sich nicht auf die gesamten eingezahlten Prämien, sondern eben nur auf den bereits erwähnten Sparanteil. Wer seine KLV im Jahr 2000 abschloss, bekam und bekommt auch weiterhin noch 4 Prozent Zinsen pro Jahr (bezogen auf die gesamten Einzahlungen sind das dann immerhin noch rund 3 Prozent pro Jahr). Seither ist es mit dem garantierten Mindestzins aber abwärts gegangen. Wenn Sie im Jahr 2020 eine klassische KLV abgeschlossen haben, waren nur noch 0,9 Prozent für den Sparanteil garantiert (bezogen auf die gesamten Einzahlungen also nur rund 0,675 Prozent). Für Abschlüsse ab Januar 2021 wird aktuell (August 2020) schon darüber diskutiert, ob der Garantiezins nicht auf 0,5 Prozent abgesenkt werden soll, weil den Versicherern allmählich auch die Ideen ausgehen, wie sie die garantierten Mindestzinsen noch erwirtschaften sollen.

Eine gute Geldanlage sieht anders aus – außerdem sind Sie bei Kapital-Lebensversicherungen denkbar unflexibel: Sie müssen Monat für Monat Ihre Prämien zahlen, können zwischendurch kein Geld entnehmen und wieder einzahlen, so wie Sie es gerade brauchen. Das sind alles Gründe, die gegen den Neuabschluss einer klassischen KLV sprechen.

Neben der klassischen KLV gibt es aber noch die fondsgebundene Variante. Da steckt der Versicherer den Sparanteil Ihrer Prämien in einen Wertpapierfonds. Der könnte natürlich lukrativer sein als die popeligen Zinsen. Zudem haben Sie eine gewisse Entscheidungsmöglichkeit, in welchen Fonds das Geld gesteckt wird. Aber seien wir ehrlich: Die wahren Anlagestars sind selten dabei, die Auswahl ist begrenzt und hängt vom Anbieter ab. Außerdem knapst sich der Versicherer auch bei fondsgebundenen KLVs einen Teil der Einzahlungen ab – und das Problem der mangelnden Flexibilität bleibt ebenfalls bestehen. Also ist auch das kein Modell, das rundum überzeugt.

Also: Bitte schließen Sie keine Kapital-Lebensversicherung ab. Es lohnt sich nicht. Sie stecken damit viel Geld in eine unflexible und unrentable Geldanlage. Geld, das Sie selbst viel profitabler und flexibler anlegen können. Bleibt noch die Frage, was Sie mit bereits bestehenden Kapital-Lebensversicherungen tun sollten.

Bestehende KLVs: Sie haben sechs Möglichkeiten

1. Bis zum Schluss behalten. Bei einer Kategorie von KLVs ist es wirklich ratsam, sie bis zum Schluss zu behalten: Solche, die Sie vor 2005 abgeschlossen haben und die womöglich bald fällig werden. Hier ist die Garantieverzinsung mit 2,75 bis 4 Prozent pro Jahr, je nach Abschlusszeitpunkt, noch vergleichsweise gut. Es gibt außerdem mitunter noch einen kleinen Aufschlag, je nachdem, welches Anlageergebnis der Versicherer wirklich mit Ihrem eingezahlten Geld erzielen konnte. Außerdem sind die Prämien steuerlich absetzbar und die Auszahlung bleibt steuerfrei. Das sind alles gute Gründe, diese Policen nicht ohne Not vorzeitig abzustoßen. Alle anderen Policen können Sie in der Pfeife rauchen – sprich Möglichkeit 2, 3 oder 4 auswählen.

2. Beleihen. Sie nehmen einen Kredit auf und nutzen die KLV als Sicherheit für das Darlehen. Damit können Sie vorübergehende finanzielle Engpässe überbrücken. Infrage kommt das allerdings nur bei Versicherungen, bei denen sich das Behalten lohnt (siehe Möglichkeit 1). Außerdem sollten Sie diese Möglichkeit nur im äußersten Notfall wählen, denn sie kostet Geld (Soll-Zinsen), statt Ihnen welches einzubringen.

3. Beitragsfrei stellen. Die einfachste Variante besteht darin, bestehende, ab 2005 abgeschlossene Policen beitragsfrei zu stellen. Das teilen Sie dem Versicherer direkt oder dem Makler bzw. Vermittler mit. Das heißt: Nach der Umstellung des Vertrags fallen keine künftigen Prämien mehr an. Das bereits eingezahlte Geld legt der Versicherer weiter für Sie an, und Sie kriegen die (dann kleinere) Gesamtsumme zum Zeitpunkt der Fälligkeit. Die Beitragsfreiheit verschafft Ihnen finanziell wieder ein bisschen mehr Luft. Wenn möglich, legen Sie das Geld auf eigene Faust an. Ein Fondssparplan, wie in Kapitel 5 beschrieben, wäre dafür genau richtig.

4. Kündigen. Sie können eine KLV vor dem vereinbarten Fristablauf kündigen. Aber natürlich zieht der Versicherer einen ziemlich großen Betrag von Ihrem »Guthaben« ab. Übrig bleibt der sogenannte Rückkaufswert. Sie finden den Rückkaufswert in der letzten Mitteilung über den Stand Ihrer KLV, meist unter Begriffen wie »gesamte Leistung bei Rückkauf«.

5. Verkaufen. Es gibt Anbieter wie Winninger (www.winniger.de), Cashlife (www.cashlife.de) oder Policendirekt (www.

policendirekt.de), die Kapital-Lebensversicherungen auf-
kaufen. Ihr Vorteil: Sie bekommen dann etwas mehr zurück
als bei einer Kündigung, meist bis zu 5 Prozent mehr. Außerdem bleibt der Todesfallschutz für die Angehörigen in ge-
wissem Umfang erhalten. Voraussetzung: Es muss sich um
eine klassische (und keine fondsgebundene) KLV handeln,
sie muss schon ein paar Jährchen bestanden haben und
idealerweise schon eine Versicherungssumme (»garantierte
Ablaufleistung«) von mindestens 5000 bis 10 000 Euro
aufweisen. Wenn Sie einen Käufer finden, der mehr zahlt, ist
das Ihre erste Wahl, es sei denn, Sie gehören zu den Glück-
lichen, für die ein Widerruf infrage kommt (siehe nächster
Punkt).

6. Widerrufen. Diese Option steht Ihnen nur offen, wenn
der Abschluss noch keine 30 Tage her ist. Oder wenn Sie
Ihre Police schon zwischen dem 29. Juli 1994 und dem
31. Dezember 2007 abgeschlossen haben. In diesem Fall
ist ein Widerruf dann möglich, wenn der Versicherer bei
Abschluss nicht korrekt über Ihr Widerspruchs- und Rück-
trittsrecht informiert hat (und das ist damals häufig passiert). Um das zu prüfen, brauchen Sie allerdings die Hilfe
eines Anwalts. Zum Glück gibt es welche, die eine kostenlose
Erstprüfung anbieten. Sie finden diese, wenn Sie in Google
die Suchworte »Lebensversicherung widerrufen« eingeben.
Auch im Beitrag des Verbraucherportals www.finanztip.de
zu diesem Thema, der bei den Suchergebnissen aufgelistet
wird, finden Sie einige. Auch hier gilt es zu prüfen, ob ein

Widerruf wirklich die günstigste Möglichkeit ist, denn Sie kriegen nicht einfach alle eingezahlten Beiträge zurück, die Risikokosten für den Versicherungsschutz über die Dauer der Laufzeit werden abgezogen. Lassen Sie den Anwalt also auch überprüfen, wie hoch die Auszahlungssumme bei diesem Vorgehen voraussichtlich sein wird. Nur wenn sie über dem Rückkaufswert oder der Summe liegt, die bei einem Verkauf erzielbar wäre, lohnt sich das Ganze.

Sterbegeldversicherung

Eine Sterbegeldversicherung ist eine kleine Risiko-Lebensversicherung. »Klein« deshalb, weil die Versicherungsleistung selten bei mehr als 8000 bis 15 000 Euro liegt; bei einer normalen Risiko-Lebensversicherung sind es meist mindestens 50 000 oder 100 000 Euro. Das Geld ist vor allem dafür gedacht, die Beerdigungskosten zu zahlen, und das kann schon ein riesiger Batzen auf einmal sein. Aber ganz ehrlich: Es ist besser, das Geld auf einem speziellen Tagesgeldkonto nach und nach anzusparen und einem Ihrer Angehörigen eine »Kontovollmacht über den Tod hinaus« zu erteilen. Dann fallen auch die unverhältnismäßig hohen Gebühren weg, die der Anbieter einer Sterbegeldversicherung von Ihren Einzahlungen als Verwaltungsgebühr abzieht. Es ist nämlich Tatsache: Versicherte zahlen in eine Sterbegeldversicherung häufig mehr ein, als die Angehörigen später herausbekommen. Falls Sie eine haben, stellen Sie sie beitragsfrei. Falls nicht, schließen Sie auch keine ab.

Weitere Policen, die Sie nicht brauchen

Wollte man alle Versicherungen auflisten, die überflüssig sind, würde dies allein mehr als nur dieses Buch füllen. Beschränken wir uns auf die wichtigsten. Zu drei Versicherungen (Unfall-, Kapital-Lebens- und Sterbegeldversicherung) haben Sie bereits ausführliche Infos erhalten. Aber es gibt noch mehr Policen, die uns die Versicherungsgesellschaften gerne als sinnvoll anpreisen, die Sie sich aber getrost sparen können:

- **Smartphone- und Tabletversicherung:** Kaum bringt Apple, Samsung oder Huawei ein neues Smartphone-Modell auf den Markt, schon häufen sich bei den entsprechenden Versicherern die Schadensmeldungen über angeblich versehentlich heruntergefallene oder gestohlene Geräte. In dieser Sparte ist der Versicherungsbetrug ein so riesiges Thema, dass die Versicherer eine ganze Reihe von Schäden von vornherein aus dem Leistungskatalog ausschließen. Das heißt aber wiederum für die Inhaber solcher Policen: Sie zahlen viel, kriegen im Schadensfall jedoch selten was. Diese Police ist komplett überflüssig, das Geld dafür können Sie sich sparen.

- **Glasbruchversicherung:** Keine Frage, es ist schon blöd, wenn eine Scheibe zu Bruch geht, das Ceranfeld am Herd einen Sprung bekommt oder bei einem Stoß gegen die Vitrine die Verglasung kaputtgeht. Aber deswegen extra eine Versicherung abschließen? Lassen Sie es bleiben! Die Wahrscheinlichkeit, dass ein solcher Bruch passiert, ist nicht allzu hoch. Oder wie oft ist Ihnen das schon in Ihrem Leben passiert? Glauben Sie mir: Die Versicherer verdienen blendend an blauäugigen Kunden, die meinen, diese Police sei wichtig.

- **Fahrzeuginsassenversicherung:** Angenommen, Sie nehmen jemanden im Auto mit. Es passiert ein Unfall, und dieser Jemand wird schwer verletzt. Wer zahlt? Wenn Sie nicht schuldig sind an besagtem Unfall, dann die gegnerische Kfz-Haftpflicht. Wenn doch, dann Ihre eigene Privat-Haftpflicht, die ich Ihnen anfangs schon dringend ans Herz gelegt habe. Eine zusätzliche Versicherung zur Absicherung Ihrer Mitfahrer brauchen Sie jedenfalls nicht.

- **Krankenhaustagegeld-Versicherung:** Sie kommen ins Krankenhaus, und eine Versicherung zahlt Ihnen dann Geld für jeden Tag, den Sie nicht zu Hause sind. Mal ehrlich: So richtig logisch erscheint mir das nicht. Denn Sie brauchen immer Geld, wenn Sie krank sind, ob mit Krankenhausaufenthalt oder ohne. Und falls Sie einen Job haben, kommt dafür der Arbeitgeber via Lohnfortzahlung oder die Krankenkasse via Krankengeld auf. Nur, falls Sie selbstständig sein sollten, müssen Sie die Zeit, in der Sie nicht erwerbstätig sein können, selbst überbrücken. Dann allerdings wäre eine Krankentagegeldversicherung eigentlich sinnvoller. Allerdings sind auch hier die Prämien meist hoch, sodass sich die Frage stellt, ob sich das lohnt. Ich meine: Besser ist es, durch Sparen für ein entsprechendes Finanzpolster zu sorgen. Das bringt Ihnen mehr.

- **Kinder- oder Enkelversicherung:** Hach, welch ein Hochgefühl, wenn der erste Nachwuchs da ist – als Mutter von drei Kindern spreche ich da aus Erfahrung. Und wie glücklich sind die Großeltern, wenn erst ein Enkelchen da ist! Diesen Überschwang der Gefühle nutzt die Versicherungsbranche weidlich aus. Gezielt kontaktieren ihre Vermittler die Eltern oder Großeltern, die sie beispielsweise durch Geburtsanzeigen oder Standesamts-Mitteilungen ausfindig machen. Sie bieten von der Biene-Maja-Versicherung bis zum Sorglospaket fürs Kind alles an, was der Nachwuchs angeblich so dringend braucht: eine Ausbildungsversicherung, eine Kinderunfallversicherung, eine Kapital-Lebensversicherung und ich weiß nicht, was noch alles. Lassen Sie sich nicht dazu überreden. Sonst zahlen Sie Monat für Monat Prämien, die Sie zur Vorsorge viel sinnvoller einsetzen könnten.
- **Zahnzusatzversicherung:** Die gesetzlichen Krankenkassen sind knauserig geworden. Selbst mit perfekt gepflegtem Bonusheft kriegen Sie beim Zahnarzt nicht mehr alles bezahlt – schon gar keine Goldkronen und Kunststoff-Inlays. Wäre es da nicht sinnvoll, eine Versicherung abzuschließen, die notfalls Tausende Euro zuschießt? Leider nicht: Oft ist es sinnvoller, mit dem Zahnarzt eine Ratenzahlung zu vereinbaren. Dann bestreiten Sie wenigstens nur Leistungen, wenn Sie sie wirklich in Anspruch nehmen. Zahnzusatzversicherungen wären eigentlich ein super Schutz vor bösen Überraschungen im Zusammenhang mit den eigenen Beißerchen. Bloß stimmt das Preis-

Leistungs-Verhältnis in der Regel nicht. Deshalb: Finger weg!

- **Pflegezusatzversicherung:** Ja, es stimmt: Die gesetzliche Pflegekasse übernimmt längst nicht alles, was Sie womöglich im Alter an Pflegeleistungen brauchen. Aber erschwinglich ist eine Pflegezusatzversicherung allenfalls bei Abschluss in jungen Jahren, in denen noch kein Mensch daran denkt. Wer schon jenseits der 50 ist, kann sie sich in aller Regel nicht leisten – und es gibt in Sachen Altersvorsorge auch Wichtigeres zu tun. Bedenken Sie immer: Ob Sie im Alter ein Pflegefall werden, wissen Sie nicht. Dass Sie im Alter aber – unabhängig von Ihrem Gesundheitszustand – Geld für alles Mögliche brauchen, das wissen Sie. Also ist auch hier eine Geldanlage für alle erdenklichen Fälle besser als eine teure Versicherung, die nur zahlt, wenn Sie wirklich Pflegeleistungen brauchen.

- **Krankenzusatzversicherung:** Ob Chefarzt-Behandlung oder ein Einzelzimmer im Krankenhaus, ob Heilpraktiker oder alternative Heilmethoden. Eine Krankenzusatzversicherung verspricht, die Kosten für Behandlungen abzudecken, die Ihnen die Krankenkasse nicht zahlt, die Ihnen aber wichtig sind. Das klingt super, kostet aber ein Wahnsinnsgeld, das meist in keinem Verhältnis zur Leistung steht. Auch hier lautet der Rat, lieber auf eine solche Versicherung zu verzichten und sich nach und nach ein finanzielles Polster anzusparen. Davon haben Sie dauerhaft mehr. Und wenn Ihnen dann wirklich der

Gang zum Heilpraktiker wichtig ist, dann können Sie ihn auch aus eigener Tasche bestreiten.

Die 7 verrücktesten Versicherungen aus der Sparte »völlig unnötig«

1. Aussteuerversicherung: Der Anbieter zahlt den Eltern Geld für die Aussteuer.
2. Hochzeitsversicherung: Der Anbieter zahlt die Stornokosten, falls die Hochzeit abgesagt wird. Manche – aber nicht alle - übernehmen sogar die Kosten, falls die Braut (oder der Bräutigam) überraschend »Nein« sagt ...
3. Kälteschutzversicherung: Der Anbieter zahlt für jeden Tag, an dem die Temperatur unter einen bestimmten Schwellenwert fällt.
4. Zwillingsversicherung: Der Abschluss ist nur vor der Schwangerschaft möglich. Der Anbieter zahlt einen Festbetrag, wenn zwei Kinder auf die Welt kommen.
5. Bettwanzenversicherung: Der Anbieter zahlt die Schädlingsbeseitigung, falls der oder die Versicherte die unliebsamen Hausgäste etwa von einem Wanderurlaub von Almhütte zu Almhütte mit nach Hause gebracht hat.
6. Verspätungsversicherung: Diese Versicherung übernimmt die Folgekosten etwa bei verpassten Flügen. Natürlich nur, wenn ein Stau oder verspäteter Zug/Bus schuld war.
7. Alien-Entführungsversicherung: Diese Versicherung gibt's nur in den USA. Sie zahlt zehn Millionen Dollar an die-

jenigen, die Opfer von Marsmännchen oder sonstigen Außerirdischen geworden sind. Angeblich haben schon 20 000 Menschen diese Police abgeschlossen.

Geld sparen beim Versicherungsschutz: So wird's billiger für Sie

Erinnern Sie sich? Sie sind angetreten, um mit dem Ausmisten Ihres Versicherungsbestands eine möglichst große Ersparnis zu erzielen. Am meisten Geld sparen Sie, indem Sie unnötige Versicherungen kündigen bzw. gar nicht erst abschließen und sich auch bei den womöglich sinnvollen auf ein Mindestmaß beschränken. Aber damit sind Ihre Sparmöglichkeiten noch nicht ausgereizt. Denn es gibt noch eine ganze Reihe von Tipps, wie Sie Ihre bestehenden Policen günstiger machen und damit mehr finanziellen Spielraum gewinnen können. Hier sind die wichtigsten.

Selbstbehalt

Ein Selbstbehalt ist fast immer sinnvoll. Lassen Sie sich auf 100 bis 250 Euro Selbstbeteiligung pro Versicherungsfall ein. Denn dadurch sinken die Prämien enorm – weil die Versicherer nicht nur bei der Auszahlung Geld sparen, sondern auch sicher sein können, dass Sie nicht mit jedem Bagatellschaden angerannt kommen, der nicht nur eine Auszahlung erfordert sondern auch einen riesigen Verwaltungsaufwand verursacht. Wenn Sie nicht gerade Pech in Serie haben, haben Sie den Betrag, den Sie bei einem Schaden selbst tragen müssen, schon nach kurzer Zeit wieder heraus.

Jährliche Zahlungsweise

Manche Policen kosten mehrere Hundert Euro im Jahr – ein großer Batzen, wenn er auf einmal abgebucht wird. Deshalb entscheiden sich viele Versicherungsnehmer für eine monatliche Abbuchungsweise. Sie übersehen dabei, dass dies teuer ist. Rund 3 bis 5 Prozent der Jahresprämie können Sie sparen, wenn Sie den Betrag nur einmal jährlich abbuchen lassen. Denn jede Abbuchung verursacht beim Versicherer Kosten, die im Prinzip nicht sein müssten. Also: Stellen sie Ihre Verträge auf jährliche Zahlweise um.

So vermeiden Sie böse Überraschungen

Falls Sie befürchten, Ihr Girokonto könnte arg ins Minus geraten, wenn Sie jährlich statt monatlich zahlen, empfiehlt sich folgendes Vorgehen: Überweisen Sie sich per Dauerauftrag monatlich ein Zwölftel des Jahresbeitrags auf ein Tagesgeldkonto. Sobald Sie die Abbuchungsnachricht der Versicherung erhalten, überweisen Sie sich dieses Geld auf Ihr Girokonto zurück. Dann fehlt Ihnen nichts, wenn der Versicherer plötzlich einen großen Batzen per Lastschrift einzieht.

Regelmäßige Umstellung auf Neukunden-Tarif

Putzmittel, Waschmittel, Lebensmittel, Alltagsgüter: Es ist doch ganz normal, stets einen Preisvergleich durchzuführen bei Dingen, die wir andauernd kaufen, oder nicht? Nur bei Versicherungen, die wir regelmäßig in Anspruch nehmen, unterbleibt dieser Preisvergleich oft. Das ist ein Fehler: Denn Jahr für Jahr berechnen die Versicherer ihre Tarife neu, sagen ihren bestehenden Kunden aber nichts davon. Dabei kann es wegen der großen Konkurrenz gut sein, dass Neukunden-Tarife deutlich günstiger ausfallen als der ältere Tarif, den Sie vielleicht haben. Rufen Sie also einmal im Jahr bei Ihrem Versicherer oder Vermittler an (bei der Kfz-Versicherung empfiehlt sich Mitte/Ende Oktober). Fragen Sie nach dem neuesten Tarif. Falls der günstiger ist: Bitten Sie um Umstellung Ihres Vertrags auf den neuen Tarif.

Regelmäßige Überprüfung des Leistungsumfangs

Bei uralten Versicherungen haben Sie vielleicht einen Schutz gebucht, den Sie heute gar nicht mehr brauchen. Beispiele:

- Vielleicht ist die angegebene Kilometerleistung bei der Kfz-Versicherung viel zu hoch, weil Sie heute viel kürzere Pendelstrecken zu Ihrem Arbeitgeber fahren. Das spart Prämien bei der Kfz-Versicherung.
- Vielleicht sind Sie aus einer Mietwohnung ins Eigenheim gezogen und Ihre Haftpflicht müsste nicht mehr für einen Schlüsselverlust für die Schließanlage im Mietshaus aufkommen. Auch dadurch lassen sich Prämien sparen.

- Vielleicht haben Sie Ihre Arbeitsstelle wegen der Kinder aufgegeben oder arbeiten nur im Minijob. Dann brauchen Sie bei der Rechtsschutzversicherung nicht die umfassenden Leistungen im Bereich Arbeitsrecht.

Von Zeit zu Zeit sollten Sie also prüfen, was Sie noch brauchen und was nicht. Den Leistungsumfang zu verkleinern, heißt automatisch: Sie können Prämien sparen, indem Sie in einen abgespeckten Tarif wechseln. Ob das beim gleichen Versicherer sein muss oder ob Sie dazu den Anbieter wechseln, bleibt Ihnen überlassen. Sie können wahlweise Ihren Makler fragen oder sich im Internet (auf Seiten wie Check24 oder Verivox) nach entsprechenden Policen umsehen.

Makler, Vermittler, Berater – oder Internetportal? Wo Sie Ihre Policen am besten abschließen

Wo bekommen Sie gute und günstige Policen, ohne zu hohe Prämien dafür zu bezahlen? Prinzipiell haben Sie mehrere Optionen.

Versicherungsvertreter: Das sind Vermittler, die nur für eine bestimmte Versicherungsgesellschaft tätig sind, seltener für zwei. Ein Vertreter verdient sein Geld mit den Provisionen, die er von besagter Versicherungsgesellschaft erhält. Ihn einzuschalten ist nicht allzu empfehlenswert, denn nicht zwangsläufig bietet seine Versicherungsgesellschaft für alle Policen von der Privat-Haftpflicht bis zur Kfz-Versicherung den günstigsten und besten Tarif. Sie kaufen ja auch nicht nur Waschmittel aus dem Hause Henkel, oder?

Versicherungsmakler: Auch Makler vermitteln Versicherungspolicen und lassen sich dies von den Anbietern mit Provisionen bezahlen. Im Unterschied zu Vertretern vergleichen sie aber die Angebote vieler verschiedener Versicherungsgesellschaften. Die Auswahl ist also größer, wenngleich auch hier nicht alle Anbieter vertreten sind.

Honorarberater: Diese Spezies von Versicherungsberatern lässt sich von Ihnen dafür bezahlen, nach Ihren Vorgaben das günstigste Angebot zu ermitteln. Provisionen von den Anbietern darf ein Honorarberater dafür nicht einstreichen. Das garantiert seine Unabhängigkeit. Allerdings gibt es nur extrem wenig Honorarberater in Deutschland, es sind gerade einmal ein paar hundert. Zudem müssen Sie einen solchen Berater auch dann zahlen, wenn Sie doch keine Police abschließen. Ob Ihnen das die Sache wert ist, müssen Sie selbst entscheiden.

Internet-Vergleichsportale: Es gibt Anbieter wie Check24, Tarifcheck oder Verivox. Dort füllen Sie – je nach gewünschter Versicherung – ein Eingabeformular aus und erhalten dann eine Liste mit Anbietern, bei denen Sie über einen Link gleich einen Abschluss tätigen können. Neutral sind allerdings auch solche Portale nicht, denn auch sie leben von den Provisionen der Versicherer. Außerdem zeigen sie nicht alle Anbieter an. Einige Versicherungsgesellschaften verweigern die Zusammenarbeit – und das sind oft die besonders günstigen Direktversicherungen. Sie sollten sich außerdem darüber im Klaren sein, dass die Versicherungen oft eine besonders hervorgehobene Platzierung in der Trefferliste dadurch erreichen, dass sie mehr Geld zahlen.

Direktversicherer: Es gibt eine Reihe von Versicherern, die ihren Kunden einen Direktabschluss ermöglichen, ohne einen Vermittler, einen Makler oder ein Internet-Vermittlungsportal zwischenzuschalten. Sie sparen sich damit die ansonsten üblichen Provisionen und können auf diese Weise ihre Policen besonders günstig anbieten. Beispiele für solche Direktversicherer sind etwa HUK24, Ergo Direkt, CosmosDirekt, Hannoversche Direkt oder Allianz Direct. Die meisten ermöglichen eine Beitragsberechnung direkt auf ihren Internetseiten. Auch wenn das einen Haufen Arbeit macht: Es kann sich lohnen, dort die Tarife einzeln zu ermitteln und miteinander zu vergleichen.

Vertreter und Makler liefern umfassende Betreuung

Von einem Honorarberater, Internet-Vergleichsportal oder Direktversicherer erhalten Sie keine persönliche Betreuung etwa bei der Abwicklung von Schadensfällen. Bei einem Vermittler oder Makler hingegen schon. Makler leisten sogar noch mehr: Auf Wunsch weisen sie Sie auf einen günstigeren Tarif hin, wenn erhältlich. Gerade bei der Kfz-Versicherung ist das viel wert. Denn jedes Jahr im Oktober geben die Versicherer die neuen Tarife heraus, und ein Wechsel kann sich lohnen. Auch bei besagtem Wechsel sind Makler behilflich, indem sie Ihnen etwa die fertig vorbereitete Kündigung für

den alten Versicherer bereits als Formbrief zur Unterschrift
zusenden und sich um den Abschluss der neuen, günstigeren Versicherung kümmern.

Schäden melden, Leistungen einfordern: Fünf Tipps zum richtigen Vorgehen

Was tun im Schadensfall, damit Sie schnellstmöglich Ihr Geld
von der Versicherung bekommen? Eine Empfehlung gilt ohne
Wenn und Aber: Melden Sie den Schaden schnell. Denn ohne
sofortige Meldung verspielen Sie womöglich Ihren Versicherungsschutz. Wie schnell ein Schaden gemeldet werden muss,
steht üblicherweise im Versicherungsvertrag. In der Regel
heißt es dort allerdings nur »unverzüglich« – jetzt sind Sie
so schlau wie vorher, oder? »Unverzüglich« bedeutet: »ohne
schuldhaftes Verzögern«. Im Klartext haben Sie üblicherweise nicht mehr als drei Tage bis eine Woche, es sei denn, Sie
sind beispielsweise nach einem Unfall oder Raub so verletzt,
dass sich die Meldung zwangsläufig verzögert, ohne dass Sie
etwas dafür können. Die kurzen Fristen dienen auch der Be-
weissicherung: Die Versicherung will den Schaden oft zeitnah
prüfen (lassen).

Auch als Opfer sollten Sie gegenüber der gegnerischen
Versicherung (z.B. Privat- oder Kfz-Haftpflicht) nicht lange
warten. Machen Sie Ihre Ansprüche schnellstmöglich geltend.
Hier fünf Tipps, was es zu beachten gibt, damit Sie schnell an
Ihr Geld kommen und keine Nachteile erleiden.

Tipp 1: In welchen Fällen sich ein Rechtsanwalt lohnt

Sie sind ein friedfertiger Mensch, unterstelle ich jetzt mal. Und Sie haben keinerlei Interesse, sich mit einer Versicherung vor Gericht zu zoffen. Der Gedanke an einen Rechtsanwalt ruft bei Ihnen unwillkürlich die Befürchtung hervor: »Oje, das wird teuer!« Trotzdem gibt es Fälle, in denen Sie zur Schadensregulierung einen Rechtsanwalt einschalten sollten. Das ist vor allem im Verkehrsrecht der Fall, aber auch bei Haftpflichtschäden größeren Umfangs. Konkret empfiehlt es sich in Fällen, in denen Sie selbst unverschuldet in einen Unfall verwickelt werden oder einen Schaden erleiden, den jemand anders verursacht hat.

Dann hilft Ihnen ein Anwalt, Ihre Ansprüche gegenüber der gegnerischen Versicherung durchzusetzen. Ohne Anwalt wird diese nämlich alles tun, um Ihren Schaden kleinzurechnen und Ihnen möglichst wenig auszuzahlen. Ein Beispiel, was Ihnen etwa mit der gegnerischen Kfz-Haftpflicht passieren kann:

- Sie wird womöglich versuchen, Ihnen eine Mitschuld am Unfall anzuhängen. Bei einer Mitschuld von 50 Prozent beispielsweise bleiben Sie auf 50 Prozent der Kosten sitzen.
- Sie wird Ihnen Vorschriften dazu machen, wo und wie Sie Ihr Auto reparieren lassen sollen.
- Sie wird Ihnen einen eigenen Sachverständigen vorbeschicken wollen, anstatt die Schadenshöhe zu akzeptieren, den ein unabhängiger Gutachter für Sie ermittelt hat.

- Sie wird Ihnen den angeforderten Mietwagen verweigern, auf den Sie eigentlich ein Recht haben, bis Ihr Auto repariert und wieder einsatzfähig ist.
- Sie wird Ihnen nach einem Totalschaden womöglich sogar vorschreiben, an wen Sie Ihr Auto zu welchem Preis verkaufen sollen (weil sie nur die Differenz zum Kaufpreis erstatten muss).
- Sie wird die Schadensregulierung vielleicht auch hinauszögern und immer neue Details und Informationen zum Unfallgeschehen und zum Schadensausmaß von Ihnen verlangen.

Weil Sie sich als Verbraucherin im Verkehrs- und Schadensrecht bei Weitem nicht so gut mit den juristischen Spitzfindigkeiten auskennen wie die Fachleute von der gegnerischen Versicherung, gilt: Schalten Sie lieber einen spezialisierten Anwalt ein, zum Beispiel einen Fachanwalt für Verkehrsrecht nach einem Autounfall. Sie haben sogar ein Recht darauf, sich dessen Kosten erstatten zu lassen. Sicher ist: Mit Anwalt zieht kein Versicherer Sie so schnell über den Tisch. Nutzen Sie diese Möglichkeit, denn üblicherweise geht es um viel Geld!

Die Sache mit dem Gutachter

Übrigens haben Sie sogar das Recht, einen eigenen, unabhängigen Sachverständigen einzuschalten, solange es nicht nur um sogenannte Bagatellschäden (unter 1000 Euro) geht. Das ist auch gut so, denn Sie wollen jemanden, der neutral ist und kein Gefälligkeitsgutachten für die Versicherung erstellt.

Tipp 2: Melden Sie nicht jeden noch so kleinen Schaden

Diese Empfehlung gilt ausschließlich gegenüber Ihrer eigenen Versicherung, aber nicht, wenn etwa nach einem Unfall oder Haftpflichtschaden die gegnerische Versicherung für Ihren Schaden aufkommen muss. Ob sich bei Schäden bis ungefähr 500 Euro eine Schadensmeldung lohnt, sollten Sie sich gut überlegen. Das ist zwar durchaus eine Menge Geld – aber es kann trotzdem ratsam sein, dafür keine Versicherungsleistung einzufordern.

Warum sollten Sie nicht alles melden, worauf Sie womöglich Anspruch hätten? Ganz einfach: Weil Ihre Versicherung nach jeder Schadensmeldung ein Sonderkündigungsrecht hat. Das heißt, sie kann Ihre Police außerhalb der Laufzeit kündigen, sobald sie einen Schaden reguliert hat (ein solches Sonderkündigungsrecht haben übrigens auch Sie, aber meist nutzt es Ihnen nicht viel). Von diesem Sonderkündigungsrecht macht ein Versicherer gerne Gebrauch, wenn er das Gefühl hat, er zahlt nur drauf. Dabei geht es noch nicht einmal unbedingt nur um die ausgezahlten Leistungen. Sondern er berücksichtigt auch den Verwaltungsaufwand, den jeder gemeldete Schaden verursacht – und bei Bagatellschäden ist dieser unverhältnismäßig hoch.

Nach der Kündigung durch die Versicherungsgesellschaft haben Sie womöglich ein Problem. Denn: Eine ungewöhnlich hohe Schadenshäufigkeit wird in der Wagnisdatei der deutschen Versicherungswirtschaft abgespeichert. Auf dieses sogenannte Hinweis- und Informationssystem (HIS) haben auch andere Versicherer Zugriff. Wer dann wieder eine neue Haftpflicht abschließen möchte, bekommt womöglich keine mehr – zumal im Versicherungsantrag stets danach gefragt wird, ob es in den vergangenen zwölf Monaten zu einem Schaden kam. Und Sie wissen ja: Wer lügt, riskiert den Versicherungsschutz.

Beispiel: Eine Häufung kleiner Schäden

Lisa meldet ihrer Haftpflichtversicherung innerhalb von zwölf Monaten zuerst den Rotweinfleck, den sie versehentlich auf dem Teppich hinterlassen hat, als sie bei Freunden zu Gast war. Dann fährt sie mit dem Fahrrad aus Versehen gegen den Rückspiegel vom Mercedes des Nachbarn – und auch diesen Schaden lässt sie von ihrer Haftpflicht regulieren. Schließlich zertritt sie noch versehentlich die Brille einer guten Freundin. Abermals springt ihre Haftpflicht ein; aber gleich anschließend erhält Lisa eine Kündigung.

Keine Haftpflichtversicherung mehr zu bekommen ist ein echtes Problem. Denn eine solche Police ist ja eigentlich nicht für die kleineren Schadensfälle da, die vielleicht finanziell wehtun, die aber noch verkraftbar sind. Bei einem Millionenschaden sieht das aber schon ganz anders aus – und wer nach einer Kündigung ohne Absicht einen solchen verursacht, der wünscht sich ganz bestimmt, den blöden Rotweinfleck, den zerbrochenen Rückspiegel und die zertretene Brille nicht gemeldet zu haben.

Übrigens: Der Verzicht auf die Meldung kleiner Schäden muss keine finanziellen Nachteile mit sich bringen. Denn Sie können mit dem Versicherer ja einen Selbstbehalt vereinbaren. Dafür, dass Sie dann nicht bei jedem kleineren Schaden Geld von der Versicherung bekommen, gibt es dann einen fairen Ausgleich: Sie zahlen weniger Prämien.

Tipp 3: Nachfragen, ob Schadensmeldung sinnvoll

Droht bei einer Schadensmeldung eine Kündigung? Oder bei der Kfz-Versicherung eine Schlechterstufung in Sachen Schadensfreiheitsrabatt? Das sollten Sie an der Schadens-Hotline Ihres Versicherers oder bei Ihrem Vermittler erfragen, falls Sie Pech in Serie hatten und binnen eines Jahres gleich mehrere Schäden erlitten haben. Falls ja, haben Sie immer noch die Möglichkeit, auf die Regulierung zu verzichten und dafür Ihre so wichtige Police beziehungsweise den günstigen Tarif zu behalten.

Tipp 4: Aufgepasst bei fiktiver Abrechnung

Bei einer Kfz-Versicherung (Haftpflicht, Teilkasko, Vollkasko) gibt es die Möglichkeit einer fiktiven Abrechnung. Das heißt: Sie verzichten beispielsweise darauf, die Delle in Ihrem Fahrzeug ausbeulen zu lassen und stecken das Geld lieber in Ihre eigene Tasche. Auch dann muss der Versicherer zahlen – und zwar das, was ein Gutachter als Schadenshöhe ermittelt hat. Allerdings erhalten Sie dann die Nettosumme ohne

Mehrwertsteuer. Das ist eine prima Sache, wenn es Ihnen absolut nicht wichtig ist, ob Ihre Karre nun makellos aussieht oder nicht. Aber in einem Fall wird es zum Problem: Wenn Sie sich später dann doch noch für eine Reparatur entscheiden. Dann nämlich müssen Sie die Mehrwertsteuer aus eigener Tasche zahlen. Also: Überlegen Sie vorher, ob eine Reparatur wirklich gar nicht für Sie infrage kommt. Nur, wenn Sie definitiv beim Nein bleiben, können Sie getrost die fiktive Schadensabrechnung wählen.

Tipp 5: Bei Ablehnung kostenlose Schlichtung beantragen

Zoff bei der Schadensabrechnung gibt's gar nicht so selten. Aber deswegen gleich zum Anwalt? Sie haben oben gelesen, dass sich das manchmal lohnt, dass aber dessen Kosten nicht immer von der Versicherung gedeckt sind. Deshalb stelle ich Ihnen hier noch eine sinnvolle Alternative vor, die Sie keinen Cent kostet: den sogenannten Versicherungsombudsmann. Ein Ombudsmann (das Wort kommt aus dem Schwedischen) ist ganz einfach ein Schlichter, der auf Ihren Antrag hin den Fall überprüft. Bezahlt wird er von der Versicherungswirtschaft, aber er ist trotzdem eine gute Anlaufstelle, die geltendes Recht und die laufende Rechtsprechung berücksichtigt und Ihre Interessen im Blick hat.

Das Schöne ist: Ein solches Schlichtungsverfahren kostet Sie selbst keinen Cent. Der Ombudsmann trifft eine Entscheidung, die sich Schlichterspruch nennt, und bis zur Summe von 10 000 Euro ist der betroffene Versicherer an diesen Schlichterspruch gebunden. Er muss Ihnen dann zahlen, was der Schlichter festgelegt hat. Sie selbst dagegen haben dann immer noch die Wahl, ob Sie vor Gericht gehen. Und üblicherweise ist ein solches Schlichtungsverfahren nach spätestens drei Monaten abgeschlossen. Auf der Internetseite des Versicherungsombudsmannes finden Sie alle näheren Infos, wann Sie eine Schlichtung beantragen können und wie das vonstatten geht.

Versicherungsombudsmann e.V.
Postfach 080632
10006 Berlin
Tel.: 0800 36 96 00 0
www.versicherungsombudsmann.de

Sollten Sie je, etwa als Beamtin oder Ehefrau eines Beamten, nicht Krankenkassenmitglied, sondern privatversichert sein, dann ist auch noch eine zweite Schlichtungsstelle für Sie wichtig. Sie befasst sich ausschließlich mit Fällen aus der privaten Kranken- und Pflegeversicherung:

Ombudsmann Private Kranken- und Pflegeversicherung
Postfach 06 02 22
10052 Berlin
Tel.: 0800 55 04 44
www.pkv-ombudsmann.de

Lifehack 3: Gehaltsverhandlungen –
»Chef, ich will mehr Geld!«

Ganz klar: Je mehr Geld Sie verdienen, umso leichter ist es für Sie, mit Ihrem Geld auszukommen und noch ein nettes Sümmchen fürs Alter zurückzulegen. Es lohnt sich also, in die eigene Qualifikation zu investieren und sich einen gut bezahlten Job zu suchen – möglichst in Vollzeit, denn da kommt natürlich mehr Geld rein und über die Jahre kommen damit auch wesentlich höhere Rentenansprüche zustande.

Klingt einfach, ist es aber nicht. Und das hat viele Gründe. Es fängt damit an, dass Frauen gerne soziale und andere Berufe wählen, die nah am Menschen sind. Leider sind gerade diese Berufe in aller Regel nicht besonders gut bezahlt. Es geht damit weiter, dass Frauen beruflich eher zurückstecken, wenn sie ein Kind bekommen. Zum einen, weil sie meist weniger verdienen als der Vater des Kindes und der Verdienstausfall durch die Kinderbetreuung für die Familie dadurch kleiner ist. Zum anderen, weil es gesellschaftlich nach wie vor als Normalfall gilt, dass Familienarbeit Muttersache ist. Nicht zuletzt wird das »Der Mann ernährt die Familie«-Modell auch steuerlich durch das Ehegattensplitting gefördert, das Frauen indirekt benachteiligt (mehr dazu lesen Sie im Lifehack 6). Übrigens werden auch häusliche Pflegeleistungen, etwa für die betagten Eltern, überwiegend von Frauen übernommen, die deswegen weniger Zeit und Energie haben, um einer bezahlten Arbeit nachzugehen als Männer.

Wer die Arbeitszeit für einige Jahre reduziert oder ganz aussetzt, erwirbt dadurch geringere Rentenansprüche, wird seltener befördert und bekommt geringere Lohnerhöhungen. Im Laufe eines Berufslebens summieren sich diese Nachteile zu erheblichen Beträgen. Wie Sie trotzdem fürs Alter vorsorgen können, lesen Sie im Lifehack 5, und wie Sie mit Ihrem Partner das finanzielle Gleichgewicht ausbalancieren können, erfahren Sie im Lifehack 7.

In diesem Kapitel sehen wir uns genauer an, warum Frauen weniger verdienen als Männer: Es geht um die Lohnlücke zwischen den Geschlechtern und ihre Ursachen. Viele davon sind struktureller Natur. Aber nicht alle. Gar nicht so selten liegt das geringere Einkommen von Frauen – und zwar auch bei sehr gut ausgebildeten und karriereorientierten Frauen – daran, dass sie einfach schlechter verhandeln, wenn es ums Gehalt geht. Oder, noch schlimmer: Dass sie erst gar nicht nach einer Gehaltserhöhung fragen, weil sie sich das nicht trauen oder denken, der Chef müsste doch von selbst merken, dass ihre Leistung mehr Geld wert ist. Schon wieder eine Frage des Money-Mindsets!

Also: Verdienen Sie genug? Oder könnte es mehr sein? Und wie können Sie konkret dafür sorgen, dass es mehr wird? Die Antworten finden Sie auf den folgenden Seiten.

Zum Einstieg können Sie sich von Susanne Fröhlich noch etwas Mut machen lassen.

Susanne Fröhlich zum Thema Gehaltsverhandlungen

Wie gehst du im Job bei Gehaltsverhandlungen vor?

Das habe ich im Laufe der Jahre gelernt. Frauen tun sich damit ja so verdammt schwer. Die freuen sich so sehr, dass sie überhaupt was machen können, dass sie es auch umsonst machen würden. Dieses Naturell habe ich nicht. Ich kann inzwischen sehr gut verhandeln, ich bin dafür sogar gefürchtet.

»Ich bin das wert, und ich will so und so viel«, sage ich dann. Oder, wenn mir der Betrag nicht genügt, sage ich: »Es hat schon viel Schönes, aber ...«

Was heißt hier Lohnlücke?

Da gibt es nichts zu beschönigen: Frauen verdienen weniger als Männer. Diese »Lohnlücke« wird in der Forschung auch oft »Gender-Pay-Gap« genannt. Das Statistische Bundesamt drückt es auf seiner Seite ganz nüchtern aus.

Der Gender-Pay-Gap in Deutschland laut Statistischem Bundesamt

Gender Pay Gap
Anteil in %

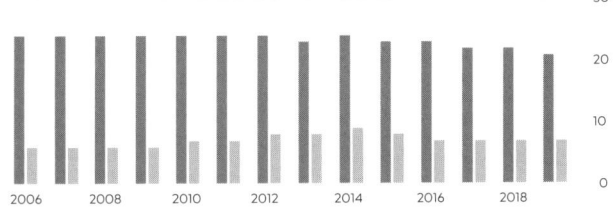

■ Früheres Bundesgebiet ■ Neue Länder

Quelle: Verdienststrukturerhebung/vierteljährliche Verdiensterhebung

»Der durchschnittliche Bruttostundenverdienst von Frauen lag 2019 um 20% niedriger als der Verdienst der Männer. Die Unterschiede fielen in Westdeutschland (und Berlin) mit 21% deutlich höher aus als im Osten (7%). […] Seit 2002 ist der Verdienstunterschied zwischen Frauen und Männern fast konstant.«[6]

Zwischen den durchschnittlichen Bruttoeinkommen von Männern und Frauen klafft also auch hierzulande eine ganz ordentliche Lücke.

Zwar ist die Sache nicht ganz so eindeutig, wie sie auf den ersten Blick scheint: Berechnet wird der Unterschied zwischen dem durchschnittlichen Bruttostundenverdienst von Männern und Frauen, und zwar ohne Sonderzahlungen und ohne Rücksicht darauf, ob in Voll- oder Teilzeit gearbeitet wird. Außerdem werden Beschäftigte in der Landwirtschaft, in der öffentlichen Verwaltung und in Kleinunternehmen mit bis zu zehn Mitarbeitern nicht berücksichtigt. Der Vergleich geht zudem über alle sonstigen Berufsfelder hinweg. Er kann also nicht erfassen, wie hoch beispielsweise die Gehaltsunterschiede zwischen männlichen und weiblichen Informatikspezialisten oder Verkaufskräften sind.

Was sich aber sehr wohl ermitteln lässt, ist der Verdienstunterschied innerhalb bestimmter Branchen.

Der Gender-Pay-Gap nach Branchen

»Der Gender Pay Gap war 2019 je nach Branche sehr unterschiedlich. Am stärksten waren die Bereiche Kunst, Unterhaltung und Erholung (31%), Erbringung von freiberuflichen, wissenschaftlichen und technischen Dienstleistungen (29%), gefolgt von den Banken und Versicherungen (28%) und dem Bereich Information und Kommunikation (24%). Auch im Verarbeitenden Gewerbe sowie dem Handel; Instandhaltung und Reparatur von Kfz, wo traditionell Männer stärker vertreten sind als Frauen, waren die Verdienstunterschiede mit 23% relativ hoch. (...) In keinem einzigen Wirtschaftszweig verdienten Frauen mehr als Männer.«[7]

Immerhin sei der Verdienstabstand mit 9 Prozent im öffentlichen Dienst deutlich geringer als in der Privatwirtschaft mit 22 Prozent, heißt es auf der Seite des Statistischen Bundesamts.

Das unbefriedigende Fazit lautet also: Frauen verdienen schon seit Jahrzehnten durchschnittlich 20 Prozent weniger als Männer. Selbst in Branchen, in denen kaum Männer arbeiten, verdienen diese mehr als ihre Kolleginnen.

Es gibt verschiedene Gründe bzw. Erklärungsansätze für diese Lohnlücke. Ein wichtiger Faktor dürfte sein, dass Frauen oft mehrere Jahre für die Kinderbetreuung und später für die Pflege von Familienangehörigen aussetzen. Nach einer längeren Pause, in der höchstens ein einfacher Minijob ausgeübt wird, ist der Wiedereinstieg in eine qualifizierte und damit besser bezahlte Position oft schwierig – gerade wenn diese wegen der Kinder nur in Teilzeit ausgeübt werden kann. So landen selbst gut ausgebildete Frauen in einfacheren und schlechter bezahlten Jobs oder steigen bestenfalls auf dem Niveau von vor der Kinderpause wieder ein.

In der Zwischenzeit haben die gleichaltrigen männlichen Kollegen meist durchgehend in Vollzeit weitergearbeitet, haben etliche Gehaltserhöhungen bekommen, konnten ungestört Berufserfahrung sammeln, sich fachlich laufend weiterbilden und Aufstiegschancen wahrnehmen.

Es ist auf jeden Fall eine wichtige Aufgabe für die Politik, hier für andere, bessere Rahmenbedingungen zu sorgen und für die Gesellschaft, die Familienarbeit fairer zu verteilen!

Aber aufgepasst: Denn nur mit dem Verweis darauf, dass sich in der Politik was ändern muss, können Sie sich nicht aus der Affäre ziehen. Ihre persönliche Aufgabe ist es, den eigenen Beruf klug zu wählen und das berufliche Fortkommen wie auch eine angemessene Vergütung nicht aus dem Blick zu verlieren. Falls Sie eine Tochter haben, sollten Sie auch ihr Bewusstsein dafür schärfen, dass Freude an der Arbeit zwar wichtig, aber kein Ersatz für eine ordentliche Bezahlung ist.

Augen auf bei der Berufswahl!

Wenn man sich die Top Ten der Ausbildungsberufe nach Geschlechtern getrennt ansieht, ist es erstaunlich, wie sehr sie den gängigen Klischees entsprechen: Mädchen lernen »was mit Menschen«, Jungen »was mit Technik«.

Beliebteste Ausbildungsberufe 2019	
Frauen	**Männer**
1. Kauffrau für Büromanagement	1. Kraftfahrzeugmechatroniker
2. Medizinische Fachangestellte	2. Fachinformatiker
3. Kauffrau im Einzelhandel	3. Elektroniker
4. Zahnmedizinische Fachangestellte	4. Kaufmann im Einzelhandel
5. Verkäuferin	5. Anlagenmechaniker für Sanitär-, Heizungs- und Klimatechnik
6. Industriekauffrau	6. Industriemechaniker
7. Friseurin	7. Verkäufer
8. Hotelfachfrau	8. Fachkraft für Lagerlogistik
9. Verwaltungsfachangestellte	9. Mechatroniker
10. Kauffrau im Groß- und Außenhandel	10. Kaufmann im Groß- und Außenhandel

Übrigens hat sich an den geschlechterspezifischen Vorlieben seit Jahrzehnten nicht viel geändert. Ich habe mal in älteren Statistiken gestöbert und die zehn beliebtesten Ausbildungsberufe junger Frauen im Jahr 1997 gefunden. Die hießen damals teilweise anders, bei den Handwerksberufen hat sich technisch einiges verändert. Der Rest ist aber erstaunlich gleichgeblieben.

Beliebteste Ausbildungsberufe 1997[8]	
Mädchen	**Jungen**
1. Bürokauffrau	1. Kfz-Mechaniker
2. Arzthelferin	2. Elektroinstallateur
3. Zahnarzthelferin	3. Maurer
4. Kauffrau im Einzelhandel	4. Tischler
5. Friseurin	5. Maler und Lackierer
6. Industriekauffrau	6. Gas- und Wasser-
7. Fachverkäuferin im	installateur
Nahrungsmittelhandwerk	7. Kaufmann im Groß- und
8. Bankkauffrau	Außenhandel
9. Hotelfachfrau	8. Zentralheizungs- und
10. Kauffrau für	Lüftungsbauer
Bürokommunikation	9. Kaufmann im
	Einzelhandel
	10. Metallbauer

Dummerweise sind gerade die typischen Frauenberufe eher schlecht bezahlt. So verdient eine Medizinische Fachangestellte in Vollzeit durchschnittlich 2200 Euro brutto im Monat. Auch Friseure und Hotelfachleute gehören mit knapp 2000 Euro brutto regelmäßig zu den Berufen am Ende der Gehaltsskala. Bürokaufleute und Kfz-Mechatroniker können mit einem Verdienst von 2500 Euro brutto rechnen. Elektro-installateure kommen bereits auf etwa 3000 Euro, Fachinfor-matiker auf rund 3700 Euro.

Selbst wenn ein junges Paar durchgehend in Vollzeit arbei-tet, verdient sie als Friseurin also im Jahr etwa 20 000 Euro weniger, als er als Fachinformatiker heimbringt!

Natürlich ist es bei der Berufswahl in erster Linie wichtig, die eigenen Begabungen, Fähigkeiten und Neigungen zu be-rücksichtigen. Man verbringt zu viel Zeit im Beruf, um etwas zu machen, das einem weder liegt noch gefällt. Andererseits lassen sich dieselben Begabungen und Neigungen in unter-schiedlichen Berufen verwirklichen. Wenn Sie noch in der Phase der Berufswahl stehen, sich beruflich neu orientieren oder Ihre Tochter beraten möchten, sollten Sie jedenfalls auch die »typischen Männerberufe« mal genauer unter die Lupe nehmen. Auch eine Kfz-Mechatronikerin hat Kontakt mit Menschen. Eine Fachinformatikerin sitzt keineswegs nur ein-sam vor dem Bildschirm, sondern ist unterwegs bei Kunden und Kollegen, um deren IT-Probleme zu lösen. Eine Elektro-installateurin hat einen vielseitigen Job, in dem sie auch ihren Sinn für Schönes und Kreatives – etwa bei modernen Beleuch-tungskonzepten – einbringen kann.

Denken Sie aber auch daran, dass der Gender-Pay-Gap un-abhängig von Ihrer konkreten Berufswahl bestehen bleibt. Selbst als Frau in einem typischerweise gut bezahlten Beruf werden Sie unterdurchschnittlich abschneiden, wenn Sie zu lange Jobpausen machen – und bei der Einstellung und in den späteren Gehaltsverhandlungen zu wenig Geld fordern.

Bekommen Sie das Gehalt, das Sie verdienen?

»Woher soll ich wissen, ob ich das Gehalt bekomme, das ich verdiene?«, werden Sie vielleicht fragen. Relativ einfach ist die Sache, wenn Ihr Unternehmen tarifgebunden ist. Denn dann können Sie im Gehaltstarifvertrag genau nachlesen, welche Gehaltsklasse für Ihre Tätigkeit, Ausbildung und Berufserfahrung gilt. Allerdings sind inzwischen nur noch 44 Prozent aller Arbeitsplätze in Deutschland tarifgebunden. Die meisten dieser Jobs befinden sich im Öffentlichen Dienst und in Großunternehmen.[9] Außerdem gibt es in vielen Tarifverträgen Öffnungsklauseln, die Abweichungen ermöglichen.

Über die Hälfte aller Jobs in Deutschland unterliegen also Regeln, die deutlich weniger transparent sind als ein Tarifvertrag. Eindeutig feststellbar ist nur die unterste Verdienstgrenze: der gesetzliche Mindestlohn. Für das Jahr 2020 wurde er auf 9,35 Euro die Stunde festgelegt. Bis 2022 soll er in vier Stufen auf 10,45 Euro steigen:

Mindestlohn (brutto, je Stunde)	
Ab 01.01.2021	9,50 €
Ab 01.07.2021	9,60 €
Ab 01.01.2022	9,82 €
Ab 01.07.2022	10,45 €

Dieser gesetzliche Mindestlohn gilt für alle volljährigen Arbeitnehmer – auch für Minijobber! Ausgenommen sind nur Langzeitarbeitslose in den ersten sechs Monaten, nachdem sie eine Arbeit angetreten haben, sowie Azubis und Praktikanten bei einer Praktikumsdauer von weniger als drei Monaten bzw. bei einem Pflichtpraktikum. Der Mindestlohn gilt übrigens nicht nur für die offiziell vereinbarte Arbeitszeit, sondern auch für geleistete Überstunden.

Dass vom Gesetzgeber eine Verdienstuntergrenze geschaffen wurde, ist eine gute Sache. Sie hat allerdings zwei Haken: Zum einen kommt eine Arbeitnehmerin mit Mindestlohn bei einem 40-Stunden-Job gerade mal auf ein Bruttoeinkommen von rund 1600 Euro. Das ist immer noch sehr, sehr wenig. Zum anderen gibt es etliche Arbeitgeber, die sich nicht an die gesetzlichen Vorgaben halten. Zu diesem Ergebnis kam jedenfalls eine 2019 veröffentlichte Studie, die das Deutsche Institut für Wirtschaftsforschung (DIW) durchgeführt hat: Laut DIW verdiente weit über eine Million Beschäftigte weniger als den Mindestlohn – Tendenz steigend. Und wieder einmal sind Frauen besonders betroffen.

Wo laut DIW-Studie weniger als der Mindestlohn gezahlt wird

»Besonders oft wird der Mindestlohn Arbeitnehmerinnen und Arbeitnehmern im Gastgewerbe, im Einzelhandel, bei persönlichen Dienstleistungen und in der Leih- und Zeitarbeit vorenthalten. Frauen werden häufiger als Männer

trotz Anspruchs unterhalb des Mindestlohns bezahlt, ausländische Beschäftigte häufiger als inländische, junge Arbeitnehmerinnen und Arbeitnehmer bis 24 Jahre häufiger
als ältere, Beschäftigte in Ostdeutschland häufiger als in
Westdeutschland und solche in Klein- und Kleinstbetrieben
häufiger als in größeren Betrieben.«[10]

Theoretisch sollte der Zoll die Einhaltung des Mindestlohns
kontrollieren. Praktisch gibt es dort viel zu wenig Personal,
um solche Kontrollen flächendeckend durchführen zu können. Deswegen sollten Sie sich selbst wehren, wenn Sie feststellen, dass Sie weniger bezahlt bekommen, als Ihnen laut
Gesetz zusteht: Am besten schreiben Sie auf, wann Sie wie
viele Stunden arbeiten und rechnen am Monatsende nach, ob
alles korrekt berechnet wurde. Ihre Aufzeichnungen können
im Streitfall als Beweismittel dienen.

Wenn Sie Unstimmigkeiten entdecken, können Sie sich an
den Betriebsrat wenden, falls es in Ihrem Unternehmen einen
gibt. Falls nicht, ist Ihre nächste Anlaufstelle das Bürgertele-
fon des Bundesministeriums für Arbeit und Soziales; sie erreichen die für Sie kostenlose Hotline zum Thema Mindestlohn
Montag bis Donnerstag von 8 bis 20 Uhr unter der Rufnum-
mer 030 60 28 00 28. Dort können Sie den Sachverhalt schildern und sich beraten lassen.

Zusätzlich sollten Sie Ihren Arbeitgeber darauf anspre-
chen, dass Sie Anspruch auf den Mindestlohn haben, und
zwar unabhängig davon, ob Sie in Vollzeit oder Teilzeit, als

Minijobberin, haupt- oder nebenberuflich für ihn arbeiten. Falls der Arbeitgeber sich stur stellt, bleibt Ihnen nur noch der Weg zum Anwalt und/oder die Kündigung.

Eine Anwältin einzuschalten und Klage vor dem Arbeitsgericht zu erheben, lohnt sich vor allem dann, wenn Sie über einen längeren Zeitraum unter dem Mindestlohn bezahlt wurden – dann muss am Ende nämlich der Arbeitgeber Lohn und Sozialabgaben für den gesamten Zeitraum nachzahlen.

Besser ist es freilich, wenn Sie von vornherein nur einen ordentlich bezahlten Job annehmen. Was als »ordentlich bezahlt« gelten kann, kommt darauf an, wie gut Sie qualifiziert sind, in welcher Branche und in welchem Bundesland Sie arbeiten. Auf den Euro genau werden Sie das nie beurteilen können. Aber eine gewisse Orientierung bekommen Sie auf den Seiten der großen Stellenportale, die Verdienstspannen für einzelne Berufe angeben und manchmal sogar recht ausführliche Gehaltsreports herausgeben oder Gehaltsvergleiche anbieten. Sehen Sie beispielsweise hier nach:

- www.stepstone.de/gehalt.html
- www.monster.de/karriereberatung/geld-gehalt/gehaltsvergleich
- www.gehalt.de/
- www.jobware.de/Ratgeber/Der-erstklassige-Gehalts-Check.html

Zusätzlich können Sie einfach im Bekannten- und Kollegenkreis fragen, wer wie viel verdient. Sie werden sehen: Manche Menschen sind da sehr vorsichtig, andere antworten aber recht freimütig. Ein Versuch schadet jedenfalls nicht, kann aber sehr nützlich sein. Etwa wenn Sie herausfinden, dass der jüngere Kollege deutlich mehr verdient als Sie …

Wer mehr Geld will, muss verhandeln

Es wäre alles andere als überraschend, wenn bei Ihren Recherchen herauskäme, dass Ihr Verdienst eher am unteren Ende der als normal geltenden Bandbreite angesiedelt ist. Dann müssen Sie mit Ihrem Chef oder Ihrer Chefin über Geld reden. Falls es in Ihrem Unternehmen Jahresgespräche gibt, könnten die ein guter Anlass sein. Falls nicht, machen Sie eben einen Extra-Termin mit dem oder der Vorgesetzten aus.

Es gibt nur drei Situationen, in denen Sie *nicht* nach mehr Geld fragen sollten

1. Sie wissen ganz sicher, dass Sie ohnehin die Person sind, die in Ihrer Tätigkeitsgruppe mit Abstand am besten verdient.

2. Sie sind in Ihrer Arbeit schon seit Monaten total lustlos, machen laufend Fehler und bringen unterdurchschnittliche Leistungen (dann würde ich Ihnen raten, sich nach einem neuen Job umzusehen).

3. Ihr Arbeitgeber befindet sich derzeit in einer akuten Krise oder kämpft gar um sein Überleben.

Wenn keine dieser drei Situationen vorliegt, gehen Sie in eine Gehaltsverhandlung.

»Ooooh, wie unangenehm – nein, das kann ich nicht!«, denken Sie jetzt vielleicht. Und ob Sie das können! Denn eines muss Ihnen klar sein: Wenn Sie nicht danach fragen, werden Sie nicht mehr Geld bekommen. Falls es bei Ihnen »automatische« Gehaltserhöhungen gibt, bekommen Sie diese. Aber keinen Cent mehr. Wohingegen der Kollege, der aktiv mit dem Chef oder der Chefin verhandelt, einen Batzen draufsatteln kann. Es geht um Ihre Leistung, den Wert Ihrer Arbeit und um Ihr Einkommen – dafür können Sie ein unangenehmes Gespräch schon mal aushalten. Mit guter Vorbereitung wird es übrigens vermutlich gar nicht besonders unangenehm.

Auch hier spielt Ihr Money-Mindset eine wichtige Rolle: Wenn Sie selbst finden, Ihre Leistung sei nicht viel wert, werden Sie Ihre/n Vorgesetzte/n kaum vom Gegenteil überzeugen können. Das Mindset können Sie sich beispielsweise bei Maren Gilzer, Schauspielerin und Fotomodell, abschauen.

Das sagt Maren Gilzer zum Thema
Gehaltsverhandlungen

Maren, bist du bei Geldverhandlungen eigentlich forsch?

In meinem Job spricht man nicht über Geld. Das macht ein Manager. Ich bespreche mit ihm, was ich haben will, und er handelt das aus. Es gibt durchaus Jobs, bei denen ich wenig verdiene, wenn sie mir richtig Spaß machen.

Du bist dir also deines Wertes bewusst?

Ja, das bin ich. Schon als Model habe ich gesagt: »Ich arbeite nicht umsonst, nur weil ich den Designer so toll finde!«

Einen Manager, der Ihnen die Verhandlung abnimmt, kann ich Ihnen leider nicht bieten. Aber fünf praktische Tipps, wie Sie ein Gehaltsgespräch gut vorbereiten und erfolgreich führen:

1. Fragen Sie nicht einfach nach »mehr Geld«, sondern setzen Sie sich ein konkretes Verhandlungsziel: Wie viel mehr Euro sollen es sein (im Monat/im Jahr)?

2. Schaffen Sie Verhandlungsmasse: Was ist Ihr Maximalziel? Was ist die Untergrenze, unter die Sie nicht gehen möchten? Über alles dazwischen lässt sich reden.

3. Begründen Sie Ihre Forderung mit dem (Mehr-)Wert, den Ihre Leistungen für den Arbeitgeber haben. Haben Sie beispielsweise zusätzliche Aufgaben oder mehr Verantwortung bekommen? Haben Sie sich weitergebildet, sodass Sie jetzt höherwertige Arbeiten erledigen können? Haben Sie ein wichtiges Projekt erfolgreich abge-

wickelt? Oder sind Sie inzwischen einfach eine erfahrene und produktive Kraft, die mehr leistet und weniger Fehler macht als viele andere Kolleginnen und Kollegen?

4. Gehen Sie selbstbewusst in das Gespräch und achten Sie darauf, durchgehend freundlich zu bleiben. Ihr Chef und Sie haben in dieser Verhandlung unterschiedliche Ziele. Es ist legitim, wenn er sein Budget im Kopf hat und versucht, Sie herunterzuhandeln. Davon sollten Sie sich weder verunsichern noch ärgern lassen. Lächeln Sie und bleiben Sie hartnäckig.

5. Überlegen Sie sich Alternativen: Vielleicht ist eine Bruttolohnerhöhung tatsächlich nicht drin. Dann sollten Sie aber nicht gleich aufgeben, sondern fragen, was sonst geht: zum Beispiel die Auszahlung der geleisteten Überstunden? Ein steuerfreier Kindergartenzuschuss oder Benzingutschein? Oder ein höherer Zuschuss zur betrieblichen Altersversorgung? Auch die künftige Übernahme zusätzlicher Aufgaben kommt infrage, vorausgesetzt, Sie sind dazu bereit.

Sie werden sehen: So schlimm ist es gar nicht, mit Ihrem Chef oder Ihrer Chefin über eine Gehaltserhöhung zu reden. Selbst wenn beim ersten Mal nicht das herauskommt, was Sie sich vorgestellt haben: Nächstes Jahr probieren Sie es einfach wieder!

Lifehack 4: Gelderziehung wirkt – auch bei Ihren Kindern!

In den Gesprächen, die ich für dieses Buch geführt habe, habe ich immer wieder eins festgestellt: Frauen, die ein gutes Gefühl beim Thema Geld haben, haben das bereits in ihren Kindheitstagen gelernt. Das eigene Money-Mindset erst im Erwachsenenalter zu ändern, ist zwar möglich, aber viel schwieriger. Sie sollten also bei der Erziehung Ihrer Kinder ganz bewusst auch die Gelderziehung angehen. Nach dem Motto: »Was Jenny heute lernt, ist für Jennifer später ein Kinderspiel.«

Selbst wenn Sie mit Ihren Kindern nicht über Geld sprechen, lernen diese auch an Ihrem Vorbild, wie man damit umgeht. Ihr eigenes Money-Mindset und die Art und Weise, wie in Ihrer Familie mit Geld umgegangen wird, prägt Ihre Kinder vermutlich mehr als alle »Aufklärungsgespräche« zu Finanzthemen.

Es kommt zwar immer wieder vor, dass jemand es aus ärmlichsten Verhältnissen zu großem Wohlstand gebracht hat, oder auch, dass jemand, der reich geboren wurde, sein Vermögen durchbringt. Wahrscheinlicher ist es aber, dass ein Kind aus einem finanziell gut aufgestellten Haushalt als Erwachsener ebenfalls seine Finanzen im Griff hat.

Mit »finanziell gut aufgestellt« meine ich nicht »wohlhabend« oder »reich«. Sondern ich meine einen bewussten Umgang mit Geld, der weder geizig noch verschwenderisch ist, sondern dazu dient, das Auskommen der Familie zu sichern.

Eine Freundin von mir arbeitet in einer Bank und erzählt mir immer wieder, wie unterschiedlich sie das erlebt: Unter ihren Kunden sind Doppelverdiener mit weit überdurchschnittlichem Einkommen, deren Konto ständig »in den Miesen« ist und die praktisch keine Reserven haben. Andere haben nur bescheidene Haushaltseinkünfte, schaffen es aber trotzdem, damit auszukommen und sogar noch einen Notgroschen anzusparen. Vielleicht brauchen Reiche sogar mehr Disziplin als Normalverdiener, um diesen vernünftigen Umgang mit Geld beizubehalten und an ihre Kinder weiterzugeben.

Übrigens können Sie davon ausgehen, dass gerade Reiche und Prominente sich über dieses Thema sehr viele Gedanken machen.

Ich habe auch meine bekannten Interviewpartnerinnen danach gefragt. Zum Beispiel die Fernsehmoderatorin Katja Burkard:

Das sagt Katja Burkard zur Gelderziehung
Katja, wie bringst du deinen Kindern den Umgang mit Geld bei?
Ich gebe tatsächlich viel von dem weiter, was ich selbst von meinen Eltern gelernt habe. Meine Kinder sparen auf etwas, das sie sich wünschen. Mir ist auch wichtig, dass sie wissen, wie lange die meisten Menschen arbeiten müssen, um einen gewissen Betrag zu verdienen.

Und wie ist das bei Ihnen? Wie fit ist Ihre Familie beim Thema Geld? Bei der Einschätzung helfen Ihnen diese Fragen.

Testen Sie Ihre Geld-Fitness

- Sprechen Sie in Ihrer Familie vor und mit den Kindern regelmäßig über Geld?
- Führen Sie ein Haushaltsbuch, und zwar so, dass die Kinder es mitbekommen?
- Planen Sie den Familienurlaub gemeinsam lange im Voraus und legen dafür ein Budget fest?
- Halten Sie vor größeren Anschaffungen Familienrat und sprechen dabei über die Bezahlung/Finanzierung?
- Hat jedes Familienmitglied, das älter als sechs Jahre ist, ein eigenes Spar- bzw. Bankkonto (auch die Mama!)?
- Bekommen die Kinder ab der ersten Klasse regelmäßig Taschengeld?

Falls Sie die meisten Fragen mit Ja beantwortet haben, machen Sie schon fast alles richtig. Wenn nicht, haben Sie ab sofort die Möglichkeit, an Ihrer familiären Geld-Fitness zu arbeiten.

Aber wie machen Sie das? Wie bringen Sie Ihren Kindern einen klugen Umgang mit Geld bei? Was sind dabei die wichtigsten Punkte, welche die größten Fallen?

In diesem Kapitel erzähle ich Ihnen erst ein bisschen von meinen eigenen Erziehungsbemühungen in diesem Bereich.

Danach geht es ums Taschengeld, denn das ist ein ganz entscheidender Baustein einer gelungenen Gelderziehung. Und zuletzt geht es darum, wie Kinder den Wert des Geldes am allerbesten erfahren können: Indem sie es selbst verdienen.

Was ich in Sachen Gelderziehung unternommen habe und unternehme

Meine eigenen Kinder habe ich früh an das Thema Geld herangeführt. Jedes Kind hat zur Geburt ein kleines Start-Konto bekommen. Verwandte und Freunde konnten dafür Geschenke aussuchen: Aktien, kleine Goldmünzen oder eine Mischung aus beidem. In den ersten Lebensjahren kam zum Geburtstag oder zu Weihnachten von Großeltern und anderen Verwandten immer ein wenig hinzu; zusätzlich sparte ich monatlich für jedes Kind einen kleinen Betrag an.

Im Teenageralter, als Geld immer wichtiger für die Kids wurde, verglichen sie ihre »Schatz-Kisten« und fingen an, sich mit dem Thema Geldanlage zu beschäftigen. Obwohl sie zwischendrin ein Geldgeschenk lieber in neue Sneakers oder eine lustige Feierrunde mit ihren Freunden investiert hätten.

Jedes meiner drei Kids hat etwas anderes im Depot. Inzwischen ist das auch hin und wieder ein Thema am Abendbrottisch, wenn wieder einmal eine Aktie besonders gut oder schlecht gelaufen oder der Goldpreis gestiegen ist.

Früher spielten wir auch gerne das gute alte Monopoly miteinander. Bei diesem Spieleklassiker geht es nur ums Geld, und zwar um richtig viel Geld. Da lernt man, dass es nicht nur ums (Würfel-)Glück, sondern auch um eine gute Strategie geht und dass sich Investitionen, die im Moment schmerzhaft sind, später ordentlich auszahlen können. Und ganz nebenbei kann man mit den Kindern auch über die eigenen Geld-Erfahrungen sprechen.

Heute habe ich ein neues Geld-Trainingsspiel für meine Kids: Wer mit einer guten Anlageidee zu mir kommt und mich im Gespräch davon überzeugt, dem spendiere ich die Aktie für sein Depot. Günstige Broker machen es heute ganz einfach, auch kleine Beträge in Aktien zu investieren und den Umgang mit dem Depot und den Entwicklungen am Aktienmarkt live, aber ohne allzu großes Risiko einzuüben.

In der Schule bringt einem das leider niemand bei. Weder wie man ein Konto oder ein Depot eröffnet noch wie man Geld spart und klug anlegt oder wie man eine Firma gründet.

Das wurde mir im Laufe meiner Arbeit klar. Und auch, dass wir schon viel früher mit der Gelderziehung anfangen müssen. Schon Schulkinder müssen über Geld sprechen und lernen, damit umzugehen. Natürlich nicht auf langweilige, verschulte Art und Weise, sondern einfach, kindgerecht, spannend und spielerisch. Aus diesem Grund rief ich 2008 den Verein »Learn money e.V.« ins Leben. Das Ziel: die Gelderziehung von Kindern und Jugendlichen. Gemeinsam mit anderen tollen Initiativen bauen wir Hemmungen gegenüber Finanzen ab und zeigen, was man alles mit Geld machen kann.

Im Grundschulalter beginnen wir mit einem roten Sparschwein, das drei Einwurfschlitze hat: Einen für das Spargeld, einen für Geld zum Investieren und den dritten für Geld, mit dem man Gutes tut. Mit den älteren Kindern starten wir Spiele rund ums Unternehmertum, lassen 15-Jährige ihre eigene Firma gründen und sie als Unternehmenslenker und Finanzchefs und -chefinnen handeln.

Wir waren mit »Learn money« auch schon einige Male bei der Global Money Week dabei – ein tolles Projekt! Seit 2012 finden in diesem Rahmen jährlich rund um den Globus Veranstaltungen statt, bei denen Finanzbildung auf spielerische Art vermittelt wird. Bisher wurden dabei 40 Millionen Kinder in 172 Ländern erreicht.

Allerdings sollten Sie sich nicht darauf verlassen, dass an der Schule Ihrer Kinder eine solche Initiative stattfindet und dass Ihr Nachwuchs dort dann alles über den Umgang mit Geld lernt, was er wissen muss. Um ein Money-Mindset tiefer zu verankern, braucht man mehr Zeit und mehr Übung. Ein prima Übungsfeld, das den Kids eigene, nachhaltige Erfahrungen ermöglicht, ist der Umgang mit dem eigenen Taschengeld.

Taschengeld muss sein!

Muss Taschengeld wirklich sein? Ja, unbedingt. Ich kenne Mütter, die sagen: »Mein Kind braucht kein eigenes Geld, es bekommt ja von mir alles, was es braucht.« Da wundere ich mich schon. Wie soll ein Kind mit so einer »Bezahl-Mama« denn lernen, eigenverantwortlich mit Geld umzugehen? Das ist so ähnlich, als würde jemand sagen: »Mein Kind braucht das Fahrradfahren und die Verkehrsregeln nicht zu lernen, ich fahre es ja überall hin!« Glücklicherweise ist diese Haltung die Ausnahme; sehr viele Kinder bekommen Taschengeld und zusätzlich gelegentlich Geldgeschenke von Großeltern, anderen Verwandten und Paten. In der Gesamtsumme besitzen Kinder sogar ganz schön viel.

»Kinder sind reich«, das steht zumindest in der Kinder-Medien-Studie 2019. Laut dieser Studie verfügen Kinder von vier bis 13 Jahren in Deutschland durch Taschengeld und Geldgeschenke insgesamt über drei Milliarden Euro pro Jahr.[11]

Wenn es nur so einfach wäre – wären wirklich alle Kinder reich, bräuchten wir uns vermutlich nicht so viele Gedanken über Gelderziehung zu machen. Immerhin ist der Befund ermutigend, dass Kinder in Deutschland normalerweise schon über eigenes Geld verfügen und den Umgang damit frühzeitig üben können.

Ich fand es immer empörend, dass sich über Jahre hinweg in den Kinder-Medien-Studien zeigte, dass Mädchen weniger Taschengeld bekommen als Jungen. Noch 2017 erhielten Jungen durchschnittlich rund 7 Prozent mehr Taschengeld als Mädchen. Erfreulicherweise hat sich dieser Gender-Pay-Gap inzwischen geschlossen: Laut Kinder-Medien-Studie 2019 erhalten Kinder zwischen vier und 13 Jahren durchschnittlich 20,52 Euro Taschengeld im Monat, wobei die Unterschiede zwischen Mädchen und Jungen inzwischen weniger als zehn Cent betragen.[12] Das wurde ja auch Zeit! Denn wie sollen Mädchen erkennen, dass sie mindestens genauso gut mit Geld umgehen können wie Jungs, wenn die eigenen Eltern ihnen das nicht zutrauen und ihnen weniger »Übungsmaterial« zur Verfügung stellen?

Mit der Gelderziehung ist es schließlich nicht anders als mit anderen Erziehungsbereichen: Je früher und selbstverständlicher Kinder etwas lernen und einüben, desto sicherer werden sie darin und desto leichter fällt es ihnen ihr Leben lang.

Um welche Lernerlebnisse es dabei geht? Ganz einfach: Mit dem Taschengeld ist es genauso wie später im Leben mit dem »richtigen« Einkommen: Man bekommt es zwar regelmäßig, aber es reicht nie, um alles zu bezahlen, was man gerne hätte. Man kann jeden Euro ja nur einmal ausgeben. Deswegen muss man abwägen, was einem wirklich wichtig und was verzichtbar ist, sein Geld einteilen und damit vernünftig haushalten. Im Kleinen wie im Großen.

Das Kind muss entscheiden: Was möchte es für seine verfügbaren Euro lieber haben – das Eis oder die Schokolade? Den Comic oder die Lego-Packung? Und später dann: Lieber Chai Latte und Popcakes oder Kino? Beides geht eben nicht.

Wenn der Kaufwunsch etwas größer ist, muss das Kind darauf sparen. Das heißt: Sofortige Kaufwünsche zurückstellen, eine Zeit lang auf Ausgaben verzichten und die Zähne zusammenbeißen, um sich schließlich das ersehnte Spielzeug oder die gewünschten Sneakers kaufen zu können. Die Freude über das neue Stück ist meist umso größer, je mehr Verzicht zuvor dafür geübt wurde. Manchmal stellt sich aber auch Ernüchterung ein: »Was, dafür habe ich so lange auf alles andere verzichtet? So toll ist das doch gar nicht!« Auch das ist eine sehr wertvolle Erkenntnis, die Sie Ihrem Kind ermöglichen sollten!

Übrigens ist für diese Erfahrungen der Umgang mit Bargeld, mit einzelnen Münzen und Scheinen ganz besonders wichtig. Hier erlebt das Kind auch körperlich, was es heißt, das Geld »wegzugeben«. Denn wenn Kinder die Eltern beim Einkauf begleiten, sehen sie ja heute meistens, wie Mama oder Papa mit einer Plastikkarte alles bekommen, was sie wollen, oder Scheine wie aus dem Nichts aus einem Automaten ziehen. Das Geld wächst aus kindlicher Sicht vielleicht nicht auf den Bäumen, aber es kommt aus einer Karte. Dagegen ist der Umgang mit Münzen und Scheinen eine ganz reale Sache.

Praktische Tipps zum Thema Taschengeld

Ab welchem Alter ist Taschengeld sinnvoll? Kinder lernen zwar sehr früh, dass Geld irgendwie wichtig ist. Aber bis sie verstehen, dass viele kleine Münzen nicht mehr wert sind als ein Schein, dass ein neues Auto nicht »eine Million« kostet und dass zehn Euro für ein Heft teuer sind, für ein Buch aber billig, dauert es ein bisschen. Als Faustregel können Sie davon ausgehen, dass ein Kind »taschengeldreif« ist, wenn es schulreif ist. Daher ist der sechste Geburtstag ein guter Zeitpunkt, um mit der Taschengeldzahlung zu beginnen.

In diesem Alter empfiehlt sich die wöchentliche Auszahlung, damit der Zeitraum bis zur nächsten Zahlung überschaubar bleibt. Nach dem Ende der Grundschulzeit können Sie zur monatlichen Zahlung übergehen. Sich Geld über einen so langen Zeitraum einzuteilen ist anspruchsvoll und ebenfalls ein wichtiges Lernziel. Falls Sie merken, dass Ihr Kind damit anfangs überfordert ist, können Sie das Taschengeld übergangsweise auch im Zwei-Wochen-Rhythmus zahlen.

Für clevere Teenager können Sie dann auf die bargeldlose Variante übergehen und das Taschengeld monatlich auf das Girokonto überweisen, das Sie für Ihr Kind (und am besten mit ihm zusammen) eröffnen. Taschengelderprobt ist es bis dahin ja. So lernt es auch noch, wie man ein Konto eröffnet, wie das Abheben und Zahlen mit der Karte funktioniert und wie wichtig es ist, den Kontostand regelmäßig zu kontrollieren und die Kontoauszüge zu lesen.

Dabei gehen Sie kein Risiko ein: Für Minderjährige wird ein Girokonto ausschließlich auf Guthabenbasis geführt. Das heißt: Ihr Kind kann nie mehr abheben, als auf dem Konto ist. Überziehungen sind bei Girokonten für Minderjährige nicht möglich. Es kann aber natürlich mal passieren, dass ein verpeilter Teenager vor dem Automaten steht und kein Geld abheben kann oder dass er an einer Ladenkasse steht und erfährt, dass die Zahlung mangels Kontodeckung nicht ausgeführt wird. Das ist zweifellos eine unangenehme bis peinliche Situation. Aber auch eine sehr lehrreiche!

Wie viel Geld sollte es denn sein? Dazu gibt es eine Empfehlung des Deutschen Jugendinstituts, die ich Ihnen als Richtschnur vorschlage:[13]

Alter des Kindes in Jahren	Höhe des Taschengeldes	Zahlweise
6	1,00 – 1,50 €	wöchentlich
7	1,50 – 2,00 €	
8	2,50 – 3,00 €	
9	3,00 – 3,50 €	
10	15,50 – 18,00 €	monatlich
11	18,00 – 20,50 €	
12	20,50 – 23,00 €	
13	23,00 – 25,50 €	
14	25,50 – 30,50 €	
15	30,50 – 38,00 €	
16*	38,00 – 45,50 €	
17*	45,50 – 61,00 €	
18 und älter*	61,00 – 76,00 €	

*solange das Kind noch kein Einkommen aus seiner Ausbildung/Berufstätigkeit hat

»Richtschnur« heißt: Sie können sich daran halten, müssen es aber nicht. Auf jeden Fall ist diese Tabelle eine gute Basis, um mit Ihren Kindern über die Höhe des Taschengeldes zu diskutieren. Gerade, wenn Ihr Kind das typische Argument bringt: »Alle Kinder in meiner Klasse kriegen mehr als ich!« Um diese Diskussion zu vermeiden, rate ich dazu, sich mit anderen Eltern abzusprechen. Dann können Sie diesen Vorwurf ganz cool kontern: »Der Leo und der Maxi bekommen genauso viel wie du, das weiß ich von ihren Eltern!«

Falls die vorgeschlagenen Beträge für Ihre Familie zu hoch sind, weil Sie in angespannten finanziellen Verhältnissen leben, können Sie natürlich auch nach unten davon abweichen.

Sie sollten Ihrem Kind dann aber ganz sachlich erklären, dass Sie gerne mehr Taschengeld zahlen würden, es aber derzeit nicht können. Wenn es bei Ihnen so knapp zugeht, spürt Ihr Kind das sowieso. Es wird stolz darauf sein, dass Sie ihm vertrauen und offen mit ihm reden.

Und was machen Sie, wenn Ihr Kind mit seinem Taschengeld nicht auskommt? Die meisten Kinder machen früher oder später die Erfahrung, dass es am Ende des Geldes noch ziemlich viele Tage dauert, bis wieder welches in die Tasche kommt. »Mama, gibst du mir Geld?«, heißt es dann oft. »Mein Taschengeld ist alle!«

Tja, was tun? Meist geht es schließlich um Kleinbeträge, die dem elterlichen Geldbeutel nicht wirklich wehtun. Die Welt ist auch wirklich teuer geworden für junge Menschen. Zweimal Caramel Macchiato in der amerikanischen Kaffeehauskette, einmal Kino mit 3D und Popcorn, schon ist das monatliche Taschengeld einer 14-Jährigen ausgegeben. Andererseits könnte man dafür im Supermarkt eine große Tüte voller Lebensmittel kaufen.

Grundsätzlich rate ich dazu, nichts nachzuschießen. Wenn die Höhe des Taschengeldes vernünftig bemessen ist, muss Ihr Kind eben lernen, damit auszukommen. Genau darum geht es. Andernfalls lernt Ihr Kind, dass es die Sache mit dem Haushalten nicht ernst zu nehmen braucht, weil es nur lange und intensiv genug quengeln muss, um doch noch zu bekommen, was es will. Besser, es lernt bei Ihnen, dass das nicht funktioniert, als später im Berufsleben bei seinem oder seiner Vorgesetzten diese Erfahrung zu machen.

So konsequent können Sie natürlich nur sein, wenn das Taschengeld nur für irgendwelche Extrawünsche verwendet werden darf und soll. Es schadet Ihrem Kind nicht, wenn es einmal nicht mit zum Bowling gehen kann, weil es dafür kein Geld mehr hat. Anders sieht es aus, wenn es beispielsweise auch Schulsachen von seinem Geld kaufen soll und dann zwei Wochen ohne Füller oder Zirkel in die Schule gehen muss. In diesem Fall wäre ein Nachschuss oder ein Kredit sicher sinnvoll. Solche Extra-Vereinbarungen – das Kind bekommt ein Budget für bestimmte Ausgaben wie Schulsachen oder Kleidung – sollten Sie aber erst mit älteren Teenagern treffen. Sie erfordern eine gewisse Reife.

Für Teenager eröffnen sich ohnehin zusätzliche Möglichkeiten, wenn das Taschengeld nicht reicht: Sie können selbst Geld verdienen.

Auch Kinder können Geld verdienen

In manchen Familien bekommen Kinder Geld dafür, dass sie im Haushalt mithelfen. Ich halte das für eine gute Idee – wenn man es nicht übertreibt. Schließlich sollte es in einer Familie normal sein, dass alle sich die Hausarbeit teilen. Wenn ein Vierjähriger den Tisch deckt, ein Achtjähriger Socken zusammenmacht und eine Zehnjährige Pudding kocht, ist das vielleicht Grund für ein Lob, aber nicht für Belohnung in Form von Geld.

Anders sieht es bei größeren Arbeiten aus: Den Rasen zu mähen, den Gehsteig vom Schnee zu befreien oder das Treppenhaus zu putzen, das könnten durchaus Arbeiten sein, für die ein etwas größeres Kind bezahlt wird. Dabei lernt es nicht nur, dass Arbeit mühsam ist, sondern auch, dass diese Mühe einen Wert hat. So hat es auch die Unternehmerin Dagmar Wöhrl mit ihren Kindern gemacht:

Dagmar Wöhrl zur Gelderziehung

Dagmar, wie hast du deine Kinder im Hinblick auf den Umgang mit Geld erzogen?

Ich habe sie früh animiert, sich ihr eigenes Geld zu verdienen. Sie haben nicht einfach Taschengeld bekommen, sondern konnten sich ihr Budget erarbeiten. Somit haben sie von Anfang an gelernt, dass Geld nicht einfach vom Himmel fällt.

Beide haben früh gelernt, kaufmännisch zu denken. In einem Familienunternehmen ist das ohnehin kaum zu vermeiden, denn das eigene Unternehmen ist immer Bestandteil des Familienlebens. Es sitzt quasi mit am Frühstücks- oder Abendbrottisch. Wir haben das aber immer als positiven Umstand betrachtet und zu den Kindern gesagt: »Wenn du mal groß bist, dann darfst du ins Geschäft.«

Ich glaube, dadurch sind unsere Kinder sehr schnell selbstständig geworden. Mein Sohn hat eine große Hotelgruppe aufgebaut. Er ist erfolgreich, und ich bin wahnsinnig stolz auf ihn. Leider macht er sich nicht viel aus Geld oder Statussymbolen. Dabei würde ich ihn gern mal in etwas anderem sehen als in einer Jogginghose. Aber da legt er keinen Wert drauf. Für sich selbst gibt er fast nichts aus. Am Ende ist das dann doch sehr sympathisch.

»Richtig« selbst Geld verdienen, indem sie einen Nebenjob annehmen, dürfen Kinder erst ab dem 13. Geburtstag. Das Jugendarbeitsschutzgesetz (§5 Abs. 3) legt dazu fest, dass Kinder über 13 Jahre höchstens zwei Stunden täglich, in landwirtschaftlichen Familienbetrieben höchstens drei Stunden täglich beschäftigt werden dürfen. Die Arbeitszeit darf nur zwischen 8 und 18 Uhr liegen, und zwar weder vor noch während des Schulunterrichts.

Dreizehnjährige können also beispielsweise Anzeigenblätter austragen, Nachhilfe geben, beim Nachbarn gegen Entgelt den Rasen mähen oder den Hund von Bekannten ausführen.

Ab dem 15. Geburtstag gilt Ihr Kind als Jugendlicher im Sinne des Jugendarbeitsschutzgesetzes. Dann darf es auch als Schüler umfangreichere Nebenjobs annehmen und in den Ferien bis zu vier Wochen lang in Vollzeit arbeiten.

Über ihren ersten Ferienjob hat mir übrigens die Moderatorin und Bestsellerautorin Susanne Fröhlich eine tolle Geschichte erzählt.

Susanne Fröhlich und ihr erster Ferienjob

Susanne, wie bist du mit Geld aufgewachsen?

Sehr knapp, ich bekam sehr, sehr wenig Taschengeld. Als ich 14 Jahre alt war und mir einen neuen Pullover wünschte, sagte mein Vater: »Du hast schon zwei Pullover, dann geh doch arbeiten.« Als ich sagte, ich bekäme doch mit 14 gar keinen Job, erwiderte er: »Lass mich mal machen!«

Am nächsten Tag sagte er, ich könne sechs Wochen in den Sommerferien in der Brauerei arbeiten, in der auch er beschäftigt war. Ich musste dort jeden Tag morgens um 7 Uhr anfangen. Das war natürlich nicht so schön. Ich bekam fünf Mark pro Stunde. Am Ende der Ferien gab man mir dann einen Briefumschlag mit meinem Geld. Ich fand das merkwürdig, aber ich war ja nicht so erfahren, was Arbeiten angeht.

Erst später habe ich herausbekommen, dass mein Vater das Geld gezahlt hat. Er hatte in der Firma gesagt: »Setzt sie ein, wie ihr wollt, aber sie muss richtig früh anfangen!« Das war eine Erziehungsmaßnahme. Mein Vater meinte, ich hätte alles, was ich brauche, aber wenn ich mehr wollte, sei das eben meine Sache.

Ich habe dann immer gearbeitet. Ich habe in der Metzgerei ausgeholfen, ich habe gekellnert, und es gibt in meiner Heimatstadt wohl keine Boutique, in der ich nicht gejobbt habe.

Meine eigenen Kinder halte ich nicht so knapp. Als meine Tochter einmal einen Monat keinen Job hatte, habe ich sie gefragt, ob ich ihr helfen soll. Aber sie lehnte dankend ab und sagte, sie habe genug gespart.

Selbst verdientes Geld hat übrigens viel mehr Wert als geschenktes. Ich habe das bei meiner Tochter gemerkt, als sie mit 15 Jahren unbedingt eine teure Designer-Handtasche wollte (»Alle meine Freundinnen haben so eine!«). Als ich ihr sagte, sie könne sich die doch selbst von ihrem erjobbten Geld kaufen, war sie ganz empört: »Dafür müsste ich ja fast 40 Stunden arbeiten, ich bin doch nicht verrückt!«

Lifehack 5: Geldanlage – »Damit es auch für später reicht«

»Mit der Geldanlage beschäftige ich mich nicht. Wer kein Geld hat, braucht auch keines anzulegen!« Das höre ich immer wieder von Frauen aus meinem Bekanntenkreis. Aber ich kann Ihnen versprechen: Sie müssen nicht mit einem Vermögen starten, um eine rentable Geldanlage auf die Beine zu stellen. Es reicht, wenn Sie stetig kleinere – oder manchmal auch größere – Geldbeträge so anlegen, damit sich nach und nach ein Vermögen bilden kann. Ein Vermögen, das dafür sorgt, dass Sie im Alter nicht nur von den mickrigen Auszahlungen der gesetzlichen Rentenversicherung leben müssen. Das geht auch, wenn Sie wenig haben. Im Prinzip reichen da ein paar einfache Grundsätze, die ich Ihnen gleich im ersten Teil dieses Kapitels vorstelle. In was genau Sie sinnvollerweise Ihr Geld stecken, damit es mehr und mehr wird, erfahren Sie dann im zweiten Teil.

7 einfache Grundsätze für die Geldanlage

Sie haben beim Thema Geldanlage ein Chaos im Kopf, das sich einfach nicht auflösen will? Dann schaffen Sie erst einmal Ordnung in Ihrem Gedanken-Wirrwarr. Denn worauf es bei einer vernünftigen Geldanlage ankommt, das lässt sich mit sieben Grundsätzen beschreiben. Diese Grundsätze sollten Sie beherzigen, um sicherzugehen, dass Sie die richtigen Entscheidungen treffen und nichts tun, was Ihnen langfristig schadet. Hier kommen sie.

Grundsatz 1: Vergessen Sie hundertprozentige Sicherheit – sie kostet auf Dauer viel Geld

Sicherheit, Sicherheit, Sicherheit. Das ist den Deutschen am allerwichtigsten bei der Geldanlage. Bloß kein Geld verlieren. Bloß in nichts investieren, was zwischenzeitlich an Wert einbüßen könnte. Im Prinzip klingt das zunächst vernünftig, denn niemand will Geldanlagen, die Verluste bringen. Jahrelang sind Anlegerinnen und Anleger auch richtig gut damit gefahren, ein Sparkonto zu eröffnen, einen Prämiensparvertrag abzuschließen oder ein Festgeldkonto zu eröffnen. Wenn sich diese Geldanlagen dann mit 4, mit 5 oder gar mit 6 oder 7 Prozent pro Jahr verzinsten, dann war das voll in Ordnung: Das Geld vermehrte sich von selbst, ohne dass dabei auch nur die geringste Verlustgefahr drohte. Aber dummerweise sind die Verhältnisse heute anders als früher. Was ist passiert? Ganz einfach: Die Zinsen sind gesunken – und zwar auf einen Wert nahe null.

Hintergrund: Niedrigzinsen und ihre Folgen

Dafür verantwortlich ist die Europäische Zentralbank (EZB), und sie macht das nicht von ungefähr. Geld ist das Schmiermittel der Wirtschaft, und diese Wirtschaft hat in der jüngsten Vergangenheit immer mal wieder schwere Krisen erlitten – zuletzt die Corona-Krise, die für massive Einbrüche gesorgt hat.

Darum hält die EZB die Zinsen – sozusagen den Preis fürs geliehene Geld – niedrig, derzeit sogar nahe null. Sie hat also die Leitzinsen herabgesetzt. Die Leitzinsen geben quasi vor, zu welchem Zinssatz sich die Banken Geld bei der Zentralbank leihen können. Daran orientieren sich auch die Kreditzinsen, die die Banken ihrerseits dann beispielsweise für Darlehen an Unternehmer oder Häuslebauer verlangen. Mit Zinsen nahe 0 Prozent sorgt die EZB dafür, dass Unternehmen und auch Staaten auf Pump genügend investieren können, um die Wirtschaft wieder in Gang zu bringen und am Laufen zu halten.

Aber die niedrigen Leitzinsen haben auch eine höchst unerfreuliche Kehrseite für Sie als Sparerin: Ihr Erspartes verzinst sich nämlich ebenfalls kaum mehr, wenn Sie es auf ein Konto legen, einen Sparvertrag abschließen oder als Festgeld anlegen.

Jetzt könnten Sie ja sagen: »Ist doch Wurst, was brauche ich Zinsen? Es reicht doch, wenn ich bis zum Ruhestand genügend Geld zusammenbringe, um meine Rente aufzustocken. Da ist ein Festgeldkonto oder Sparvertrag doch perfekt!« Dummerweise ist es nicht so einfach. Denn unser Geld verliert laufend an Wert. Die Erfahrung, dass alles immer teurer wird, kennen Sie vermutlich zur Genüge. Das heißt: Sie können sich in 20 Jahren von einem 50-Euro-Schein viel weniger kaufen als heute. Wenn Sie also mit Ihrer Geldanlage keine Verzinsung erreichen, dann machen Sie automatisch Verlust – auch wenn dieser Verlust in keinem Kontostand und keinem Anlageergebnis schwarz auf weiß mit einem dicken Minus ausgewiesen ist. Dieser Verlust hat einen Namen: Er heißt »Inflation« – gemeint ist die immer geringer werdende Kaufkraft des Geldes. Das lässt nur eine Schlussfolgerung zu.

Sie brauchen höhere Zinsen – und die gibt's nicht ohne Risiko

Geben Sie Ihr Streben nach hundertprozentig sicheren Sparformen auf. Ihre Geldanlagen müssen sich zumindest gut genug verzinsen, um die Inflation auszugleichen. Diese Inflation – der Kaufkraftverlust – lag in der jüngeren Vergangenheit zumeist bei bis zu 3 Prozent pro Jahr. Höhere Zinsen gibt es aber nur bei einer Geldanlage an der Börse. Und diese geht mit einem höheren Risiko einher. Sie müssen also bereit sein, zwischenzeitlich auch mal Verluste zu akzeptieren. Aber keine Angst: Diese Gefahr lässt sich mit ein paar Tricks eindämmen. Mehr dazu lesen Sie gleich im nächsten Abschnitt.

Eine Reserve von einem Monatsgehalt sollten Sie aber dennoch auf ein Bankkonto legen, selbst wenn Sie dort so gut wie keine Zinsen dafür bekommen. Idealerweise eröffnen

Sie dafür ein Tagesgeldkonto. Ihr Vorteil: Da zahlen Sie in der Regel keine Gebühren, und das Geld ist täglich verfügbar, sollten Sie es je für unliebsame Notfälle brauchen (etwa für eine unerwartet hohe Stromkosten-Nachzahlung oder für eine teure Autoreparatur). Zugleich ist es aber getrennt von Ihrem Girokonto, und das ist aus psychologischen Gründen auch gut so: Dann laufen Sie nicht Gefahr, Ihre Notfallreserve versehentlich einfach auszugeben, wenn Sie sich mal mit Ihrer EC-Karte auf Shoppingtour begeben oder die Kinder sich teure Geburtstagsgeschenke wünschen.

Grundsatz 2: Haben Sie keine Angst vor der Börse

Sie wissen jetzt: Sie brauchen eine Geldanlage, die es schafft, den laufenden Wertverlust Ihres Geldes auszugleichen. Mindestens die Kaufkraft sollte erhalten bleiben, und idealerweise erwirtschaften Sie damit sogar ein Plus. Lassen wir mal einige der Frauen sprechen, die ich für dieses Buch interviewt habe. Wie haben sie ihr Geld angelegt, um diesen Anspruch zu erfüllen?

> **Promi-Stimmen zum Thema Geldanlage – Maren Gilzer und Dagmar Wöhrl**
>
> Die Schauspielerin Maren Gilzer sagt: »Ich habe in Immobilien investiert, und das war eine gute Entscheidung.«
>
> Auch Dagmar Wöhrl, Jurorin in der Sendung »Die Höhle des Löwen«, bekennt sich zu Immobilien: »Grundsätzlich bin ich ein sparsamer Mensch und lege mein Geld eher konservativ an. Eine meiner größten Anlagen war sicherlich

der Kauf meiner Berliner Wohnung. Eine Investition, die ich nicht bereut habe.«

Ganz klar, mit Immobilien ist ein Inflationsschutz langfristig gegeben, zumal ein Eigenheim Ihnen immerhin ein mietfreies Wohnen ermöglicht und Ihnen somit laufende Ausgaben erspart und Sie vor Mieterhöhungen bewahrt. Das Problem ist nur: Um eine Immobilie zu kaufen, müssen Sie erst mal einen riesigen Batzen Geld aufbringen. Zusätzlich müssen Sie in der Regel einen hohen Kredit aufnehmen, der über Jahrzehnte abgezahlt werden muss.

Es gibt bei Immobilien aber noch einen weiteren Nachteil: Wenn Ihr Geld in Immobilien steckt, dann können Sie es nicht so leicht wieder flüssig machen. Ein Haus oder eine Wohnung zu verkaufen, das kann lange dauern. Das Geld steckt fest und ist buchstäblich einbetoniert. Da müssen Sie sich gut überlegen, ob Ihnen eine solche Geldanlage wirklich die erwünschte finanzielle Freiheit schenkt. Das ist in der Regel nicht der Fall. Also müssen sinnvolle Alternativen her.

Was haben Promi-Frauen in Sachen Geldanlage ansonsten in petto? Bestseller-Autorin Susanne Fröhlich setzt unter anderem auf Aktien.

Wie Susanne Fröhlich ihre Aktien auswählt

»Bei Aktien überlege ich, welche Produkte ich selber sehr gern mag. Ich habe ja einen Massengeschmack. Ich habe sehr viel bei Zara gekauft, meine Tochter hat viel bei Zara gekauft. Als ich dann hörte, Zara geht nach China, da dachte ich mir: Die Chinesen kaufen sicher auch gern bei Zara. Und so habe ich die Aktien von Inditex (dem Zara-Mutterkonzern) gekauft. Und die sind toll gelaufen. Ich hatte Apple, Amazon – Sachen, bei denen ich dachte: Das mögen viele Leute. Aber ich bin niemand, der sich andauernd damit beschäftigt. Ich kaufe die Aktien und lasse sie dann liegen.«

Ich will Ihnen Mut machen, diesen Weg auch zu beschreiten – auch und gerade als Frau, die vermutlich größten Wert auf Sicherheit legt. Denn Aktien haben drei riesige Vorteile (von denen Sie übrigens auch profitieren, wenn Sie die Aktien nicht selbst auswählen, sondern einen Aktienfonds kaufen):

1. **Aktienkurse steigen, wenn der Wert des Geldes durch Inflation sinkt.** Wenn alles teurer wird, werden eben auch Aktien teurer.
2. **Aktien gewinnen langfristig an Wert.** Das zeigt eindrücklich etwa der langjährige Kursverlauf etwa des Deutschen Leitindex DAX und auch des US-amerikanischen Börsenbarometers Dow Jones. Da mögen kurzfristig noch so viele Dellen in der Kurve sein: Langfristig geht's aufwärts.
3. **Aktien können Sie stets verkaufen.** Anders als bei Häusern oder Wohnungen ist es also kein Problem, Ihr Investment wieder in Euro und Cent umzuwandeln, wenn Sie Geld brauchen.

Aber natürlich will ich Ihnen nicht verschweigen, dass es zu Verlusten kommen kann, wenn Sie das Geld zu einem ungünstigen Zeitpunkt dringend brauchen und ausgerechnet dann verkaufen müssen, wenn die Kurse im Keller sind. Die gute Nachricht lautet allerdings: Sie können die Verlustgefahr eindämmen – vor allem durch diese drei Tricks.

Trick 1: Streuung. Die wichtigste Maßnahme, um das Verlustrisiko zu reduzieren, lässt sich mit einem einfachen Börsianer-Spruch zusammenfassen: »Lege nie alle Eier in einen Korb.« Sie sollten also niemals Ihr ganzes Geld in nur eine einzige Aktie investieren. Denn ob das wirklich diejenige ist, die sich blendend entwickelt, ist nicht garantiert. Wenn Sie sich nicht auskennen oder sich nicht näher mit Aktien befassen wollen, empfiehlt sich ein Engagement in Einzelaktien sowieso nicht. Aber für diesen Zweck gibt es die sogenannten Investmentfonds, und die sind wirklich prima: Sie kaufen dann einfach Fondsanteile, und der Fondsanbieter investiert in Ihrem Auftrag dann automatisch in mehrere verschiedene Aktien oder auch sonstige Wertpapiere. Näheres zu Investmentfonds und ihren Vorteilen erfahren Sie im dritten Teil dieses Kapitels.

Trick 2: Lange Haltedauer. Eine weitere entscheidende Maßnahme, wie Sie Börseninvestments sicherer machen, ist eine lange Haltedauer. Verkaufen Sie ein Wertpapier nicht gleich wieder, wenn es erst in Ihrem Depot liegt. Denn eine Studie des Deutschen Aktieninstituts[14] zeigt am Beispiel des deutschen Börsenbarometers DAX: Je länger Sie Ihre Aktien halten, desto sicherer machen Sie unterm Strich Gewinne und desto weniger wahrscheinlich sind Verluste. Im langjährigen Durchschnitt liegen diese Gewinne beim DAX bei mehr als 7 Prozent pro Jahr, hat besagte Studie ergeben. Bei einem Anlagehorizont von mehr als einem Jahrzehnt kommt es auf den genauen Ein- und Ausstiegszeitpunkt kaum mehr an. Selbst wenn Sie durch einen dummen Zufall zu Höchstkursen kaufen und just dann verkaufen müssten, wenn wieder einmal ein Börsencrash passiert ist: Sind nach dem Einstieg schon einige Jährchen ins Land gegangen, dann sind Sie trotzdem im Plus. Ein Minus ist nur bei kurzer Haltedauer wahrscheinlich. Nur für fünf Jahre sollten Sie Ihr Geld also nicht an die Börse tragen – auch wenn ein Verkauf Ihrer Wertpapiere, wie bereits erwähnt, jederzeit möglich ist. Für die langfristige Geldanlage, die mehr als ein Jahrzehnt währt, gibt es aber nichts Besseres.

Überzeugen Sie sich selbst, was Ihnen DAX-Aktien bringen

Die betreffende Studie des Deutschen Aktieninstituts können Sie übrigens – grafisch toll aufbereitet – unter dem Namen »Renditedreieck« im Internet abrufen:

www.dai.de/de/das-bieten-wir/studien-und-statistiken/renditedreieck.html

Trick 3: Sparpläne. Das ist der genialste Trick, wenn Sie an der Börse investieren und trotzdem hinreichende Sicherheit haben wollen. Das Prinzip von Sparplänen ist ganz simpel: Sie investieren regelmäßig einmal im Monat stets die gleiche Summe und stecken sie beispielsweise in einen Fonds. Als Kauftag legen Sie zum Beispiel den Monatsersten oder den 15. eines Monats fest, als Sparrate zum Beispiel 25 oder 50 Euro. Mit dieser simplen Festlegung sorgen Sie dafür, im Durchschnitt automatisch gute Preise zu bekommen. Das Prinzip dahinter ist simpel: Ist der Kurs gerade hoch, werden von Ihrer Rate nur wenige Fondsanteile gekauft. Ist der Preis dagegen niedrig, dann kaufen Sie von Ihrer monatlichen Sparsumme eben mehr. Sie brauchen sich dann nicht darum zu kümmern, ob der Einstiegszeitpunkt gerade günstig ist oder nicht. Ob die Kurse gerade hoch oder tief sind, kann Ihnen ebenso egal sein – was »hoch« oder »tief« ist, lässt sich sowieso immer erst im Nachhinein feststellen. Sie kaufen einfach nach und nach das gewünschte Wertpapier, und die feste Sparrate sorgt von selbst dafür, dass Sie auf lange Sicht betrachtet nicht zu viel dafür bezahlen.

Wie genau Sie Ihr Geld an der Börse investieren, das erfahren Sie im Anschluss an diese sieben Grundsätze.

Grundsatz 3: Gier frisst Hirn – aber Sie brauchen Ihr Köpfchen noch

Was höchst profitabel klingt, ist nicht unbedingt für eine solide Geldanlage geeignet. Leider buhlen viele Anbieter von Geldanlagen um Ihre Gunst. Die Zinsversprechen sind hoch – aber, dass es erhebliche Verlustrisiken gibt, das sagt Ihnen keiner. Wenn Sie also von angeblich sicheren Investments mit Zinsen in Höhe von 5, von 8 oder gar von 12 Prozent pro Jahr lesen, sollten nicht etwa die Dollarzeichen in Ihren Augen aufleuchten, sondern es sollten in Ihrem Kopf alle Alarmglocken schrillen. Denn an dem Spruch »Gier frisst Hirn« ist viel Wahres dran. Angesichts solcher Versprechungen neigen wohl die meisten Menschen dazu, sich lieber gar nicht mit den Risiken einer vermeintlich lukrativen Geldanlage zu befassen. Aber genau das sollten sie tun.

Manchmal sind die typischen Angebote, die sich extra an Privatanlegerinnen und -anleger richten, nicht nur unrentabel, sondern sogar betrügerisch. Die Liste der Promis, die auf bestenfalls unrentable und schlimmstenfalls betrügerische Geldanlagen reingefallen sind, ist lang.

Pleiten, Pech und Pannen bei der Geldanlage

Jutta Speidel: 20 000 Euro Verlust machte die Fernseh-Schauspielerin (»Um Himmels willen«). Investiert hatte sie das Geld in den Riesenradfonds »Singapore Flyer«.

»Mir wurde gesagt, das sei eine bombensichere Sache. Ich konnte mir das gut vorstellen, ich fahre selbst gerne Riesenrad«, sagte sie der *Bild*-Zeitung. Die Projektgesellschaft, die den Fonds aufgelegt hatte, war 2013 pleite, das Geld war weg. Ihre Klage gegen die HypoVereinsbank, die ihr den Fonds vermittelt hatte, führte zu einem Vergleich: Sie akzeptierte einen vierstelligen Betrag und verfolgte dafür die Klage nicht weiter.

Grit Boettcher: Ihre gesamte Altersvorsorge, insgesamt rund 900 000 Euro, hatte die Schauspielerin (»Ein verrücktes Paar«) in Ost-Immobilien gesteckt. Über einen Anbieter floss das Geld in Büro- und Geschäftshäuser in Leipzig und Dresden. Verkauft wurden solche Immobilien auch mit dem Versprechen einer enormen Steuerersparnis. Doch die Immobilien standen leer, der Anbieter war irgendwann insolvent. Grit Boettcher blieb auf einem Verlust von 500 000 Euro sitzen, weil ihre Klage auf Schadenersatz erfolglos blieb. Zur Zeitung *Die Welt* sagte sie: »Ich jammere da nicht mehr drüber. Ich habe mich sehr geärgert, es war irgendwie ein Riesenbetrug. Aber das Leben geht weiter.«

Susann Atwell: Die TV-Moderatorin fiel ebenfalls auf das Steuersparmodell mit den Ost-Immobilien herein. Mit einem Kredit hatte sie sich ein Haus für 1,5 Millionen gekauft. Als sie es später verkaufen musste, bekam sie gerade einmal noch 240 000 Euro dafür. Die 400 000 Euro, die sie zusätzlich in ein Schweriner Parkhaus gesteckt hatte, waren futsch. »Das klang alles sehr solide, und ich dachte mir, wenn all diese Menschen, die wirklich etwas von Geld zu verstehen schienen, da mitmachen, dann muss das ja etwas Sinnvolles sein«, sagte sie später in der Sendung »Menschen bei Maischberger«. Nach ihrer Privatinsolvenz ist Susann Atwell inzwischen schuldenfrei. Aber die Nachwirkungen der Pleite spürt sie immer noch.

Welche Lehren lassen sich aus diesen Promi-Erfahrungen ziehen? Ganz einfach: Zwar sollten Sie sich bei der Geldanlage

nicht gerade von Angst oder einem übertriebenen Sicherheits-
bedürfnis leiten lassen – aber Gier ist auch nicht die richtige
Haltung. Egal, ob Ihnen nun eine traumhafte Rendite oder
eine riesige Steuerersparnis versprochen wird – Vernunft, Ge-
duld und Augenmaß sind gefragt. Sie wollen nicht zocken,
sondern Ihr Geld allmählich vermehren. Klingt ein Angebot
allzu verlockend, sollten Sie sehr, sehr misstrauisch sein. Aufgepasst vor allem, wenn die entsprechenden Angebote Ihnen
in Hochglanzbroschüren präsentiert werden und überdurchschnittlich hohe, angeblich sichere Zinsen in Aussicht stellen.
Bei was sollten Sie besonders vorsichtig sein? Ich glaube, jetzt
ist es an der Zeit, Ihnen meine Liste zu präsentieren – eine
Liste derjenigen Geldanlagen, von denen Sie besser die Finger
lassen sollten.

Die 12 riskantesten Geldanlagen (ohne Anspruch auf Vollständigkeit)

1. Solarparks
2. Windparks
3. Geothermie-Projekte
4. Holzpellet-Unternehmen
5. Immobilienprojekte und -fonds
6. Crowdinvestments (Verleih von kleineren Beträgen z.B. an Existenzgründer)
7. Schiffsfonds
8. Wald- und Holzinvestments

9. Bitcoin und andere Kryptowährungen
10. Investments in Frachtcontainer
11. Wasserstoff-Unternehmen
12. Urban-Mining-Unternehmen (also Unternehmen, die versprechen, aus städtischem Bauschutt mit einer neuartigen Technologie wertvolle Metalle und andere Rohstoffe zurückzugewinnen)

Die meisten dieser Geldanlagen kommen als Anteilsscheine, Beteiligungen, Anleihen, Genussrechte oder Fonds daher. Fast keines davon wird an der Börse gehandelt – und das ist ein riesengroßer Nachteil! Denn eine Börse ist eine staatlich überwachte Handelsstelle und eine Plattform, bei der zudem ganz viele Käufer und Verkäufer aufeinandertreffen und den Preis bestimmen. Ohne eine solche Börse bestimmt der Anbieter den Preis – und Sie sind ihm auf Gedeih und Verderb ausgeliefert. Selbst wenn er Ihnen verspricht, das investierte Geld jederzeit zurückzuzahlen oder zumindest nach einer festen Laufzeit wieder an Sie auszukehren und Ihnen zwischendurch zuverlässig Zinszahlungen zu überweisen, muss das noch lange nicht stimmen. Er kann untertauchen, er kann sich totstellen, er kann auf Ihre Anfragen einfach nicht antworten. All das passiert in der Praxis bei außerbörslichen Geldanlagen erstaunlich häufig – und übrigens auch beim Crowdfunding, wo übers Internet von interessierten Anlegern oft kleinere Summen (100 oder 200 Euro) eingesammelt werden.

Auch erfahren Sie bei solchen Geldanlage-Angeboten oftmals nicht rechtzeitig, wenn etwas nicht stimmt. Gerade bei Zahlungsschwierigkeiten stellen die einstmals so auskunftsfreudigen Anbieter ihre Kommunikation meistens ein. Bei börsengehandelten Wertpapieren gibt es dagegen klare Veröffentlichungspflichten: Die betreffenden Unternehmen müssen über ihre wirtschaftliche Lage und die Aussichten regelmäßig Rechenschaft ablegen. Zwar gibt es auch hier – siehe Wirecard – schwarze Schafe, die einfach lügen und ein Vermögen vortäuschen, das nicht existiert. Aber das kommt viel seltener vor und lässt sich mit einer klugen Auswahlstrategie übrigens auch vermeiden. Denn Sie müssen ja nicht den jüngsten Stern am Börsenhimmel kaufen, den es erst seit Kurzem gibt und dessen Geschäftsmodell sich noch nicht langfristig als solide und rentabel erwiesen hat.

Noch ein Tipp:
Lassen Sie sich auch nicht mit Ihrem guten Gewissen ködern

Ein Nachtrag ist an dieser Stelle noch zur oben angeführten Liste gefährlicher Geldanlagen angebracht: Vielleicht ist es Ihnen aufgefallen – auf dieser Liste finden Sie auch viele »grüne« Investments, die an Ihr Öko-Gewissen appellieren und versprechen, Gutes für Umwelt oder Gesellschaft zu tun und damit eine attraktive Rendite zu erwirtschaften. Dafür sind wir Frauen ja aus gutem Grund aufgeschlossen. Aber von allem, was auf der Liste steht, sollten Sie auch dann *die Finger lassen, wenn es mit Öko-Anstrich daherkommt! Denn nicht alles, was grün ist, ist auch risikoarm und rentabel. Ich kann Sie aber beruhigen: Es gibt genügend seriöse und profitable Möglichkeiten zur nachhaltigen Geldanlage. Aber auch hier setzen Sie idealerweise auf börsennotierte Unternehmen und vor allem auf Nachhaltigkeitsfonds. Was es damit auf sich hat und wie Sie welche ausfindig machen, erfahren Sie am Ende dieses Kapitels.*

Grundsatz 4: Starten Sie mit Kleinbeträgen – Sparpläne machen's möglich

Sie sind der Überzeugung, Ihr ganzes Geld zu brauchen, um nur halbwegs über die Runden zu kommen? Für die Geldanlage bleibt da nichts übrig, meinen Sie? Eine kurze Rückfrage: Angenommen, gleich am Anfang eines jeden Monats würden 25 Euro automatisch von Ihrem Girokonto abgebucht und Sie müssten folglich mit 25 Euro weniger auskommen – würden Sie das hinbekommen? Vermutlich schon, oder nicht? Genau dieses Vorgehen lege ich Ihnen dringend ans Herz. Es geht ja gar nicht darum, gleich Tausende von Euro in die Altersvorsorge zu buttern. Vielmehr sollten Sie das Sparen und Anlegen möglichst regelmäßig und über lange Zeit hinweg betreiben. Starten Sie ruhig mit Kleinbeträgen! Die Sparraten, die Sie nach und nach zum Beispiel in Aktien oder Fonds stecken, läppern sich im Laufe der Jahre zu ordentlichen Summen zusammen. Das Mittel der Wahl heißt Sparplan, und darüber haben Sie bereits unter »Grundsatz 2« einiges gelesen:

Sie stecken eine regelmäßige Monatsrate in bestimmte Aktien oder Fonds.

Dass Sparpläne Ihnen im Durchschnitt einen richtig guten Einstiegspreis bescheren, wissen Sie schon. Aber es gibt noch weitere Vorteile:

- **Sparpläne laufen automatisiert ab.** Einmal eingerichtet, wird die Sparrate monatlich automatisch abgebucht, und es werden auch automatisch die Aktien oder Fondsanteile davon gekauft, die Sie anfangs bei Einrichtung des Sparplans festgelegt haben. Dass von Ihren 25 Euro nicht immer ganze Aktien oder ganze Fondsanteile gekauft werden können, ist übrigens kein Problem. Je nach Kurs kann es dann eben passieren, dass Sie mal 0,7 Aktien erhalten oder 2,3 Fondsanteile. Den Bruchteilskauf regelt die Depotbank bzw. Fondsgesellschaft für Sie; wie diese mit Zehntel-Aktien oder -Fondsanteilen klarkommt, darüber müssen Sie sich nicht den Kopf zerbrechen. Sobald Sie einen Sparplan eingerichtet haben, können Sie sich zurücklehnen. Dann läuft Ihre Geldanlage von selbst, und Sie müssen sich um nichts mehr kümmern.
- **Sparpläne sind nicht in Beton gemeißelt.** Das ist anders als beispielsweise bei einer Lebens- oder Rentenversicherung, wo Sie zwar auch eine feste monatliche Rate zahlen, aber meistens über die gesamte Laufzeit hinweg daran gebunden sind. Wehe, das Geld wird mal wirklich knapp und reicht nicht für die fällige Rate! Sie können

dann zwar eine solche Police beitragsfrei stellen oder kündigen, um die Raten nicht mehr zahlen zu müssen. Aber diese Raten lassen sich nicht einfach vorübergehend absenken. Sprich, Sie haben dann keine Möglichkeit mehr, sie später wieder aufzustocken. Bei Aktien- oder Fondssparplänen ist das anders. Da können Sie Ihre Raten jederzeit beliebig ändern: also senken, wenn gerade ein finanzieller Engpass droht, oder erhöhen, wenn Sie etwa eine Gehaltserhöhung bekommen oder in Vollzeit statt in Teilzeit arbeiten. Sie können mit den Raten auch aussetzen (das sollten Sie aber nur tun, wenn es gar nicht anders geht!). Und Sie können Ihren Sparplan jederzeit in gewohnter Höhe fortsetzen, sobald Sie wieder flüssig sind. Mit Sparplänen sind Sie flexibel genug, Ihre Vorsorge ganz und gar Ihrem Leben und Ihrer aktuellen finanziellen Situation anzupassen.

- **Sparpläne lassen Kursänderungen zu.** Um einen Sparplan einzurichten, müssen Sie sich zunächst für ein Wertpapier entscheiden, das von Ihren Sparraten gekauft werden soll, sprich für eine Aktie oder einen Fonds. Viele Depotbanken ermöglichen sogar die Aufteilung einer Sparrate auf mehrere Wertpapiere, was zumindest – siehe »Grundsatz 2« – bei Aktiensparplänen zur Risikominimierung empfehlenswert ist (bei Fondssparplänen haben Sie ja schon automatisch eine Streuung auf verschiedene Aktien bzw. sonstige Wertpapiere). Das heißt aber nicht, dass Sie auf Gedeih und Verderb an Ihre Entscheidung für das einst gewählte Wertpapier gebunden sind. Angenommen, die Amazon-Aktie entwickelt sich nicht so vorteilhaft, wie Sie sich das erhofft haben. Kein Problem! Dann besparen Sie eben künftig eine andere Aktie. Angenommen, der DAX, den Sie über einen Indexfonds bespart haben, lahmt ein wenig im Vergleich zur Weltwirtschaft. Dann suchen Sie sich eben einen anderen Indexfonds aus, in den Ihre künftigen Raten fließen sollen. Sie können jederzeit ändern, was Ihnen nicht mehr gefällt, und das betrifft nicht nur die Höhe der Sparraten, sondern auch die Wertpapiere, die davon gekauft werden.

- **Sparpläne haben keine Mindestlaufzeit.** Das ist wieder ein entscheidender Unterschied zu Kapital-Lebens- und Rentenversicherungen. Sie müssen Ihre monatlichen Raten nicht eisern bis zum anfangs festgelegten Fälligkeitszeitpunkt abdrücken. »Aber das muss ich bei Versicherungen doch auch nicht«, mögen Sie jetzt einwenden. »Ich kann ja kündigen oder sie beitragsfrei stellen.« Ja, das stimmt zwar. Aber bei Versicherungen zahlen Sie dann sofort Stornogebühren (Sie kriegen das nur nicht unbedingt mit, weil die direkt von der bereits angesparten Summe abgezogen werden). Bei einem Aktien- oder Fondssparplan ist das nicht der Fall. Wann Sie mit dem Sparen aufhören, ist Ihre Sache. Eine feste Laufzeit gibt es nicht. Und das Aufhören kostet keinen Cent.

- **Sparpläne kriegen Junge, wenn Sie das wollen.** Das ist kein Witz, aber natürlich etwas flapsig formuliert. Angenommen, Sie haben einen Aktiensparplan angelegt.

Nach und nach häufen Sie von besagter Aktie also immer mehr Stück an. Dann werden Sie bald feststellen: Auf dem Verrechnungskonto, das zu Ihrem Depot gehört, wird Ihnen mindestens einmal im Jahr ein bestimmter Betrag gutgeschrieben – die sogenannte Dividende. Die Dividende ist ein Anteil vom Unternehmensgewinn, den die Aktionäre – und damit Sie – erhalten. Bei US-Aktien gibt es sogar vier Ausschüttungstermine im Jahr, statt nur einen wie bei deutschen Aktien. Diese Dividende erneut anzulegen empfiehlt sich sehr, um vom Zinseszinseffekt zu profitieren (siehe nächster Grundsatz). Und was könnte bei den kleinen Beträgen, die da zunächst nur auflaufen, besser geeignet sein als ein Sparplan? Diesmal entscheiden Sie sich eben beispielsweise für eine viertel- oder halbjährliche Ausführung. Dann sind die nötigen 25 Euro auch zusammen, die Ihre Depotbank in der Regel als Mindestrate verlangt. Bei Fondssparplänen kann es übrigens sein, dass sich die »Geburt« eines neuen Sparplans erübrigt. Es kommt aber auf den Fonds an, den Sie auswählen. Manche schütten die Dividenden aus, und Sie müssen aktiv werden, um diese stets wieder aufs Neue zu investieren. Andere dagegen behalten die Dividenden ein und investieren Sie automatisch wieder ins Fondsvermögen. Statt also ein neues »Junges« zu kriegen sorgen solche Fonds dafür, dass sie selbst zusätzliche Nahrung erhalten und dadurch immer größer und dicker, sprich wertvoller, werden.

Jetzt wissen Sie: Für eine kluge Geldanlage ist kein einmaliger Kraftakt mit einer größeren Anfangssumme gefragt, sondern einfach nur die richtige Weichenstellung für ein monatliches Sparen in Raten. Wie genau Sie einen Sparplan anlegen, erfahren Sie im zweiten Abschnitt dieses Kapitels.

Grundsatz 5: Beginnen Sie möglichst früh

Eine lange Anlagedauer, so haben Sie erfahren, sorgt bei Aktien-Anlagen dafür, dass Sie die Verlustgefahr bannen und auch bei ungünstigem Ein- und Ausstiegszeitpunkt in die Gewinnzone kommen. Das ist aber nicht der einzige Grund, warum ich Ihnen empfehle, möglichst früh mit der Geldanlage zu beginnen. Der Hauptgrund lautet schlichtweg: Dann profitieren Sie vom Zinseszinseffekt.

»Aber es gibt doch derzeit gar keine Zinsen!«, werden Sie jetzt einwenden. »Das steht doch schwarz auf weiß in diesem Kapitel!« – Für Tagesgeld-, Spar- und Festgeldkonten nicht, da gebe ich Ihnen schon recht. Aber Sie sollten auch die Dividenden, die Sie auf Ihre Aktien(fonds) bekommen, als eine Art Zins betrachten. Diese mögen zwar schwanken. Aber eine Verzinsung ist zweifellos vorhanden, und sie ist auch nicht so klein, dass sich eine Wiederanlage nicht lohnen würde. Wenn Sie die Dividenden erneut via Sparplan in Aktien oder Fonds stecken, dann profitieren Sie vom Zinseszinseffekt. Ja, es gibt sogar Fonds, da werden die Dividenden ohnehin einbehalten und automatisch wiederangelegt, das habe ich beim letzten Grundsatz schon kurz erwähnt. Sie heißen übrigens »thesaurierende« Fonds. »Thesaurus« kommt aus dem Altgriechischen und heißt »Schatzkammer« oder »Schatzhaus«. Das klingt doch märchenhaft, oder nicht?

Aber was nutzt Ihnen die Empfehlung, früh zu beginnen, wenn Sie schon stramm auf die 50 zugehen? Na, hören Sie mal! Dann haben Sie immer noch zehn bis 15 Jahre bis zum Rentenbeginn. Also eine anständige Zeit, um noch hinreichend vom Zinseszins zu profitieren. Außerdem brauchen Sie ja auch bei Rentenantritt nicht all Ihr Erspartes auf einmal, können also einiges davon ruhig weiterhin anlegen und den Zinseszinseffekt weiter nutzen.

Wie sehr sich das lohnt, zeigt Ihnen die folgende Tabelle. Darin ist nämlich aufgelistet, was aus einem Anlagebetrag von 1000 Euro wird, wenn Sie dem Zinseszinseffekt nur eine Chance lassen und das Geld lange genug anlegen. In den einzelnen Spalten sehen Sie die Entwicklung bei 3, bei 5 oder bei 7 Prozent Zinsen pro Jahr. Ich habe hier übrigens bewusst maßvolle Zinssätze gewählt: Selbst 7 Prozent sind bei soliden Aktien- oder Fondsinvestments eher zu tief als zu hoch gegriffen. Und jetzt sehen Sie mal in der Tabelle nach, was Ihnen der Faktor Zeit bringt. Genau: Nach besagten 15 Jahren haben Sie schon mehr als das 2,7-fache Ihres Einsatzes, wenn Sie 7 Prozent Rendite erreichen: stolze 2700 Euro – oder sogar etwas mehr, wenn Sie es genau nehmen. Wenn Sie sich sogar 25 Jahre Zeit lassen, dann erhalten Sie gut das 5,4-Fache Ihres Einsatzes, sprich mehr als 5400 statt der anfänglichen 1000 Euro.

Was wird aus 1000 Euro nach ... Jahren bei ... Prozent Zinsen?

Anlagedauer	3 Prozent	5 Prozent	7 Prozent
1 Jahr	1.030,00	1.050,00	1.070,00
2 Jahre	1.060,90	1.102,50	1.144,90
3 Jahre	1.092,73	1.157,63	1.225,04
4 Jahre	1.125,51	1.215,51	1.310,80
5 Jahre	1.159,27	1.276,28	1.402,55
6 Jahre	1.194,05	1.340,10	1.500,73
7 Jahre	1.229,87	1.407,10	1.605,78
8 Jahre	1.266,77	1.477,46	1.718,19
9 Jahre	1.304,77	1.551,33	1.838,46
10 Jahre	1.343,92	1.628,89	1.967,15
11 Jahre	1.384,23	1.710,34	2.104,85
12 Jahre	1.425,76	1.795,86	2.252,19
13 Jahre	1.468,53	1.885,65	2.409,85
14 Jahre	1.512,59	1.979,93	2.578,53
15 Jahre	1.557,97	2.078,93	2.759,03
16 Jahre	1.604,71	2.182,87	2.952,16
17 Jahre	1.652,85	2.292,02	3.158,82
18 Jahre	1.702,43	2.406,62	3.379,93
19 Jahre	1.753,51	2.526,95	3.616,53

Anlagedauer	3 Prozent	5 Prozent	7 Prozent
20 Jahre	1.806,11	2.653,30	3.869,68
21 Jahre	1.860,29	2.785,96	4.140,56
22 Jahre	1.916,10	2.925,26	4.430,40
23 Jahre	1.973,59	3.071,52	4.740,53
24 Jahre	2.032,79	3.225,10	5.072,37
25 Jahre	2.093,78	3.386,35	5.427,43

Diese Tabelle zeigt: Lieber fangen Sie mit sehr kleinen Beträgen an, aber Hauptsache, SIE FANGEN FRÜH DAMIT AN. Worauf warten Sie noch?

Grundsatz 6: Investieren Sie in das, was Sie verstehen
Einer der reichsten Männer der Welt heißt Warren Buffett und ist US-Amerikaner. Von ihm stammt ein Grundsatz, den ich schlichtweg klasse finde: Investieren Sie nur in das, was Sie verstehen. Buffett wurde Multimilliardär – und das mit Aktien zum Beispiel von Coca-Cola. Da weiß doch jedes Kind, dass dieser Konzern mit sehr süßer, pappiger Limonade sein Geld verdient. Sie müssen nicht in Aktien investieren, es dürfen auch Fonds sein – dazu kommen wir weiter hinten in diesem Kapitel. Aber Sie bekommen ein gutes Gefühl für lohnende Geldanlagen, wenn Sie einfach nur sich selbst und Ihre Umgebung beobachten.

Gehen Sie doch mal Ihren normalen Tagesablauf durch. Mit welchen Marken kommen Sie da in Berührung? Wofür geben Sie Ihr Geld im Alltag aus? Wo kaufen Sie ein? Wohlgemerkt, das Folgende sind jetzt keine Aktienempfehlungen, sondern einfach nur der Rat, ein Gefühl für angesagte Produkte und Dienstleistungen zu entwickeln und die womöglich sehr profitablen Anbieter zu identifizieren, die dahinterstecken. Denn deren Aktien könnten sich durchaus lohnen. Testen wir das gleich mal. Wie sieht Ihr Tagesbeginn aus? Vielleicht so?

Angesagte Marken beim Start in den Tag

Morgens lassen Sie sich wecken von Ihrem Smartphone. Hersteller: Apple oder Samsung, beide börsennotiert. Sie schalten das Licht an mit Strom von RWE. Dann gehen Sie unter die Dusche und benutzen dazu ein Shampoo von Dove. Da heißt der Hersteller Unilever und damit anders als die Marke, aber mit einer Google-Suche haben Sie das schnell gefunden. Apropos Google: Hier heißt der Mutterkonzern Alphabet – und auch diese Aktie ist an der Börse notiert. Sie haben trockene Hände und reiben sich diese daher mit Neutrogena-Handcreme ein. Hersteller Johnson & Johnson. Zum Frühstück mit den Kindern trinken Sie einen Kaffee aus Ihrer Nespresso-Maschine mit Kapseln, die Kinder kriegen Nesquick-Kakao, beides vom Lebensmittelkonzern Nestlé. Dazu gibt's Müsli von Kellogg's und einen Joghurt von Danone. Alles börsennotierte Konzerne, deren Aktien Sie kaufen können. Bevor Sie Ihre Kleinen in den Kindergarten bringen, fragen Sie Alexa, wie das Wetter heu-

te wird – und schon haben Sie wieder Berührung mit einer
höchst profitablen Aktiengesellschaft: Amazon …

Während Sie sich so durch den Tag hangeln, werden Sie
schnell feststellen: Es ist kein Hexenwerk, Unternehmen zu
finden, die praktisch andauernd in Ihrem Leben präsent sind.
Gerade diese Unternehmen verdienen mit Ihrem Konsumverhalten – und mit dem Konsumverhalten anderer Verbrau-
cherinnen und Verbraucher – viel Geld. Die betreffenden
Aktien sind interessant für Sie, je alltäglicher die Produkte
und Dienstleistungen und je verständlicher das Geschäftsmodell, desto besser. Und übrigens gibt es auch eine ganze
Reihe von Fonds, die vorwiegend auf solche Unternehmen
setzen oder sogar solche in den Blick nehmen, die stärker
auf Nachhaltigkeit, Fairness und Klimaschutz setzen. Dazu
später mehr.

Grundsatz 7: Das Geld liegt auf der Straße – Sie müssen nur an den richtigen Stellen suchen

Erinnern Sie sich? Wir sind in dieses Kapitel gestartet mit der
Frage, woher Sie denn das Geld für Ihre finanzielle Vorsorge
nehmen sollen. Mit kleinen Beträgen möglichst regelmäßig
und stetig zu sparen, lautete eine Empfehlung. Jetzt kommt
noch ein weiterer, höchst erfreulicher Ratschlag. Sie können
sich bestimmte Geldgeschenke organisieren – das geht einfacher, als Sie glauben. Diese Geschenke gibt's vom Arbeitgeber,
aber auch vom Staat. Vor allem zwei Möglichkeiten will ich

Ihnen schmackhaft machen: vermögenswirksame Leistungen
(VL) und einen Riester-Vertrag.

Vermögenswirksame Leistungen (VL): Sie mögen es vielleicht kaum glauben – aber als Arbeitnehmerin erhalten Sie
bis zu 40 Euro pro Monat von Ihrem Arbeitgeber geschenkt,
wenn Sie nur mal im Personalbüro vorbeigehen und nach
vermögenswirksamen Leistungen fragen. Das machen nicht
alle Arbeitgeber – aber viele! Sie müssen dafür einfach einen
VL-Vertrag abschließen, und sinnvollerweise wählen Sie dafür keinen mies verzinsten Bausparvertrag, sondern einen
meist weitaus profitableren Fondssparplan. Einen solchen
VL-Fondssparplan erhalten Sie beispielsweise bei Ihrer Volks-
bank, Sparkasse oder einer sonstigen Filialbank; aber auch bei
den Direktbanken im Internet gibt es diverse Anbieter. Geben
Sie einfach nur mal »VL-Fondssparplan« bei Google ein. Das
Prinzip ist einfach: Sie eröffnen einen solchen VL-Sparplan
und bitten den Arbeitgeber, die monatlichen Raten für Ihren
Vertrag direkt an den Anbieter zu überweisen. Das geschieht
dann auch für ganze sechs Jahre. In dieser Zeit haben Sie
keinen Zugriff auf das Geld. Das gilt auch im siebten Jahr,
in dem keine Einzahlungen in den Vertrag mehr stattfinden.
Gut so, denn die Einzahlungen sollen sich ja über längere Zeit
verzinsen. Ab dem achten Jahr hätten Sie theoretisch Zugriff
auf das angesparte Geld. Ich rate Ihnen aber, den Vertrag einfach ohne zusätzliche Einzahlungen weiter bestehen zu lassen
oder das Geld in einen anderen Fonds umzuschichten, damit
es sich weiter vermehrt.

Übrigens können Sie schon im einzahlungsfreien siebten Jahr wieder einen neuen VL-Fondssparplan eröffnen und von Ihrem Arbeitgeber abermals eine monatliche Rate in den Vertrag überweisen lassen – das ist lückenlos möglich, wenn Ihr Arbeitgeber VL anbietet. Dieses Geldgeschenk sollten Sie nicht unterschätzen: Bis zu 40 Euro mal zwölf Monate bringen Ihnen im besten Fall 480 Euro im Jahr – alles für die finanzielle Vorsorge. Aber das ist noch nicht alles. Denn auch der Staat trägt oft noch ein Scherflein dazu bei. Dieses Scherflein trägt den etwas bürokratischen Namen »Arbeitnehmer-Sparzulage«.

So beantragen Sie die Arbeitnehmer-Sparzulage

Bis zu 80 Euro erhalten Sie zusätzlich vom Staat als Arbeitnehmer-Sparzulage. Voraussetzung ist lediglich, dass Sie bestimmte Einkommensgrenzen nicht überschreiten. Wenn Sie's genau wissen wollen: Ihr zu versteuerndes Einkommen darf nicht mehr als 20 000 Euro oder als zusammen veranlagtes Ehepaar 40 000 Euro betragen (Ihr wahres Einkommen darf aber ruhig deutlich höher sein, denn davon werden ja noch mindestens etwa 10 000 Euro an Freibeträgen und Pauschalen abgezogen, bei Ehepaaren sogar mindestens 20 000 Euro).

Sie können es außerdem ruhig dem Finanzamt überlassen zu prüfen, ob Sie einen Anspruch auf diesen staatlichen Zuschuss haben oder nicht. Machen Sie es sich daher leicht.

Kreuzen Sie lediglich auf dem Mantelbogen Ihrer Steuererklärung ganz oben die Option »Festsetzung der Arbeitnehmer-Sparzulage« an. Fügen Sie außerdem Jahr für Jahr
die Bescheinigung bei, die Sie zu diesem Zweck von Ihrem
VL-Anbieter erhalten haben. Wenn's klappt, wird aus Ihrem
480-Euro- ein 560-Euro-Geschenk. Jährlich, wohlgemerkt!

Riester-Vertrag: Auch ein Riester-Vertrag bringt Ihnen Geld-
Geschenke. Diese allerdings stammen ausschließlich vom
Staat. Riestern dürfen Sie als Beamtin oder auch als renten-
versicherungspflichtig Angestellte. Möglich ist der Abschluss
eines Riester-Vertrags aber auch, wenn Sie mit jemandem ver-
heiratet sind, der als Beamter oder Angestellter einen Riester-
Vertrag hat (oder einen solchen Vertrag zeitgleich mit Ihnen
abschließt). Auch hier empfehle ich Ihnen einen Fondsspar-
plan, und auch hier können Sie es sich leicht machen, zu Ihrer
Hausbank gehen und dort einen bekommen. Von Riester-
Rentenversicherungen oder Riester-Bausparverträgen rate ich
Ihnen ab, weil sie meist weniger rentabel sind.

Keine Sorge, bei einem Riester-Fondssparplan riskieren Sie
nichts, obwohl es an der Börse auf und ab geht und der Kurs
eines Riester-Fonds natürlich auch schwankt. Denn bei Ries-
ter-Verträgen sind Verluste ausgeschlossen, das ist per Gesetz
so festgelegt: Mindestens Ihre Einzahlung plus die staatlichen Zulagen muss der Anbieter Ihnen am Ende der Laufzeit garantieren. Also wird er schon darauf achten, dass er
das irgendwie hinbekommt, wenn Sie in Rente gehen und Ihr

Riester-Vertrag fällig wird. Um diese gerade erwähnten staatlichen Zulagen geht es übrigens: Das sind die Geldgeschenke, die Sie sich nicht entgehen lassen sollten:

- **Grundzulage:** Ob Sie Kinder haben oder nicht, die Grundzulage erhalten Sie auf jeden Fall. Das sind bis zu 175 Euro pro Jahr – geschenkt, versteht sich.
- **Kinderzulage:** Für jedes Ihrer Kinder, für das noch eine Kindergeldberechtigung besteht, erhalten Sie zusätzlich bis zu 300 Euro jährlich (allerdings nur maximal 185 Euro für Kinder, die vor 2008 zur Welt gekommen sind).

Wie viel Sie mindestens einzahlen müssen, damit Sie die Höchstzulagen erhalten, ist ein bisschen knifflig zu ermitteln. Inklusive Zulagen müssen es 4 Prozent des Bruttoeinkommens sein – das macht die Berechnung nicht gerade einfach. Aber Sie können ganz einfach Ihren Riester-Anbieter fragen. Er braucht dazu nur Angaben zu Ihrem Vorjahreseinkommen (das lässt sich beispielsweise aus Ihrem Steuerbescheid oder Ihren Gehaltsmitteilungen herauskriegen). Ihr jährliches Geldgeschenk beläuft sich dann – je nach Kinderzahl – auf Hunderte von Euro.

> **Manchmal bringt Riester eine erhebliche Steuerersparnis**
>
> Ihren Riester-Vertrag sollten Sie auch in der Steuererklä-
> rung angeben – und zwar in der Anlage AV. Das kann sich
> richtig lohnen, vor allem, wenn Sie zu den Gutverdienern ge-
> hören. Dann erhalten Sie eine Steuerersparnis, die oft sogar
> noch weit über die Zulagen hinausgeht.

Auf geht's, legen Sie los!
Stellen Sie die Weichen richtig

In der Theorie wissen Sie jetzt schon ziemlich viel darüber,
wie Sie Ihre Geldanlage klug bewerkstelligen. Kommen wir
nun zur Praxis. Sie brauchen zunächst ein Konto für Ihre
Notreserve und ein Depot für die langfristige Geldanlage.
Hier kommen die Einzelheiten.

Notreserve: Eröffnen Sie ein Tagesgeldkonto

Nur für eine Notreserve von einem Monatsgehalt empfehle
ich Ihnen ein Bankkonto: das bereits erwähnte Tagesgeldkonto. Das können Sie ruhig bei Ihrer Hausbank eröffnen.
Die Zinsschnäppchenjagd im Internet lohnt sich kaum. Ob
Sie null oder ein halbes Prozent Zinsen bekommen, ist bei
diesen Summen egal. Wichtiger ist nur, dass Ihr Geld gut abgesichert ist – und bei der sogenannten Einlagensicherung ist
Ihre Hausbank im Zweifelsfall besser als irgendeine Super-
schnäppchenbank aus einem Nicht-EU-Staat.

Tipp: Reserve immer wieder auffüllen

Falls Sie diese Tagesgeld-Reserve im Notfall je angreifen müssen, füllen Sie sie möglichst schnell wieder auf. Zum Beispiel mit Weihnachts- oder Urlaubsgeld vom Arbeitgeber. Oder richten Sie einen Dauerauftrag aufs Tagesgeldkonto ein, um für den nächsten Engpass rasch wieder gewappnet zu sein.

Für die Notreserve ist nun gesorgt – kommen wir jetzt zum Vermögensaufbau, den Sie für später betreiben.

Langfristige Geldanlage: Eröffnen Sie ein Depot

Um Geld in Aktien, Fonds & Co. anzulegen, brauchen Sie ein Depot. Das ist sozusagen ein Lager- bzw. Speicherort für börsennotierte Wertpapiere. Ohne ein solches Depot können Sie nicht an der Börse investieren. Es einzurichten dauert ein paar Tage. Sie haben zwei Möglichkeiten:

Möglichkeit 1: Sie eröffnen ein Depot bei Ihrer Hausbank, zum Beispiel bei Ihrer örtlichen Sparkasse oder Volks- bzw. Raiffeisenbank. Das ist zwar nicht unbedingt die billigste Lösung, aber vielleicht die komfortabelste. In Sachen Fondssparpläne können Sie dort allerdings häufig nur Fonds von den jeweiligen Verbundpartnern wählen, also etwa Deka-Fonds bei der Sparkasse oder Union-Investment-Fonds bei den Genossenschaftsbanken.

Möglichkeit 2: Sie eröffnen ein Online-Depot bei einer Direktbank. Das Deutsche Institut für Servicequalität empfiehlt vor allem Smartbroker (www.smartbroker.de), Flatex (www.flatex.de), Comdirect (www.comdirect.de) oder Consorsbank (www.consorsbank.de). Zerbrechen Sie sich nicht allzu sehr den Kopf über die richtige Auswahl. All diese Depotbanken sind vergleichsweise günstig und komfortabel zu bedienen. Wie Sie bei der Depoteröffnung vorgehen, ist auf der jeweiligen Internetseite beschrieben, und Sie können auch den Kundenservice anrufen, um dabei Hilfe anzufordern.

Eine Depotbank heißt übrigens auf Neudeutsch auch Broker – dies nur, falls Sie diesen Begriff einmal hören und ihn nicht einordnen können.

Wichtig zu wissen: Zum Depot gehört ein Konto
Zusätzlich zum Depot erhalten Sie automatisch ein sogenanntes Verrechnungskonto. Das ist ein Bankkonto mit sehr eingeschränkten Zahlungsmöglichkeiten. Es dient nur der Abwicklung von Wertpapierkäufen und -verkäufen. Außerdem werden laufende Ausschüttungen, also beispielweise Dividenden, darauf gutgeschrieben. Falls Sie einen Einmalkauf von Wertpapieren vorhaben, müssen Sie sich das dafür nötige Geld erst einmal auf dieses Verrechnungskonto überweisen. Bei einem Fondssparplan können Sie via Einzugsermächtigung dafür sorgen, dass Geld von Ihrem Girokonto zunächst auf Ihr Verrechnungskonto übertragen wird. Von diesem Geld werden dann die entsprechenden Fondsanteile gekauft.

Automatischer Vermögensaufbau: Legen Sie einen Sparplan an

Sobald Sie ein Depot eröffnet haben, ist es auch kein Hexenwerk, einen Wertpapiersparplan einzurichten. Das kann ein Aktien-, ein Fonds- oder ein ETF-Sparplan sein (wobei nicht alle Depotbanken Aktiensparpläne anbieten). Bevor Sie allerdings die im Kasten beschriebenen Schritte gehen, sollten Sie zunächst den dritten Teil dieses Kapitels lesen (»Wertpapierauswahl: In was Sie jetzt am besten investieren«). Dann können Sie nämlich eine fundierte Entscheidung treffen, welches Wertpapier oder welche Wertpapiere Sie besparen wollen.

Sparplan einrichten – so geht's

Zunächst loggen Sie sich in Ihr Depot ein. Klicken Sie dann auf »Sparplan« oder »Wertpapiersparplan«. Bei manchen Depotbanken versteckt sich diese Option auch hinter dem Registereintrag »Geldanlage« oder »Sparen & Anlegen«. Zur Einrichtung eines Sparplans müssen Sie folgende Angaben machen:

1. Welches **Wertpapier** soll gekauft werden? Das ist in der Regel eine Aktie, ein Fonds oder ein ETF (börsengehandelter Indexfonds). Das jeweilige Wertpapier ist mit einer speziellen Nummer, der sogenannten Wertpapierkennnummer (WKN) genau definiert. Bei manchen Depotbanken können Sie Ihre Sparrate auch auf verschiedene Wertpapiere aufteilen.

2. Welches **Sparintervall** soll gelten? In der Regel wählen Sie »monatlich«. Wenn Sie aber Mühe haben, die angegebene Mindestsparrate von meist 25 oder 50 Euro zusammenzubekommen, dann können Sie auch eine »vierteljährliche« Ausführung auswählen.

3. An welchem **Tag** soll das gewählte Wertpapier gekauft werden? Ich empfehle Ihnen den Monatsersten, weil das mit Ihrem Gehaltseingang zusammenfällt und auf diese Weise sicher ist, dass die Sparrate auch abgebucht werden kann.

4. Welche **Laufzeit** soll gelten? Sie müssen ein Anfangs- und ein Enddatum eingeben. Keine Sorge, an diese Angabe sind Sie nicht gebunden, Sie können diese jederzeit ändern.

5. Von welchem **Konto** soll die Sparrate abgebucht werden? Das ist in aller Regel Ihr Girokonto. Wenn Sie später aber mit einem weiteren Sparplan die erhaltenen Dividenden wiederanlegen wollen, dann ist es das Verrechnungskonto, das zu Ihrem Depot gehört.

6. Welche **Dynamik** soll gelten? Das Wort ist ein bisschen doof für eine eigentlich ganz einfache Frage: Sollen die Sparraten immer gleichbleiben oder wollen Sie, dass sich diese automatisch allmählich erhöhen? Ich empfehle Ihnen, sie zunächst immer gleich zu belassen, also geben Sie bei Dynamik null Prozent ein. Sie können die Sparrate später selbst manuell erhöhen, wenn Sie dann mehr Geld für den Vermögensaufbau erübrigen können.

Ein Sparplan kostet eine gewisse Summe, üblich sind 1 bis 2 Prozent von der Sparrate, die sich Ihre Depotbank als Gebühr einverleibt. Das ist verkraftbar – aber manchmal geht es erfreulicherweise auch ohne Gebühren. Ich kann Ihnen nur wärmstens empfehlen, vor Einrichtung Ihres Sparplans doch mal die Sonderangebote zu durchstöbern, die Ihre Depotbank auf Lager hat. Gerade mit ETFs, also den Indexfonds, die einfach nur den DAX (Deutscher Aktienindex), den Euro Stoxx 50 (sein europäisches Pendant) oder den MSCI World (den weltweiten Leitindex für Aktien), werden oft kostenfreie Sparpläne angeboten. Ein solches kostenfreies Sparplan-Angebot sollten Sie unbedingt nutzen. Das senkt die Kosten – und es bleibt mehr für die eigentliche Geldanlage übrig.

Alternative beim Vermögensaufbau: Robo-Advisors

Vielleicht haben Sie ja wirklich keine Lust, sich mit Sparplänen zu befassen und der Wertpapierauswahl, die Sie zwecks Einrichtung zwangsläufig treffen müssen. Dann gibt es noch eine Alternative namens Robo-Advisor. Auch mit Robo-Advisors ist eine automatische Geldanlage möglich. Im Namen steckt die Wesentliche Information schon drin: Das sind Roboter (oder genauer gesagt Computer), die Sie in Sachen Geldanlage beraten (nichts anderes bedeutet das Wort »Advisor«). Robo-Advisors gehen sogar noch einen Schritt weiter und kümmern sich um die Geldanlage. Es handelt sich um eine Art Vermögensverwaltung, die auch für den schmalen Geldbeutel erschwinglich ist.

Zum Hintergrund: Von der traditionellen Vermögensverwaltung zum Robo-Advisor

Traditionell richteten sich die bestehenden Vermögensverwaltungen in der Vergangenheit an die ganz Reichen. Es waren vorwiegend Banken und Fondsgesellschaften, die sich um die vermögenden Privatkunden kümmerten und für sie das Geld anlegten. Kein Vermögensverwalter wollte einst einen Kunden annehmen, der nicht mindestens eine Million Euro an Kapital mitbrachte, besser sogar zehn Millionen. Sonst hätte die Arbeit der dort angestellten Personen nicht genügend Geld eingebracht. Inzwischen ist aber die Vermögensverwaltung erschwinglich geworden – dank den »Robos«. Denn mit Unterstützung von Computern lässt sich der Betreuungsaufwand verringern – und die Leistung zum günstigen Preis anbieten.

Das Prinzip von Robo-Advisors ist einfach: Sie als Anlegerin in spe machen einige Angaben zu Ihren Vorlieben in Sachen Geldanlage. Dabei geht es nicht um die Frage, welche Wertpapiere Sie bevorzugen, die Fragen sind viel einfacher und dienen Ihrer Einstufung in eine bestimmte Anlegerkategorie. Abgefragt wird beispielsweise:

- auf welches Sparziel bzw. welche Rendite Sie hinarbeiten (oder anders gesagt: ob Sie mit Ihrer Geldanlage nur die Inflation ausgleichen wollen oder ob Sie einen möglichst hohen prozentualen Gewinn machen wollen)

- was Ihr Anlagehorizont ist (oder anders gesagt: wann Sie das Geld wieder brauchen)
- welche Risikoneigung Sie haben (oder anders gesagt: ob die Aussicht, womöglich einmal Verluste zu machen, Sie um den Schlaf bringt oder ob Ihnen das weniger ausmacht)
- ob Sie bestimmte Schwerpunkte bei der Geldanlage berücksichtigen möchten (z.B. Nachhaltigkeitskriterien).

Auf der Grundlage Ihrer Antworten erstellt Ihnen der Robo-Advisor einen Investment-Vorschlag. Darin enthalten sind vor allem Fonds und ETFs (siehe nächstes Kapitel), in die Sie wahlweise per Einmalbetrag oder mit monatlichen Sparraten investieren können. Ihr Vorteil: Sie müssen sich dann um gar nichts mehr kümmern, und der Robo nimmt Ihnen komplett die ganze Geldanlage ab. Sie zahlen dafür ein bestimmtes jährliches Entgelt für diese Leistung, das sich meist zwischen 0,4 und 1,0 Prozent des dort angelegten Betrags bewegt. Das Deutsche Institut für Service-Qualität (DISQ) hat übrigens einige Robo-Advisors getestet. Gut abgeschnitten haben beispielsweise Bevestor (www.bevestor.de), Growney (www.growney.de) und whitebox (www.whitebox.eu). Mehr dazu erfahren Sie im letzten Kapitel dieses Buches.

Wertpapierauswahl:
In was Sie jetzt am besten investieren

Sie wissen jetzt: Nur Börseninvestments bringen Ihnen auf Dauer den Zuwachs, den Sie für eine vernünftige finanzielle Vorsorge brauchen. Idealerweise kaufen Sie solche Börseninvestments über einen Sparplan. Aber in was genau investieren? Machen Sie es sich leicht – denn im Prinzip geht es vor allem um die drei folgenden Wertpapiere:

- **Aktien:** Das sind Anteile börsennotierter Unternehmen.
- **Investmentfonds (kurz: Fonds):** Das sind Anteilsscheine an einem Vermögen, das aus verschiedenen Aktien oder anderen Wertpapieren besteht. Mit dem Kauf von Fondsanteilen haben Sie automatisch für eine gewisse Streuung gesorgt, da jeder Fonds in mindestens fünf verschiedene Werte investieren muss (keiner dieser Werte darf mehr als 20 Prozent des Fondsvermögens betragen, sonst bekommt der Fonds erst gar keine Zulassung in der EU).
- **ETFs:** Das sind spezielle Fonds, die einfach einen Börsenindex nachbilden, zum Beispiel den DAX als bekanntestes deutsches Börsenbarometer oder den Dow Jones als sein US-amerikanisches Pendant.

Diese spärlichen Informationen reichen Ihnen natürlich nicht, um eine fundierte Entscheidung zu treffen, welche Wertpapiere sich denn nun in Ihrem Fall für den langfristigen Vermögensaufbau eignen. Schauen wir uns also die einzelnen Kategorien an. Sie werden schnell feststellen: Es ist gar nicht so schwierig, Wertpapiere auszuwählen!

Aktien – nur ratsam, wenn Sie am Thema Börse Spaß haben

Sie haben Lust, sich mit dem Thema Aktienauswahl näher zu befassen? Dann nur zu, es lohnt sich! Falls Sie dagegen nicht tiefer in die Materie einsteigen wollen, finden Sie mit Fonds und vor allem mit ETFs – beide näher beschrieben in den nächsten beiden Abschnitten – sinnvolle Alternativen, die nicht so viel zeitliches Engagement erfordern.

Aber bleiben wir zunächst bei den Aktien. Aus den bereits erläuterten Grundsätzen für Geldanlagen wissen Sie bereits, wie Sie eine Vorauswahl treffen: Suchen Sie sich zunächst eine Reihe von Unternehmen heraus, mit deren Produkten oder Dienstleistungen Sie im Alltag praktisch andauernd zu tun haben, deren Geschäftsmodell Sie verstehen und bei denen sie sicher sind, dass Verbraucher da viel Geld liegen lassen. So wie Susanne Fröhlich, die gern bei Zara kauft und daher zeitweise in Aktien des Mutterkonzerns Inditex investierte. Oder wie Warren Buffett mit seinen Coca-Cola-Aktien.

In einem zweiten Schritt versuchen Sie einzuschätzen, ob sich ein Kauf der betreffenden Aktien aktuell lohnt oder nicht. Keine Angst, Sie müssen sich nicht gleich ganz tief in die Bilanzen der jeweiligen Unternehmen hineinknien. Aber fünf Kriterien, die Sie sinnvollerweise betrachten sollten, erkläre ich Ihnen hier.

- **Kriterium 1: Das Unternehmen sollte starke Marken haben.** Ob diese Marken nun Nespresso, Dove, iPhone oder Neutrogena heißen, ist letztlich egal. Aber angesagt und vertrauenswürdig sollten sie sein.

- **Kriterium 2: Das Unternehmen sollte mindestens fünf Jahre in Folge Gewinne gemacht haben.** Wie Sie das herausfinden? Ganz einfach: Gehen Sie auf Börsen-Websites wie zum Beispiel www.finanzen.net oder www.boerse.de. Auch die Website meines Fernsehsenders ntv ist dafür eine gute Quelle (www.n-tv.de → Börse). Geben Sie den Namen des Unternehmens (z.B. Nestlé, Unilever, Apple oder Allianz) ins Suchfeld ein und klicken Sie auf den obersten Treffer. Dann schauen Sie sich die Ergebnisse an, die Sie meistens unter dem Eintrag »Fundamental«, »Fundamentalanalyse« oder »Gewinn- und Verlustrechnung« finden. Ausgewiesen wird meistens das »Ergebnis vor Steuern« oder das »Ergebnis vor Steuern und Zinsen«. Auf welche dieser Zahlen Sie schauen, ist letztlich nicht entscheidend. Wichtig ist nur, dass diese Zahl fünf Jahre lang im Plus war – und möglichst sogar eine steigende Tendenz zeigt.

- **Kriterium 3: Die Aktie sollte gerade nicht zu teuer sein.** Der Kurs einer Aktie in Euro und Cent sagt allerdings wenig darüber aus, ob sie nun gerade teuer oder billig ist, bei Milch oder Butter lässt sich der Preis besser einschätzen. Bei Aktien brauchen Sie dafür ein Hilfsmittel – und zwar die Kennzahl KGV, was Kurs-Gewinn-Verhältnis bedeutet. Der Kurs einer Aktie wird durch die Gewinne geteilt. Das Ergebnis besagt – quasi als Faustregel – wie lange Sie warten müssen, bis sich Ihr Einsatz schon allein wegen der laufenden Gewinne lohnt. Ganz klar: Je niedriger das KGV, desto besser. Ein KGV von zehn gilt als recht günstig, eines von 15 durchaus noch als akzeptabel, ein KGV von 20 und mehr dagegen als schon recht teuer. Natürlich wird dabei unterstellt, dass die Gewinne künftig nicht sinken. Aber als Entscheidungshilfe ist das KGV prima, wenn Sie sich etwa vornehmen: »Ich kaufe keine Aktien, deren KGV über zwölf liegt.« Bei Sparplänen müssen Sie allerdings nicht andauernd aufs KGV schielen.

▪ **Kriterium 4: Das Unternehmen sollte stetig Dividenden zahlen.** Was Dividenden sind, wissen Sie bereits: laufende Gewinnausschüttungen. Idealerweise schütten Unternehmen nicht den ganzen Gewinn als Dividenden an ihre Aktionäre aus, sondern nur einen Teil. Der andere Teil bleibt dann für betriebliche Investitionen übrig. Nun kommt es darauf an, dass diese Dividenden in der Vergangenheit möglichst stetig geflossen sind. Schauen Sie sich dafür die vergangenen fünf oder sogar zehn Jahre an. Sie finden die entsprechenden Daten ebenfalls wieder auf Websites wie www.finanzen.net, www.boerse.de oder www.n-tv.de (=> Börse), wenn Sie den Unternehmensnamen oder die Wertpapierkennnummer ins Suchfeld eingeben. Idealerweise ist diese Dividende jedes Jahr ausgezahlt, nie gekürzt und nie gestrichen worden sowie im Laufe der Jahre möglichst stetig gestiegen. Bei

Unternehmen, die das mindestens zehn Jahre lang bewerkstelligt haben, spricht man vom Dividenden-Adel. Solche Aktien lohnen sich meistens!

- **Kriterium 5: Das Unternehmen sollte zukunftsfähig sein.** Ob Automobilwerte zukunftsfähig sind, ist aktuell fraglich. Momentan bestehen Zweifel, ob sie die Wende zur Elektromobilität gut bewerkstelligen – und ob sich Elektromobilität künftig überhaupt so gut am Markt durchsetzt, wie das gemeinhin unterstellt wird. Auch andere Unternehmen sind gerade auf dem Prüfstand. So zum Beispiel Banken. Deren traditionelles Geschäftsmodell lohnt sich nicht mehr, seit die Zinsen so niedrig sind. Ihre persönliche Einschätzung ist hier gefragt. Fragen Sie sich vor einem Investment also ruhig: Trauen Sie dem entsprechenden Unternehmen und seiner Branche zu, auch in Zukunft erfolgreich zu sein? Falls nein, konzentrieren Sie sich auf Aktien anderer Branchen und Geschäftsfelder.

Fonds

In Aktien sollten Sie nur investieren, wenn Sie sich näher mit dem Thema Börse befassen wollen. Fonds dagegen sind für alle Anlegerinnen und Anleger geeignet. Das Prinzip: Sie kaufen Fondsanteile, und die Fondsgesellschaft wirft es in einen Topf mit dem Geld anderer Anleger. Davon wird dann ein Wertpapiermix gekauft. Was genau in diesem Mix drin ist, steht in den sogenannten Fondsstatuten. Ein Fonds mit der Aufschrift »Aktien Standardwerte Deutschland« kauft also hauptsächlich Aktien großer deutscher Unternehmen, wie sie beispielsweise im Leitindex DAX vertreten sind. Neben reinen Aktienfonds gibt es auch Fonds, die auf eine Mischung von Aktien und Anleihen (eine Art börsengehandelter Kreditpapiere) setzen. Bezeichnenderweise heißen sie Mischfonds. Zudem gibt es noch Fonds, die nur Anleihen kaufen, also Schuldenpapiere von Staaten und Unternehmen – genannt Rentenfonds (»Renten« ist ein anderes Wort für »Anleihen«). Misch- oder Rentenfonds brauchen Sie nicht, weil sichere Anleihen aktuell kaum etwas abwerfen und unsichere Anleihen mit höherer Verzinsung ein Verlustrisiko mit sich bringen. Wenn Sie mehr Sicherheit und weniger Schwankungen wollen, erhöhen Sie lieber Ihre Notreserve auf dem Tagesgeldkonto und investieren Sie entsprechend weniger in Fonds. Aus meiner Sicht sind reine Aktienfonds eine gute Sache.

Generell gilt für alle Fonds - so auch für die von mir bevorzugten Aktienfonds: Die Auswahl ist riesig, und das macht es nicht einfach, gute Fonds zu identifizieren. Außerdem haben klassische Fonds ein Management, das aktiv eine Auswahl der Wertpapiere trifft, in die investiert wird. Deshalb spricht man hier von aktiv gemanagten Fonds, kurz Aktivfonds. Dieses Management kostet Geld – und das zahlen Sie als Anlegerin über Ihre Fondsgebühren, die automatisch von Ihrem investierten Geld abgezogen werden. Vor allem die jährlichen Verwaltungsgebühren sind mit 1 bis 2 Prozent nicht gerade niedrig. Daneben wird oft auch eine einmalige Kaufgebühr von 5 bis 6 Prozent der investierten Summe erhoben. Ganz billig sind Aktivfonds also nicht.

Solche aktiv gemanagten Fonds werden Ihnen vor allem von Bankberatern angeboten, deren Institute an den Provisionen verdienen. Auch Finanzvertriebe und selbstständige Anlageberater empfehlen vorwiegend Aktivfonds, weil auch sie von den Fondsgesellschaften für die Vermittlung von Kunden bezahlt werden.

Mein Rat: Gehen Sie auf Nummer sicher

Falls Sie Ihr Geld bei Ihrer Hausbank anlegen wollen, geht das oft nur über den Kauf von Fonds, die diese im Angebot hat. Aber auch hier gilt der oben zitierte Grundsatz, bevorzugt in das zu investieren, was Sie kennen. Setzen Sie also lieber auf Deutschland-Fonds als auf irgendwelche Fonds aus asiatischen Ländern, von denen Sie kaum wissen, wo sie genau liegen, und von deren börsennotierten Unternehmen Sie womöglich noch nie zuvor etwas gehört haben. Fragen Sie außerdem gezielt nach Dividenden-Fonds. Sie investieren in ausschüttungsstarke Aktien – das ist gut zur Vermögensmehrung.

Um Fonds auszuwählen, gibt es verschiedene Möglichkeiten. Eine gute Möglichkeit besteht darin, sich den aktuellen Fondsvergleich der Stiftung Warentest anzusehen. Sie können ihn für kleines Geld auch im Internet herunterladen. Sie finden ihn am schnellsten, indem Sie bei Google die Suchbegriffe »Stiftung Warentest Fonds« eingeben.

Fazit: Aktiv gemanagte Fonds sind nicht unbedingt schlecht, aber oftmals eben teurer als die dritte mögliche Lösung – die sogenannten ETFs, zu denen Sie im nächsten Abschnitt gleich mehr Hintergrundinfos finden.

ETFs – perfekte Fondsanlage zum kleinen Preis

Die Schnäppchen unter den Fonds sind ETFs. »Exchange Traded Funds« bedeutet diese Abkürzung, ins Deutsche übersetzt also »börsengehandelte Fonds«. Der Name ist Programm. Sie können diese Fonds nur über eine Börse kaufen und nicht direkt über die Fondsgesellschaft, die sie auflegt. Das ist aber kein Nachteil, im Gegenteil: Ein Börsenkauf ist in der Regel billiger – und übrigens auch bei aktiv gemanagten Fonds ein Mittel, um Kosten zu sparen. Trotzdem ist der Börsenhandel nicht der entscheidende Punkt, warum ETFs so günstig sind. Vielmehr hat das einen anderen Grund: Die Auswahl der Wertpapiere geschieht hier automatisch und quasi maschinell, sprich computergesteuert. Man spricht hier von einem passiven Fondsmanagement. Was gekauft wird, richtet sich bei ETFs nach einem ganz einfachen Prinzip, im Fondsportfolio landen ganz einfach alle Aktien, die in einem bestimmten Index enthalten sind:

- Ein **DAX-ETF** kauft alle DAX-Werte, und zwar genau in der gleichen Gewichtung wie im DAX.
- Ein **Euro-Stoxx-50-ETF** investiert in alle Aktien des wichtigsten Index in der Eurozone, dem Euro Stoxx 50, und gewichtet sie gleich wie im Index.

- Ein **Dow-Jones-ETF** kauft alle Werte des US-Leitindex Dow Jones. Auch hier richtet sich die Auswahl und Gewichtung nach der Zusammensetzung des Index.
- Ein **MSCI-World-ETF** investiert in alle Titel dieses bekannten Börsenindex, der weltweit in Aktiengesellschaften aus den Industrieländern investiert (ohne Schwellenländer wie Brasilien oder Indien).

Damit spart sich die Fondsgesellschaft schon mal das Gehalt für den Fondsmanager. Entsprechend können sie passiv gemanagte ETFs viel günstiger anbieten als aktiv gemanagte Fonds. Tatsächlich sind die meisten ETFs für weniger als 0,5 Prozent der investierten Summe pro Jahr erhältlich. ETFs auf die ganz bekannten Indizes wie eben DAX, Dow Jones oder Euro Stoxx 50 kosten oftmals sogar weniger als 0,1 Prozent pro Jahr.

Es gibt eine ganze Reihe von Anbietern solcher ETFs. So zum Beispiel den Finanzkonzern BlackRock mit seiner Marke iShares (trotz der Namensähnlichkeit haben sie mit Apples iPhone und iPad nichts zu tun). Ebenfalls aus den USA stammt der Anbieter SPDR, der seine ETFs unter seinem Eigennamen vertreibt. Auch die Fondsgesellschaft der Deutschen Bank DWS bietet ETFs an – und zwar unter dem Namen Xtrackers, ebenso die französische Großbank Société Générale unter dem Namen Lyxor. Selbst die Sparkassengruppe hat ETFs, die sie unter dem Namen Deka vertreibt. Ich könnte hier noch Dutzende Anbieter aufzählen, aber damit würde ich Sie nur langweilen. Denn letztlich kommt es aus Anlegersicht bei der Auswahl nicht auf den Anbieter an.

Machen Sie sich die Auswahl einfach

Entscheiden Sie in einem ersten Schritt, in welchen Index Sie investieren möchten. Nichts spricht dagegen, sich auf den deutschen Leitindex DAX zu beschränken. Aber wenn Sie vielleicht lieber europa- oder weltweit investieren möchten, sind Euro Stoxx 50 oder MSCI World besser.

Schauen Sie dann in einem zweiten Schritt, was Ihre Depotbank anbietet. Viele Depotbanken – vor allem Direktbanken – haben spezielle Vereinbarungen mit ETF-Anbietern. Da bekommen Sie dann beispielsweise einen bestimmten ETF via Sparplan ganz ohne Kaufgebühren. Die Verwaltungsgebühren, also die jährlichen Gebühren an die Fondsgesellschaft, zahlen Sie allerdings trotzdem, aber die unterscheiden sich von ETF-Anbieter zu ETF-Anbieter nicht so sehr.

Wenn es allerdings keine Kostenlos-Sparpläne gibt, dann können Sie sich ruhig für den günstigsten ETF entscheiden. Einen tollen Überblick mit vielen Suchfunktionen – nach Ländern, Regionen oder Indizes – bietet beispielsweise die Internetseite www.justetf.com.

Noch ein Hinweis: Es gibt auch Teilindizes, und diese können ausgesprochen reizvoll sein. Beispielsweise Indizes auf Konsumgüteraktien, auf die dann wiederum ETFs aufgelegt werden. So können Sie problemlos mit einem ausgesprochen günstigen Fonds in diejenigen Unternehmen investieren, die mit den bereits empfohlenen Alltagsgütern Geld verdienen. Beispiele:

- MSCI World Consumer Staples (ein weltweiter Konsumgüterindex)
- S&P Consumer Staples (ein US-amerikanischer Konsumgüterindex)
- MSCI Europe Consumer Staples (ein europäischer Konsumgüterindex)
- Stoxx Europe 600 Consumer Goods (ebenfalls ein europäischer Konsumgüterindex)

Wenn Sie einen dieser Indizes bei Google oder auf der Website Ihres Brokers eingeben und die Abkürzung »ETF« dahintersetzen, finden Sie schnell heraus, welche zugehörigen Indexfonds Sie kaufen können.

Nachhaltige Geldanlagen: Das liegt uns Frauen doch im Blut!

Wie soll die Zukunft auf unserer Welt aussehen? Wir Frauen sind dem Thema Nachhaltigkeit gegenüber sehr aufgeschlossen. Das hat gute Gründe. Schließlich denken wir an unsere Kinder. Wir wollen ja, dass sie es auch künftig gut auf unserem Planeten haben. Erfreulicherweise lässt sich dieses Anliegen auch bei der Geldanlage berücksichtigen – und es lohnt sich, sich damit zu beschäftigen.

Falls Sie nachhaltig investieren möchten, können Sie das tun: Eine Möglichkeit besteht darin, Einzelaktien von Unternehmen herauszusuchen, die ein besonders nachhaltiges Geschäftsmodell haben. Oder sich für einen Robo-Advisor zu entscheiden, der nachhaltige Investments anbietet. Aber es

gibt auch sogenannte ESG-Fonds, die das Geld ihrer Anteils-
eigner ausdrücklich in nachhaltige Aktien und sonstige Wertpapiere stecken und vorher auch genau überprüfen, ob die
betreffenden Investments auch ESG-Kriterien entsprechen.
ESG steht als Abkürzung für:

- ökologisch (ecological). Investiert wird bevorzugt in Unternehmen, die etwa einen geringeren Energieverbrauch
  aufweisen als ihre Konkurrenz, die weniger Wasser ver-
  schmutzen oder die ihren Abfall recyclen bzw. die darin enthaltenen Rohstoffe wiederverwerten. Natürlich
  schneiden auch Unternehmen mit besonders umwelt-
  freundlichen Produkten besonders gut ab bei diesem
  Kriterium. Übrigens muss »grünes« Wirtschaften keineswegs bedeuten, dass die betreffenden Unternehmen höhere Kosten und damit niedrigere Gewinne haben. Viele
  Unternehmen haben sogar finanzielle Vorteile, wenn sie
  etwa weniger Energie verbrauchen.
- sozial (social). Hier geht es beispielsweise um die Frage, wie fair ein Unternehmen mit seinen Mitarbeitern
  umgeht. Das reicht von der Bezahlung über die Arbeits-
  bedingungen bis hin zur Vereinbarkeit von Familie und
  Beruf und der Förderung von Minderheiten. Auch wird
  die Frage gestellt, wie verantwortungsvoll sich das jeweilige Unternehmen gegenüber seinen Lieferanten, seinen Kunden und der ganzen Gesellschaft verhält.
- anständig geführt (governance). Das ist ein bisschen er-
  klärungsbedürftig. Dazu gehört beispielsweise die Ver-

meidung von Korruption. Oder eine angemessene, aber nicht überzogene Vergütung für Vorstand und Aufsichtsrat. Aber auch die Frage, wie diese Leitungsgremien überhaupt besetzt sind, zählt zu den »Governance«-Kriterien. Denn niemand will an der Unternehmensspitze einen Filz von Leuten, die sich nur gegenseitig begünstigen (siehe Wirecard).

ESG-Analysten durchleuchten also jedes potenziell interessante Investment nach diesen ESG-Kriterien. Übrigens werden diese in zig Einzelaspekte unterteilt, für die jeweils eine Note vergeben wird. Das Ganze mündet dann in eine Gesamtnote. Die Gewichtung all dieser Einzelaspekte ist allerdings nicht überall gleich, und auch bei den übergeordneten Kriterien E, S und G legen unterschiedliche Fonds unterschiedliche Schwerpunkte. Es kann also beispielsweise sein, dass einer die ökologischen Aspekte schwerer gewichtet als die soziale Verantwortung.

Wie finden Sie in diesem Wirrwarr nun geeignete Fonds (oder auch Einzelaktien), in die es sich zu investieren lohnt? Dafür gibt es drei Websites, die sich meiner Ansicht nach lohnen:

- www.forum-ng.org
- www.nachhaltiges-investment.org
- www.meinfairmögen.de

Die erste Website, www.forum-ng.org, ist die vom Forum Nachhaltige Geldanlagen in Deutschland, Österreich und der Schweiz, kurz FNG. Dieses Forum vergibt sogar ein Siegel für besonders gute Nachhaltigkeitsfonds – wobei die Kriterien dafür natürlich das FNG selbst festgelegt hat. Allerdings hat das Forum nicht alle Fondsangebote auf dem Schirm, die zum Thema Nachhaltigkeit bei uns auf dem Markt sind.

Weitaus umfassender ist die Fondsdatenbank bzw. der Fondsnavigator des Sustainable Business Instituts e.V.: http://nachhaltiges-investment.org. Da können Sie selbst festlegen, was Ihnen wichtig ist. In der Datenbank finden Sie alle rund 400 Fonds in Deutschland, Österreich und der Schweiz, die ethische, soziale, ökologische und sonstige Nachhaltigkeitskriterien bei der Anlage berücksichtigen. Die Website ist nicht sehr übersichtlich und auch nicht allzu komfortabel zu bedienen. Sie können sich dort aber Fonds und auch einzelne Aktien anzeigen lassen, die zu Ihren Nachhaltigkeitskriterien passen. Außerdem erhalten Sie Infos dazu, wie sich die betreffenden Werte in der Vergangenheit entwickelt haben.

Website »Nachhaltiges Investieren«: So gehen Sie bei der Auswahl vor

1. Gehen Sie auf www.nachhaltiges-investment.org
2. Wählen Sie in der Navigationsleiste den Eintrag »Fonds« aus. Damit sind übrigens auch ETFs gemeint, die ja eine spezielle Kategorie von Fonds sind.

3. Klicken Sie dann nacheinander auf die Kriterien, auf die es Ihnen ankommt. Beispiel: Wenn Sie sehen wollen, welche Nachhaltigkeitsfonds Ihre Sparkasse anbietet, dann klicken Sie auf »Fondsgesellschaften« und wählen »Deka« aus (so heißt die Fondsgesellschaft der Sparkassen). Wenn Sie grundsätzlich kein Investment in Atomstrom akzeptieren, dann klicken Sie auf »Negativkriterien für Aktien und Unternehmensanleihen«. Dort rufen Sie bei »Kategorien« die Liste »Umwelt« auf und setzen in dieser Liste ein Häkchen bei »Kernenergie«. Auch eine Auswahl, welche Fonds Sie bevorzugen, ist möglich, also beispielsweise nur Aktienfonds oder nur ETFs (beides empfehlenswert). Sie können sich beim Kriterium »Wertentwicklung« auch anzeigen lassen, welche Fonds im laufenden Jahr, im vergangenen Jahr oder in den zurückliegenden drei oder fünf Jahren eine bestimmte Mindestrendite erreicht haben (die Rendite ist der Gewinn in Prozent).

4. Wenn Sie alle Eingaben gemacht haben, klicken Sie auf »Suche starten«. Jetzt müssen Sie für die Treffer nur noch herausfinden, ob ihre Depotbank sie als Sparplan anbietet und was sie kosten. Das lässt sich mit einer Recherche auf der Internetseite Ihres Brokers schnell herausfinden – oder durch einen Anruf dort.

Umfassend und zugleich sehr übersichtlich ist eine Website, die die Denkfabrik »2° Investing Initiative Deutschland e.V.«

ins Leben gerufen hat und die das Bundesumweltministerium maßgeblich mitfinanziert hat. Berücksichtigt werden nur Fonds, keine Einzelaktien, und deren Zahl beläuft sich auf rund 8000. Auch hier können Sie Ihre Schwerpunkte in Sachen Nachhaltigkeit eingeben – und Sie erhalten wahlweise einen Ausdruck, den Sie ins Bankgespräch mitnehmen können oder eine Auswahl an Fonds, die zu Ihren Ansprüchen an Nachhaltigkeit passen und in die Sie investieren können. Sie müssen sich allerdings mit Namen registrieren, um die Website nutzen zu können.

Website Mein Fairmögen: So nehmen Sie hier die Auswahl vor

1. Gehen Sie auf www.meinfairmögen.de (Sie können den Umlaut als »ö« oder als »oe« eintippen, das macht keinen Unterschied).
2. Registrieren Sie sich mit Ihrem Namen, Ihrer E-Mail-Adresse und einem selbst gewählten Passwort und bestätigen Sie die Registrierung durch Klick auf einen Link, den Ihnen der Anbieter dann zusendet.
3. Falls Sie Ihre Vorgaben in Sachen Nachhaltigkeit zu einem Bankgespräch mitnehmen wollen, dann klicken Sie im Menü oben auf »Fragebogen«. Dort können Sie sich als Anlegerin anhand bestimmter Fragen einordnen, also beispielsweise bestimmen, was Ihnen wichtig ist, oder festlegen, in welche Bereiche Sie auf keinen Fall investie-

ren wollen. Die Antworten erhalten Sie als PDF-Dokument, das Sie ausgedruckt zur Bank mitnehmen können.

4. Falls Sie stattdessen selbst nach geeigneten Geldanlagen suchen möchten, klicken Sie im Menü oben auf »Fonds-Datenbank«. Jetzt haben Sie die Wahl: Sie können für jedes ESG-Ziel Positivkriterien definieren (z.B. »Fonds entspricht dem Pariser Klima-Abkommen« oder »Fonds investiert in erneuerbare Energien«) oder Negativkriterien festlegen (also, in was auf keinen Fall investiert werden soll, z.B. in Kernenergie oder Waffenherstellung). Bei den Negativkriterien im Bereich Unternehmensführung (Governance) lassen sich übrigens auch Unternehmen ausschließen, bei denen keine Frauen im Vorstand oder Aufsichtsrat sind. Sie erhalten eine Liste mit Fondsvorschlägen. Sie sollten zunächst überprüfen, wie gut der betreffende Fonds in der Vergangenheit abgeschnitten hat und was er kostet. Das können Sie beispielsweise auf www.finanzen.net, www.boerse.de oder www.n-tv.de tun. Wenn Sie einen gefunden haben, der Ihnen attraktiv erscheint, fragen Sie bei Ihrer Depotbank nach, ob Sie ihn per Sparplan besparen können.

So, das war das Wichtigste zum Thema Geldanlage. Jetzt sind Sie dran: Hier noch mal das Wichtigste für Sie, wenn Sie noch keine Börsenerfahrung haben und in die Geldanlage einsteigen wollen.

Das Wichtigste in Kürze: Kleines Börsen-Einmaleins für Einsteigerinnen

Sie starten, indem Sie zunächst ein Depot eröffnen. Das machen Sie entweder bei Ihrer Hausbank (das ist die teurere Alternative) oder bei einer der zahlreichen Direktbanken, die Sie mit der Sucheingabe »Depot eröffnen« im Internet finden. Sobald Sie Ihr Depot haben, überweisen Sie zunächst die Summe, die Sie investieren möchten, an das Verrechnungskonto, das zum Depot gehört. Falls Sie einen Sparplan eröffnen wollen, ist das nicht nötig.

Dann geht's an den Wertpapierkauf. Zunächst stellt sich die Frage, was Sie denn überhaupt ordern wollen:

- **Aktien** sollten Sie nur kaufen, wenn Sie sich die Auswahl zutrauen und genug Geld zu investieren haben, um auf mehrere verschiedene Werte zugleich zu setzen.
- Die Alternative sind **aktiv gemangte Fonds** oder **ETFs**, die es jeweils auch in zahlreichen nachhaltigen Varianten gibt.

Wie Sie die gewünschten Wertpapiere am besten auswählen, haben Sie in Grundzügen in diesem Kapitel erfahren. Schreiben Sie sich die WKN oder ISIN Ihrer Favoriten auf.

Anschließend entscheiden Sie sich, ob Sie eine Einmalsumme investieren wollen oder den Vermögensaufbau ratenweise über einen Sparplan bewerkstelligen möchten.

- Die Einmalsumme sollte mindestens 500 bis 1000 Euro betragen pro Wertpapier, das Sie kaufen. In diesem Fall klicken Sie auf »Order aufgeben«. Anschließend geben Sie die WKN oder ISIN ein und hangeln sich durchs Orderformular (wenn Sie nicht zurechtkommen, rufen Sie bei der Kundenhotline an und lassen Sie sich Schritt für Schritt durch die Ordermaske führen).

- Ein Sparplan, also der ratenweise Kauf für beispielsweise 25 oder 50 Euro pro Monat, ist dagegen bei Fonds fast immer und bei Aktien manchmal möglich. Um ihn einzurichten, müssen Sie vielleicht ein bisschen suchen, bis Sie das Eingabeformular finden (oder Sie rufen abermals bei der Kundenhotline an). Sie geben WKN, Sparrate und Sparintervall ein und ebenso den Zeitraum, in dem Sie sparen möchten. Auch das Konto, von dem die regelmäßigen Raten abgebucht werden sollen, müssen Sie eintragen.

Sie bestätigen diese Eingaben abschließend mit einer TAN oder der Freigabe der Transaktion über Ihr Smartphone. Und schon haben Sie den ersten wichtigen Schritt hin zu Ihrer finanziellen Freiheit getan. Sie ahnen gar nicht, wie schön es ist, wenn das eigene Vermögen anwächst, ohne dass Sie ständig dafür arbeiten müssen!

Lifehack 6: Steuern – für Frauen ein überraschend wichtiges Thema

»Wie kann ich Steuern sparen?« – Angeblich beschäftigt sich der oder die durchschnittliche Deutsche mit dem Steuernsparen weitaus lieber als mit Sex. Ich weiß nicht, ob ich das glauben soll. Denn für mich gibt es keinen Zweifel: Wenn es eine Tätigkeit gibt, die mindestens neun von zehn Bundesbürgern wirklich verabscheuen, dann ist es die Steuererklärung. Verwunderlich ist das nicht. Wer mag sich schon mit extrem komplizierten Formularen und einem komplett unverständlichen Amtsdeutsch herumschlagen? Aber das Thema Steuererklärung bringt auch viele positive Aspekte mit sich, wie Sie gleich erfahren werden.

Vielleicht denken Sie jetzt: »Was interessieren mich Steuern? Ich verdiene als Krankenschwester, Bürokraft oder Verkäuferin nicht so furchtbar viel, dass ich da nennenswerte Summen sparen könnte.« Oder: »Ich bin Hausfrau und Mama und bin daheim beziehungsweise habe bloß einen Minijob. Da reicht es doch, wenn sich mein Mann ums Thema Steuern kümmert!« Oder: »Ich habe als Selbstständige keine Zeit für so einen Quatsch, ich kümmere mich lieber um Dinge, die mir Spaß machen und mir echt was bringen.« Das verstehe ich gut. Trotzdem können Sie hier mehr für sich rausholen, als Sie vielleicht denken, und das verschafft Ihnen einen großen finanziellen Spielraum, wie Sie gleich sehen werden.

Zudem ist das Thema Steuern mit der Steuererklärung noch nicht vollständig abgehandelt. Gerade wenn Sie verheiratet sind, sollten Sie da aufpassen. Denn es gibt einen Aspekt, der sich richtig negativ auf Ihre Finanzlage auswirkt, wenn die Weichen nicht richtig gestellt sind: die Steuerklassen und das Ehegatten-Splitting. Zu verstehen, was es damit auf sich hat, ist enorm wichtig. Mit diesem Wissen können Sie nämlich verhindern, dass Sie von Ihrem Gehalt den Großteil der Steuerlast auch für Ihren Mann zahlen.

Aber starten wir erst mal mit der Steuererklärung, bevor wir zur Steuerklassen-Problematik und zum Ehegatten-Splitting kommen.

Steuererklärung: die bestbezahlte Tätigkeit, die Sie je hatten

»Einkünfte aus nichtselbstständiger Arbeit«, »Werbungskosten«, »außergewöhnliche Belastungen«, »haushaltsnahe Dienstleistungen« – was für sperrige Begriffe! Sankt Bürokratius lässt grüßen! Und damit sollen Sie sich wirklich rumschlagen? Ach nö, oder?

Ich gebe zu: Das klingt erst mal wenig verlockend. Aber sehen Sie es doch mal positiv: Ihre Steuererklärung zu machen, das könnte für Sie die bestbezahlte Tätigkeit im ganzen Jahr werden. Denn im Schnitt erhält jede Person, die ihre Einkommensteuererklärung abgibt, mehr als 1000 Euro in Form einer Steuererstattung vom Finanzamt zurück. Jetzt können Sie selbst mal ausrechnen, auf welchen unglaublichen Stundensatz Sie für diese ungeliebte Tätigkeit kommen können.

Ihr Stundensatz für die ungeliebte Steuererklärung

Nehmen wir mal an, Sie brauchen einen ganzen Tag, um Ihre Belege rauszukramen und die Formulare auszufüllen – vielleicht mithilfe eines Steuerprogramms oder einer Steuer-App. Volle acht Stunden verbraten Sie dafür. Endlich ist es vollbracht, und einige Wochen später überweist Ihnen das Finanzamt eine Steuererstattung von 1027 Euro – bei dieser Summe lag sie zuletzt im Schnitt laut Statistischem Bundesamt. Die Rechnung ist nun einfach: 1027 Euro geteilt durch acht ergibt etwas mehr als 128 Euro. So gut bezahlt ist diese Arbeit. Und das Beste ist: Das ist Ihr Nettolohn, von dem weder Steuern noch Sozialversicherungsbeträge abgezogen werden. Wenn Sie mit einer ganz normalen Arbeitsstelle in der Stunde so viel verdienen wollen, dann müssten Sie im Schnitt brutto über 180 Euro verdienen. Wahnsinn, oder?

Aber zugegeben: Trotz dieser Belohnung fällt es schwer, mit der Steuererklärung anzufangen. Da ist es gut, sich Hilfe zu holen, und für diese Hilfe gibt es drei Möglichkeiten, die sich anbieten:

1. Sie könnten theoretisch einen **Steuerberater** einschalten. Aber mal ehrlich: Das kostet einen Haufen Geld und ist bei einfachen Steuerfällen meistens unnötig. Mit einfachen Steuerfällen meine ich typische Arbeitnehmerinnen oder Rentnerinnen, die nicht selbstständig sind, kein Unternehmen haben oder eine eigene Immobilie vermieten.

2. Sie können ein **Steuerprogramm** oder eine **Steuer-App** nutzen. Das ist günstig und meist auch vergleichsweise einfach, erfordert aber natürlich etwas Eigeninitiative.

3. Sie können Mitglied in einem **Lohnsteuerhilfeverein** werden und mit Ihrem Schuhkarton voller Belege dort im Büro aufkreuzen. Das ist durchaus empfehlenswert und viel billiger als ein Steuerberater. Dort kümmert sich ein ausgebildeter Steuerfachwirt um Ihre Steuererklärung.

Vergessen wir mal die Möglichkeit 1, denn ich glaube nicht, dass Sie eine hohe drei- oder gar vierstellige Summe für den Steuerberater aufwenden wollen. Aber die Möglichkeiten 2 und 3 sollten Sie sich näher ansehen. Mehr dazu in den nächsten beiden Abschnitten.

Eines allerdings sollten Sie vorab noch wissen: Wie viel Zeit Sie haben, um Ihre Steuererklärung pünktlich einzureichen. Denn es wäre ja schade, wenn Ihre attraktive Steuererstattung durch Säumnis- und Verspätungszuschläge aufgefressen würde.

Abgabefrist

Das Prinzip ist ganz einfach: Für die Abgabe Ihrer Steuererklärung haben Sie immer Zeit bis zum 31. Juli des Folgejahres. Ihre Steuererklärung 2020 müssen Sie also bis 31. Juli 2021 beim Finanzamt abgegeben haben. Fällt dieser 31. Juli auf einen Samstag, Sonntag oder Feiertag, verlängert sich die Frist automatisch auf den nächsten Werktag. Und wenn die Zeit nicht reicht? Das ist kein Grund, Panik zu schieben.

Fristverlängerung ist kein Problem

Was tun, wenn Sie diese Frist aus irgendwelchen Gründen nicht einhalten können? Das ist kein Beinbruch. Dann greifen Sie einfach zum Hörer und rufen beim Finanzamt an. Bitten Sie um Fristverlängerung für Ihre Einkommenssteuererklärung. Das ist längstens möglich bis Ende Februar des darauffolgenden Jahres. Die Finanzämter in Deutschland handhaben die Erlaubnis zur Fristverlängerung allerdings unterschiedlich großzügig. Manche wollen gar keine Begründung hören, bei anderen müssen Sie einen Grund nennen, bei dem es sich im schlimmsten Falle auch noch um etwas Unvorhersehbares handeln muss. Am besten überlegen Sie sich also vorher, welche plötzliche Erkrankung Sie von Ihrer Steuererklärung abhält oder welche überraschenden Überstunden Ihr Arbeitgeber Ihnen aufgebrummt hat.

Übrigens brauchen Sie keine Fristverlängerung zu beantragen, wenn sich ein Lohnsteuerhilfeverein um Ihre Einkommenssteuer kümmert. Dann haben Sie automatisch Zeit bis zum 28. bzw. 29. Februar des übernächsten Jahres, das auf den Veranlagungszeitraum folgt. Was heißt das? Für die Steuererklärung 2020 (= Veranlagungszeitraum) haben Sie Zeit bis 28. Februar 2022 (= übernächstes Jahr). Womit wir jetzt endlich bei der Frage wären, ob Sie Ihre Steuererklärung lieber selbst mithilfe eines Steuerprogramms oder einer Steuer-App erstellen oder ob ein Lohnsteuerhilfeverein für Sie die bessere Lösung ist.

Steuerprogramme und Steuer-Apps

Steuerprogramme erfordern vor allem eines: Die Lust, sich selbst an die ungeliebte Steuer zu setzen, die eigenen Belege zu sichten und zu sortieren und dafür eine gewisse Zeit aufzuwenden. Es gibt sie wie Sand am Meer. Selbst die Finanzverwaltung bietet eines an – und zwar kostenlos unter dem Namen »Elster-Formular«. Das »Elster-Formular« halte ich für weniger ratsam, und dies nicht bloß, weil es nach einem diebischen Vogel heißt. Das Programm führt Sie zwar Schritt für Schritt durch die Steuererklärung, ist dabei aber nicht besonders verständlich. Es erfordert etwas Vorwissen und Erfahrung. Außerdem werden Ihnen dabei die ganzen guten Tipps verschwiegen, mit denen sich Ihre Steuerlast senken lässt. Genau das aber ist ja der Witz an der Sache: dass Sie möglichst viel absetzen, was sich absetzen lässt und damit Ihre Steuerlast senkt. Da ist es besser, Sie nutzen die Programme anderer Anbieter, die Ihnen mehr bringen.

Besser also ist es, Sie kaufen ein Steuerprogramm oder laden sich eine Steuer-App von einem kommerziellen Anbieter herunter. Die Kosten dafür halten sich erfreulicherweise in

Grenzen. Meist liegen sie zwischen 15 und 40 Euro. Das Geld ist gut investiert.

Die wichtigsten Anbieter

Zu den wichtigsten Anbietern gehören beispielsweise:

- Buhl Data (WISO Steuer:Sparbuch, WISO Steuer und Tax)
- die Akademische Arbeitsgemeinschaft (SteuerSparErklärung, STEUEReasy)
- Haufe (Taxman, Quicksteuer)
- Smartsteuer (Anbieter = Name des Steuerprogramms)

Wenig verwunderlich: Die Jahreszahl hinter dem Programmnamen ändert sich ständig. Sie zeigt Ihnen jeweils an, welche Programmversion Sie brauchen: Sie nehmen in der Regel das Jahr, in dem Sie die Steuererklärung machen, und nicht das Jahr, für das Sie die Steuererklärung machen. Im Klartext: Für die Steuererklärung 2020 nehmen Sie beispielsweise Tax 2021 oder Quicksteuer 2021.

Die Qual der Wahl: Welches Programm ist das Beste für Sie?

Allzu viel Kopfzerbrechen sollte Ihnen die Wahl des richtigen Steuerprogramms oder der richtigen Steuer-App nicht machen. Denn Sie können ja im nächsten Jahr wechseln, wenn Ihnen eine bestimmte Lösung nicht gefällt. Zudem werden die angebotenen Lösungen immer besser – und ob Sie nun eine sehr gute oder nur eine gute nehmen, ist letztlich schnurz-piepegal. Die Frage ist vor allem, wie Sie selbst damit zurecht-kommen. Falls Sie Ihre Auswahl aber doch etwas gezielter angehen wollen – auf drei Dinge kommt es an:

1. **Das erste ist der Preis.** Hier gilt die Faustregel: Günsti-ge Programme für 15 bis 20 Euro reichen vollkommen für einfache Steuerfälle aus. Wenn Sie also angestellt sind, keinen Dienstwagen und keine beruflich beding-te Zweitwohnung haben und auch keine Solaranlage auf dem Dach, dann sind Sie mit einem Billigprogramm bestens bedient. Wenn Ihre Steuererklärung ein bisschen komplizierter ausfällt und Sie auch die Lust haben, alle erdenklichen Steuersparmöglichkeiten auszuschöpfen und die passenden Belege dafür herauszukramen, dann kaufen Sie ein etwas teureres Programm, das üblicher-weise auch fast alle Eventualitäten berücksichtigt.
2. **Das zweite sind Machart und Speicherort.** Viele Steuer-lösungen erfordern als Desktop-Programme erst eine Installation auf einem Rechner, und diese Aufgabe kommt jährlich auf Sie zu, auch wenn Sie bei einem Programm bleiben. Sollte Ihnen das zu umständlich sein, nehmen Sie lieber eine reine Online-Version. Hier erhalten Sie nach dem Kauf persönliche Zugangsdaten. Damit loggen Sie sich ein und geben Ihre Zahlen und Steuerdaten dann in eine Eingabemaske ein, die auf Ihrem Browser läuft und die Daten personenbezogen in der Cloud speichert. Damit sparen Sie sich Jahr für

Jahr das lästige Installieren. Außerdem haben Sie Ihre Eingaben unabhängig vom Endgerät verfügbar: Sobald Sie sich von irgendeinem Rechner aus eingeloggt haben, sind diese da, und Sie können sie nach Belieben ansehen, ergänzen oder ändern. Es gibt zudem inzwischen Steuer-Apps, die fürs Smartphone oder Tablet optimiert sind. Bei Online-Steuerprogrammen und Steuer-Apps müssen Sie sich allerdings damit anfreunden, dass Ihre Daten irgendwo auf einem Server liegen, den der Anbieter betreibt oder bei einem Cloud-Dienstleister angemietet hat. Da wissen Sie nie genau, wie sicher sie dort sind, auch wenn der Anbieter natürlich stets beteuert, wie wichtig er es mit dem Datenschutz nimmt. Auf dem eigenen Rechner mit Virenschutz und Firewall haben Sie das besser unter Kontrolle. Fragen Sie einfach Ihr Bauchgefühl, was sich für Sie besser anfühlt.

3. **Das dritte ist die Benutzerführung:** Wollen Sie sich in Sachen Steuern lieber durch einen Fragenkatalog führen lassen? Oder wollen Sie die Formulare sehen und jeweils Erläuterungen und Steuertipps dazu bekommen? Viele Programme bieten sogar beide Möglichkeiten an, aber es ist nicht überall gleich übersichtlich und bequem.

Tipp: Nutzerbewertungen und Verbrauchertests helfen Ihnen bei der Auswahl

Ob *Finanztip*, *Finanztest* oder *Bild*-Zeitung: Steuerprogramme und -Apps werden regelmäßig getestet, und Sie finden die Ergebnisse oft kostenlos oder für kleines Geld im Netz. Daneben können Sie auch bei Versendern wie Amazon nachsehen, wie die Benutzer die einzelnen Steuerprogramme bewertet haben; und bei Apps finden Sie dazu Bewertungen im jeweiligen App-Store. Der Vorteil von Verbrauchertests ist allerdings, dass die Bewertung nicht nur wiedergibt, wie gut sich die jeweilige Lösung bedienen lässt, sondern auch, ob sie alle Steuersparmöglichkeiten optimal ausschöpft. Auch müssen Sie hier keine Fake-Bewertungen fürchten. Haben Sie keine Angst danebenzugreifen! Wenn Ihnen eine Lösung nicht gefällt, dann probieren Sie im nächsten Jahr eben eine andere aus, die Ihnen besser behagt!

Lohnsteuerhilfevereine

Was tun, wenn Sie keine Lust haben, tiefer in die komplexe Wissenschaft des Steuersparens einzusteigen und Ihre ganzen Quittungen und Belege selbst zu sortieren und steuerlich auszuschlachten? Eine alltagstaugliche, sehr bequeme Lösung sind Lohnsteuerhilfevereine. Da werden Sie ganz normal Mitglied wie in einem Sport- oder Musikverein. Sie zahlen also einen Mitgliedsbeitrag fürs ganze Jahr (mehr in Kürze). Im Gegenzug bekommen Sie dann zwar nicht die Möglichkeit,

Fußball oder Klarinette zu spielen. Aber Sie bekommen professionelle Hilfe bei der Erstellung Ihrer Steuererklärung und dem sonstigen Kram, den das Finanzamt womöglich von Ihnen will (oder den Sie vom Finanzamt wollen).

Welcher Steuerprofi Ihnen hilft

Der »Ersthelfer«, der Ihnen in einem Lohnsteuerhilfeverein beisteht, ist in der Regel eine ausgebildete Steuerfachkraft, also jemand, der normalerweise sowieso die einfacheren Fälle bei einem Steuerberater erledigt, in diesem Fall aber eigenständig arbeitet.

Glauben Sie mir: Eine solche Steuerfachkraft kennt sich mit den Steuerproblemen normaler Leute oft besser aus als ein Steuerberater – ganz einfach, weil ein Steuerberater häufig auf Unternehmen und einkommensstarke Selbstständige spezialisiert ist und mit diesen Leuten richtig viel Kohle verdient. Er beschäftigt sich daher eher selten mit den typischen Steuerfragen von Pflegekräften, Büroangestellten, Lehrerinnen, Erzieherinnen oder Rentnerinnen und schlägt sich auch höchst ungern mit deren Steuererklärungen herum. Ihren Fall würde er wahrscheinlich an seine angestellten Steuerfachangestellten weitergeben, dafür aber trotzdem seinen vollen Honorarsatz verlangen – und das sind schnell Beträge zwischen 400 und 1000 Euro. Die gleiche Leistung können Sie in einem Lohnsteuerhilfeverein bekommen – nur ist es da viel billiger.

Wann Sie Mitglied werden können – und wann das nicht geht

Einem Lohnsteuerhilfeverein können Sie immer dann beitreten,

- wenn Sie wahlweise Lohn oder Gehalt als Angestellte oder Beamtin beziehen
- wenn Sie Rente bzw. Unterhalt erhalten
- wenn Sie aus Vermietung, Geldanlage oder Spekulationsgeschäften insgesamt maximal 18 000 Euro im Jahr an Einkünften erzielen (36 000 Euro, sofern Sie sich mit Ihrem Ehemann zusammen veranlagen lassen)
- wenn Sie keinerlei Einkünfte aus selbstständiger Arbeit, Gewerbebetrieb, Land- oder Forstwirtschaft erzielen.

Vorsicht, Falle!

Das mit den Einkünften aus Gewerbebetrieb ist tückisch! Denn selbst eine Photovoltaik-Anlage auf dem Dach Ihres Eigenheims zählt als Gewerbebetrieb, auch wenn sich das komisch anhört. Aber wenn Sie diese zum Steuernsparen nutzen wollen, dann geht das nicht mit einem Lohnsteuerhilfeverein. Die Photovoltaikanlage ist steuerlich quasi Ihr »Betrieb«, und der Strom, den Sie damit produzieren und ins Versorgernetz einspeisen, ist Ihr »Produkt«. Hier ist ein Steuerberater – zumindest anfangs – dann doch empfehlenswert.

Mitgliedsbeitrag: Das kostet nicht die Welt!

Erfreulicherweise ist der Mitgliedsbeitrag in einem Lohnsteuerhilfeverein gestaffelt. Wer wenig verdient, zahlt wenig. Wer viel verdient, zahlt viel. »Wenig« heißt um die 50 Euro pro Jahr als Untergrenze, »viel« heißt meist um die 400 Euro pro Jahr. Die Beiträge unterscheiden sich von Verein zu Verein, festgelegt sind sie in der jeweiligen Satzung. Sicher ist aber: Sie liegen fast immer weit unter dem Honorar, das ein Steuerberater von Ihnen verlangen würde.

Kaum jemand weiß, dass der Mitgliedsbeitrag in einem Lohnsteuerhilfeverein sozusagen eine »Flatrate« ist: Er deckt alles ab, was im Zusammenhang mit Ihrer Einkommensteuer an Arbeiten anfallen könnte. Das heißt: Angenommen, das Finanzamt erkennt bestimmte Ausgaben nicht an, die Sie in Ihrer Steuererklärung geltend gemacht haben. Sie wollen daher Einspruch gegen Ihren Steuerbescheid einlegen, um sie doch noch durchzuboxen?! Bei einem Steuerberater wäre das eine Extra-Leistung, die er zusätzlich in Rechnung stellen würde. Bei einem Lohnsteuerhilfeverein ist der Einspruch im Mitgliedsbeitrag inklusive. Sie zahlen dafür keinen Cent zusätzlich.

Wie Sie den richtigen Lohnsteuerhilfeverein für sich finden

Man mag es kaum glauben. Aber bei Lohnsteuerhilfevereinen ist die Auswahl sogar noch größer und bunter als bei Steuerprogrammen. Rund 800 solcher Vereine gibt es bundesweit. Darunter sind einige lokale Vereine, aber auch diverse überregionale oder sogar bundesweit tätige. Uff! Wie verschaffen Sie sich einen Durchblick in diesem Angebots-Dschungel?

Am besten fragen Sie erst mal in Ihrem Freundeskreis herum: Hat da jemand gute Erfahrungen mit einem bestimmten Lohnsteuerhilfeverein gemacht? Gibt es konkrete Empfehlungen, von denen Sie profitieren können? Falls ja, ist das Ihre erste Wahl.

Falls niemand aus Ihrer näheren Umgebung das Wort »Lohnsteuerhilfeverein« auch je nur gehört hat, suchen Sie online. Denn zum Glück gibt es einen Bundesverband Lohnsteuerhilfe, unter dessen Dach diese Vereine organisiert sind. Erfreulicherweise können Sie dort nach Beratungsstellen in Ihrer Nähe suchen.

So finden Sie Beratungsstellen in Ihrer Nähe

1. Tippen Sie »www.bvl-verband.de« in die Adresszeile Ihres Browsers ein.

2. Rechts oben auf der Website des Bundesverbands finden Sie die Überschrift: »Beratungsstelle suchen!« Im Kästchen darunter tragen Sie Ihre Postleitzahl ein.

3. Klicken Sie anschließend auf die Schaltfläche mit der Lupe. Falls Sie zu wenige Ergebnisse erhalten, haben Sie jetzt noch die Möglichkeit, den Umkreis Ihrer Suche zu erweitern, zum Beispiel auf 25 statt nur auf zehn Kilometer.

Wichtig: Bevor Sie Mitglied werden, schauen Sie sich den Verein genauer an. Vereinbaren Sie einen Beratungstermin. Fragen Sie, welche Unterlagen für die Steuererklärung von Ihnen benötigt werden. Auch hier gilt: Lassen Sie sich nur auf eine Mitgliedschaft ein, wenn Ihr Bauchgefühl stimmt. Wenn nicht, suchen Sie weiter. Es gibt ja noch genügend andere Vereine.

Welche Unterlagen Sie zur Erstellung brauchen

Ob Steuerprogramm, Steuer-App oder Lohnsteuerhilfeverein: Ganz ohne Belege und Quittungen geht es nicht. Es hilft also enorm, wenn Sie die nötigen Unterlagen während des Jahres immer schon sammeln. Dafür reicht zunächst der berühmt-berüchtigte Schuhkarton – ein Grund mehr, sich endlich mal wieder neue Pumps zu kaufen! Sichten und sortieren können Sie Ihr Material immer noch, wenn Sie sich an die ungeliebte, aber höchst lukrative Tätigkeit setzen.

Ein Tipp vorab: Vollständigkeitswahn schadet nur!

Ein Tipp aus der Praxis: Wenn Sie ohnehin keine Lust haben, sich an die Steuer zu setzen, dann gewöhnen Sie sich jeden Perfektionismus und Vollständigkeitswahn ab. Wenn Sie nicht jede Ausgabe im Zusammenhang mit Ihrem Arbeitslohn oder Gehalt belegen können – na und?! Das Finanzamt billigt Ihnen sowieso eine Werbungskostenpauschale von 1000 Euro zu, und die müssten Sie mit Ihren Einzelbelegen erst mal übertreffen, um steuerlich was davon zu haben. Wenn Sie nicht jede absetzbare Versicherung nachweisen können – auch nicht schlimm! Notfalls bleiben eben ein paar Ausgaben unberücksichtigt, weil Sie sie nicht nachweisen können. Oder Sie suchen einfach die entsprechende Abbuchung auf Ihren Kontoauszügen; das reicht als Nachweis. Einzureichen brauchen Sie solche Belege ohnehin nur, wenn das Finanzamt Sie danach fragt.

Nun aber zur Frage, was Sie unbedingt brauchen. Das sind vor allem folgende Unterlagen:

- **Ihre elektronische Lohnsteuerbescheinigung** (falls Sie Arbeitnehmerin sind). Diese Bescheinigung haben Sie üblicherweise vom Arbeitgeber mit der Gehaltsmitteilung vom Dezember des Veranlagungsjahres erhalten. Falls Sie sie nicht mehr zur Hand haben – kein Problem: Gehen Sie im Personalbüro Ihres Arbeitgebers vorbei oder rufen Sie dort an. Eine Kopie kann Ihnen jederzeit erstellt werden, denn die Daten liegen in elektronischer Form auch für zurückliegende Jahre vor. Übrigens erhalten Sie auch als Pensionärin oder Betriebsrentnerin eine solche Lohnsteuerbescheinigung – nämlich von der Auszahlungsstelle.
- die **Mitteilungen/Bescheinigungen nach Einkommensteuergesetz (EstG) für Ihre Altersvorsorgeverträge** (wenn Sie einen Riester-Vertrag, einen Rürup-Vertrag oder eine

private Rentenversicherung abgeschlossen haben). Da sich in diesem Zusammenhang einiges absetzen lässt (bei Riester manchmal, bei Rürup immer), ist diese Bescheinigung bares Geld wert – und auch hier ist eine Nachbestellung beim Anbieter kein Problem. Einfach anrufen, Vertragsnummer durchgeben und um eine Kopie bitten.

- **Ihre Rentenbezugsmitteilung** (falls Sie eine gesetzliche Rente erhalten). Das ist ein praktisches Dokument, das Sie durch Anruf bei der Deutschen Rentenversicherung bestellen können und in den Folgejahren dann automatisch per Post erhalten. Nummer der Hotline: 0800 10 00 48 00.

- **Ihre Kontoauszüge,** denn daraus gehen die absetzbaren Versicherungsbeiträge hervor. Hier ist das Online-Banking eine höchst praktische Sache. Denn da können Sie auch ältere Kontoauszüge noch problemlos abrufen. Wenn sie nach dem Einloggen nicht in Ihrem Postfach fündig werden, schauen Sie doch mal im Archiv nach.

- **die Zuwendungsbescheinigungen über Spenden,** die Sie im Veranlagungsjahr gemacht haben (bei Spenden bis 200 Euro reicht als Nachweis der Kontoauszug mit der betreffenden Abbuchung oder Überweisung).

- **Rechnungen von Handwerkern und externen Dienstleistern,** die in Ihrem Haushalt tätig waren (auch die Rechnung vom Schornsteinfeger gehört dazu, falls nicht in bar bezahlt). Falls Sie zur Miete wohnen, bitten Sie Ihren Vermieter um eine Bescheinigung über haushaltsnahe Dienst- und Handwerkerleistungen. Da er die Kosten auf Sie umlegt, haben Sie ein Recht darauf, diese Kosten steuerlich auf die eigene Kappe zu nehmen und steuermindernd geltend zu machen.

Ansonsten gilt: Kramen Sie möglichst viele Belege und Quittungen zusammen, die Sie als Ausgaben von der Steuer absetzen können oder von denen Sie das zumindest annehmen. Ihr Steuerprogramm, Ihre Steuer-App oder auch der »Ersthelfer« vom Lohnsteuerhilfeverein wird Ihnen sagen, welche das sind. Ärgern Sie sich nicht, wenn Sie bestimmte Ausgaben nicht belegen können. Aber freuen Sie sich, wenn Sie die eine oder andere Quittung und Aufstellung dann doch liefern können. Denn jede einzelne bringt Ihnen ein paar Euro mehr an Steuerersparnis bzw. Steuererstattung. Und nun legen Sie los mit der bestbezahlten Tätigkeit des Jahres!

Die drei kuriosesten Dinge, die Sie steuerlich absetzen können

1. **Wäscheladungen** – und zwar dann, wenn Sie Ihre Berufskleidung (Arbeitskittel, Poloshirts mit Firmenlogo Ihres Arbeitgebers, Dienstuniform) waschen. 50 Cent pro Kilogramm und Waschgang erkennen die Finanzämter meist problemlos an. Aber mal ehrlich, wer führt schon ein Wäsche-Tagebuch, um das zu ermitteln? Probieren Sie es einfach mal mit pauschal 110 Euro pro Jahr. Die meisten Finanzämter machen da keine Probleme.

2. **Die Kosten für den Hund** – und zwar nicht nur dann, wenn er Ihnen als Blindenhund ärztlich verordnet wurde. Auch wenn Sie ihn, etwa als Försterin, dienstlich zur Jagd brauchen, sind Hundekosten absetzbar – von der Tierhalterhaftpflicht über Hundesteuer und Futter bis hin zu den Tierarztkosten. Allerdings sollte das gute Tier dann die entsprechende Jagdhundeprüfung bestanden haben. Ein Dackel, der dabei durchgefallen ist, hilft leider nicht beim Steuersparen.

3. **Weihnachts- oder Geburtstagsgeschenke** – und zwar dann, wenn sie im Zusammenhang mit Einkünften stehen. Als Vermieterin dürfen Sie zum Beispiel der Hausverwalterin einen Blumenstrauß oder dem Hausmeister ein Fitness-Armband schenken, als Außendienstlerin einem potenziellen Kunden ein Buch. Mehr als 35 Euro pro Jahr und Person dürfen allerdings nicht zusammenkommen – aber immerhin!

Ehegatten-Splitting, Lohnsteuerabzug und Steuerklassen

»Sie heiratet aus Liebe im Affekt – er ist vernünftig, sieht den Steueraspekt!«

Zugegeben, dieser herrliche Reim aus einem Lied der bayerischen Komikerin Sissi Perlinger hat schon ein paar Jährchen auf dem Buckel. Trotzdem muss ich heute noch lachen, wenn

er mir in den Sinn kommt. Und zweifellos stimmt er: Ehepaare werden steuerlich weitaus besser gestellt als unverheirate-
te Paare. Das ist kein Wunder. Denn der Staat spart richtig
viel Geld dadurch, dass Eheleute auch finanziell füreinander
sorgen und einander zum Beispiel bei Arbeitslosigkeit oder
Krankheit unterstützen. Da ist es nur recht und billig, dass
es in Deutschland das sogenannte Ehegatten-Splitting gibt –
eine Steuersparmöglichkeit für verheiratete Paare.

So sparen Sie durch das Ehegatten-Splitting Steuern

Das Prinzip des Ehegatten-Splittings ist schnell erklärt: Beide geben eine gemeinsame Steuererklärung ab. Das Finanzamt zählt dann die Einkünfte von Ihnen beiden – Ehemann
und Ehefrau – zusammen und teilt sie durch zwei. Dann wird
die Steuer so errechnet, als hätten beide jeweils das Gleiche
verdient. Bei gleichgeschlechtlichen Paaren ist das natürlich
nicht anders. Warum lohnt sich das? Die Antwort verbirgt
sich hinter einem richtig blöden Wort: »Steuerprogression«.
Aber so bescheuert der Ausdruck ist, so leicht ist er zu verstehen.

»Steuerprogression« heißt: Steigende Steuersätze mit steigendem Gehalt

Hand aufs Herz: Wie viel Prozent Steuern zahlen Sie von Ihrem Einkommen? Eine einheitliche Antwort auf diese Frage
gibt es in Deutschland nicht. Denn es zahlt nicht jeder pauschal 25 Prozent an Einkommenssteuer, das wäre ja viel zu
einfach.

Der Prozentsatz der Steuerabzüge richtet sich vielmehr nach der Einkommenshöhe, und die ist bei jedem anders. Wer sehr wenig verdient, der muss nur 18 Prozent Steuerabzug hinnehmen; das ist der sogenannte Eingangssteuersatz. Wer dagegen viel verdient, bei dem kann der Abzug bei bis zu 42 Prozent, inklusive Reichensteuer sogar bei 45 Prozent liegen, das ist der Spitzensteuersatz. Dieses Prinzip, wonach der prozentuale Steuerabzug mit steigendem Gehalt bis zum Spitzensteuersatz als Grenze immer höher wird, nennt sich Steuerprogression.

Von der Steuerprogression müssen Sie nur so viel verstanden haben: Es lohnt sich, hohe Gehälter kleinzurechnen. Und mit dem Ehegatten-Splitting ist das im Rahmen der Einkommensteuererklärung möglich. Es gibt aber auch noch eine weitere Möglichkeit, und die ergibt sich, weit bevor Sie und Ihr Ehemann Ihre Einkommensteuererklärung machen. Denn auch bei der Lohnsteuer lässt sich sein (meist höheres) Gehalt zulasten von Ihrem (meist niedrigeren) Gehalt kleinrechnen.

Das Ehegatten-Splitting führt vor allem wegen der Steuerprogression unterm Strich für ein Ehepaar zu einer geringeren Steuerbelastung. Denn dabei kommt ein günstigerer Steuersatz heraus, als würden beide ihre Steuererklärung einzeln abgeben.

Das höhere Gehalt – meist seines –, das normalerweise mit einem höheren Prozentsatz besteuert würde, wird sozusagen gekappt. Damit ist auch der Steuersatz auf sein Gehalt niedriger. Dass beim niedrigeren Gehalt – meist ihrem – dann ein etwas höherer Steuersatz herauskommt, schlägt sich in Euro und Cent gerechnet nicht so stark nieder. Unterm Strich spart ein Ehepaar auf diese Weise oft aufs Jahr gerechnet eine drei- bis vierstellige Summe an Steuern.

Das Ehegatten-Splitting senkt die Steuerlast allerdings vor allem dann erheblich, wenn der Gehaltsunterschied zwischen Ehemann und Ehefrau besonders groß ist. Für manchen Mann mag das Ehegatten-Splitting tatsächlich Grund genug sein, seine Liebste vor den Traualtar zu führen, wie Sissi Perlinger es einst besungen hat. Aber wir Frauen müssen wirklich verdammt aufpassen, dass wir nicht blind vor Liebe die ganzen Steuervorteile unserem Göttergatten überlassen, anstatt ebenfalls davon zu profitieren.

Wer zahlt die Hauptlast an Steuern?

Als Frau kann es Ihnen leicht passieren, dass Sie von der Steuerersparnis aus dem Ehegatten-Splitting gar nichts abbekommen, weil Sie in der falschen Steuerklasse sind. Daher ist es gut sich klarzumachen,

- dass Lohnsteuer und Einkommenssteuer zwei Paar Stiefel sind,
- dass es auf die Wahl der Steuerklasse ankommt bei der Frage, wie viel Lohnsteuer bei Ihnen vom Bruttogehalt abgezogen wird und wie viel bei Ihrem Mann, und

▪ dass sich das Ehegatten-Splitting womöglich nachteilig für Sie als Ehefrau auswirkt, wenn Sie nicht aufpassen wie ein Schießhund.

Keine Sorge – furchtbar schwierig ist das nicht zu verstehen, wie Sie gleich sehen werden. Aber sich dazu einige Basics klarzumachen, ist nötig, damit die Steuerlast innerhalb Ihrer Ehe gerecht verteilt wird. Und wie Sie das am besten bewerkstelligen, erfahren Sie am Schluss dieses Kapitels.

Lohnsteuer und Einkommenssteuer – ein wichtiger Unterschied

»Steuer ist Steuer«, denken viele. Und doch ist der Unterschied zwischen Lohnsteuer und Einkommenssteuer wesentlich, um zu verstehen, was sich in Sachen Steuern in Ihrer Ehe abspielt.

Die **Lohnsteuer** ist das, was der Arbeitgeber monatlich von Ihrem Bruttolohn und vom Bruttolohn Ihres Mannes abzieht und ans Finanzamt abführt – quasi als eine grob ermittelte Vorauszahlung im Vorgriff auf die wahre Steuerhöhe, die Sie und Ihr Mann dem Fiskus fürs betreffende Kalenderjahr schuldig sind.

Die **Einkommenssteuer** ist diese wahre Steuerschuld für das jeweilige Kalenderjahr. Auf welche Höhe sie sich beläuft, kann das Finanzamt aber immer erst im Nachhinein ermitteln, wenn es alle Fakten kennt, sprich all Ihre Einkünfte (auch aus anderen Quellen als Ihrem Job) und alle Ausgaben,

die sich steuerlich absetzen lassen. Diese Fakten erfährt es
erst, wenn Sie Ihre Steuererklärung abgeben und darin die
betreffenden Angaben machen.

Die Lohnsteuer wird also monatlich von Ihrem Bruttogehalt abgezogen – und ebenso vom Bruttogehalt Ihres Mannes. Genau abgerechnet wird später. Nämlich dann, wenn Sie
beide Ihre gemeinsame Einkommensteuererklärung für das
zurückliegende Kalenderjahr abgegeben haben.

Klar ist: Der Steuerabzug vom Bruttolohn entspricht nicht
genau der Einkommensteuer, die Sie dem Staat wirklich
schuldig sind. Denn Ihr Arbeitgeber kann unmöglich wissen,
was Sie im Rahmen Ihrer Einkommensteuererklärung alles
absetzen werden. Aber näherungsweise wird er den Lohnsteuerabzug schon mal vornehmen – und zwar nach Ihren
Vorgaben. Und damit sind wir schon beim Thema Steuerklassen.

Die Steuerklasse bestimmt den Lohnsteuerabzug

Bei der Lohnsteuer stellt sich stets die Frage, wie viel Steuern vom monatlichen Bruttogehalt bei Ihnen und bei Ihrem
Ehemann abgezogen werden und wie viel jeweils netto übrig
bleibt. Das kann sehr unterschiedlich sein und richtet sich
vor allem nach der Steuerklasse. Um zu erklären, was das ist,
muss ich etwas ausholen.

Irgendwelche Anhaltspunkte braucht der Arbeitgeber, um
zu berechnen, wie viel Lohnsteuer er abziehen und ans Finanzamt abführen muss. Berücksichtigen darf er dabei nur
Ausgaben, die Sie in jedem Fall später in der Steuererklärung

geltend machen können. In die elektronische Lohnsteuerkarte werden daher vor allem die Freibeträge und Pauschalen eingetragen, die Ihnen oder Ihrem Ehemann ohne Wenn und Aber zustehen. Diese Freibeträge mindern das steuerlich relevante Gehalt und damit die Lohnsteuer. Beispiele:

- **Der Grundfreibetrag.** Dieser Betrag gilt als Existenzminimum und bleibt stets steuerfrei (das sind fast 10 000 Euro pro Person und Jahr, der genaue Betrag wird jährlich neu festgelegt).
- **Der Kinderfreibetrag.** Dieses Einkommen bleibt zusätzlich steuerfrei, wenn Sie Kinder haben. Pro Kind werden rund 8000 Euro berücksichtigt.
- **Die Werbungskostenpauschale** von immerhin 1000 Euro. Werbungskosten sind Kosten, die im Zusammenhang mit Ihrem Arbeitseinkommen stehen. Ohne Belege erkennt das Finanzamt automatisch besagte 1000 Euro an. Deshalb wird auch dieser Betrag gleich beim Arbeitgeber lohnsteuermindernd berücksichtigt.
- **Der Pauschbetrag für Sonderausgaben.** Er macht mit 36 Euro pro Person und Jahr allerdings keine große Summe aus. Zu den Sonderausgaben zählen beispielsweise Sozialversicherungsbeiträge, bestimmte Versicherungen und auch Spenden.

Einfach wäre es, wenn diese ganzen Freibeträge und Pauschalen gerecht auf Ehemann und Ehefrau aufgeteilt würden. Jeder bekäme in seiner elektronischen Lohnsteuerkarte also einmal den Grundfreibetrag und bei beispielsweise zwei Kindern je einen Kinderfreibetrag, dazu einmal die Werbungskostenpauschale und so weiter. Aber das deutsche Steuerrecht macht es natürlich wieder mal viel komplizierter.

Es ist nämlich möglich, zumindest beim Grund- und beim Kinderfreibetrag, einem von beiden Eheleuten mehr zuzuschanzen und dem anderen weniger. Das geschieht durch die Wahl der Steuerklassen. Wer mehr verdient, wählt meistens Steuerklasse 3, wer weniger verdient muss dann in Steuerklasse 5 gehen. Sie ahnen es schon: Steuerklasse 3 wählen meist die gut verdienenden Männer mit ihrer Vollzeitstelle; Steuerklasse 5 dagegen bleibt dann meistens den Frauen, die vielleicht der Kinder wegen nur in Teilzeit arbeiten.

Was die Steuerklassenkombination 3/5 bedeutet

Steuerklasse 3 für den Mann bedeutet: Vom Bruttogehalt des Mannes wird bei der Ermittlung der Lohnsteuer nicht nur sein eigener Grundfreibetrag abgezogen, sondern auch der seiner Ehefrau. Bei der Ermittlung der Lohnsteuer werden damit allein schon aufs Jahr gesehen fast 20 000 Euro von seinem Gehalt abgezogen. Auch die Kinderfreibeträge kann er allein beanspruchen und profitiert entsprechend von einem viel höheren Nettogehalt.

Steuerklasse 5 für die Frau bedeutet: Vom Bruttogehalt der Frau wird fast nichts abgezogen, denn ihr Grundfreibetrag und die Kinderfreibeträge stehen auf seiner elektronischen Lohnsteuerkarte und nicht auf ihrer. Bleiben also nur noch ein paar vergleichsweise läppische Pauschalen, die er nicht nutzen darf. Aber im Prinzip zahlt die Frau erst mal viel mehr Lohnsteuer, als sie eigentlich müsste, weil von ihrem Bruttogehalt nur wenig abgezogen wird, was sich lohnsteuermindernd auswirkt.

Ganz sicher stellen Sie sich jetzt die Frage, warum die Freibeträge und Pauschalen so ungerecht zwischen Ehemann und Ehefrau aufgeteilt werden. Die Antwort liegt wie gesagt in der sogenannten Steuerprogression.

Warum es sich lohnt, das Gehalt des Mannes kleinzurechnen

Sie haben in diesem Kapitel bereits erfahren, was es mit der Steuerprogression auf sich hat: steigende Steuersätze bei steigendem Gehalt. Genau wegen dieser Progression lohnt es sich, beim Lohnsteuerabzug das Gehalt des gut verdienenden Ehemannes kleinzurechnen und das Gehalt der weniger einkommensstarken Ehefrau möglichst wenig zu mindern.

Die Wirkung der Steuerklassenwahl 3/5

Prozentual sinkt der Lohnsteuerabzug beim Mann enorm, wenn er nicht nur seine eigenen Freibeträge in Anspruch nimmt, sondern auch noch zusätzlich diejenigen seiner Frau.

Von seinem großen Bruttogehalt wird dann ein geringerer Prozentsatz an Lohnsteuer einbehalten.

Umgekehrt ist es nicht so schlimm, wenn von ihrem ohnehin mageren Gehalt prozentual etwas mehr Lohnsteuer abgezogen wird, weil sie ihre eigenen Freibeträge im Gegenzug nicht nutzt. Denn in Euro und Cent ausgedrückt, sind das vergleichsweise unbedeutende Beträge. Das heißt aber auch: Ihr Nettogehalt ist viel niedriger, als es eigentlich sein müsste.

Sie sehen: Was die gesamte Steuerbelastung angeht, fährt ein Ehepaar insgesamt richtig gut damit, die Steuerklassen-Kombination 3/5 zu wählen. Über beide Gehälter hinweg betrachtet, sinkt der Lohnsteuerabzug erheblich, es bleibt mehr Netto vom Brutto, wie es landläufig so schön heißt. Aber für die Frau hat diese Steuerklassen-Kombi dennoch gravierende Nachteile. Denn es sieht so aus, als würde sich ihr Teilzeitjob überhaupt nicht lohnen, weil dabei netto so wenig rüberkommt. Außerdem ist wohl den wenigsten Eheleuten klar, dass die Steuern, die beide gemeinsam ans Finanzamt zahlen müssen, hauptsächlich aus ihrem ohnehin schon mageren Gehalt bestritten werden und weniger aus seinem. Das ist wirklich krass, oder? Mit der vielbeschworenen Gleichstellung der Frau hat das nicht viel zu tun.

Außerdem wissen Sie ja inzwischen: Nach Abgabe der Steuererklärung kommt im Durchschnitt eine Steuererstattung von 1000 Euro heraus. Aber selbst diese Steuererstattung landet nicht immer auf ihrem Bankkonto, oft aber auf dem gemeinsamen oder sogar auf seinem Konto. Ich kenne noch einige Ehepaare, bei denen sie auf das Geld keinen Zugriff hat, ohne ihn zu fragen – obwohl es ihr eigentlich zustünde. Das Finanzamt macht im gemeinsamen Steuerbescheid leider keine Angaben dazu, welcher Anteil der bereits bezahlten Steuern auf ihn und welcher auf sie entfällt. Da gibt es nur eine Lösung, und die lege ich Ihnen und Ihrem Mann dringend ans Herz: Wählen Sie die Steuerklassen-Kombination 4/4 mit Faktorverfahren.

Die bessere Steuerklassen-Kombination

Vor einem guten Jahrzehnt hat der Gesetzgeber angesichts dieser total altbackenen Regelung zum Lohnsteuerabzug dann doch ein schlechtes Gewissen bekommen. Seit 2010 gibt es daher eine neue Steuerklassen-Kombination, die die Nachteile für die Frau ausgleicht – vorausgesetzt, man durchschaut das Spielchen. Diese Kombination heißt »4/4 mit Faktorverfahren«. Was bedeutet das?

Beide Eheleute profitieren jeweils von ihrem eigenen Grundfreibetrag und jeweils zur Hälfte von den Kinderfreibeträgen. Trotzdem geht der Vorteil des Ehegatten-Splittings nicht verloren. Von beiden Bruttogehältern wird anteilig die gleiche Steuerlast abgezogen. Es geht also fairer zu, denn der Ehemann schultert nun schon beim Lohnsteuerabzug seinen gerechten Anteil an der Steuerlast.

Es ist übrigens leicht, die Steuerklasse zu wechseln, und Sie können das jederzeit durch Antrag beim Finanzamt tun. Mehr dazu erfahren Sie im letzten Abschnitt dieses Kapitels.

Kinderwunsch? Auch dann ist die Steuerklasse entscheidend

Sie wissen jetzt: Wie viele Einkommenssteuern Sie als Ehepaar letztlich zahlen, können Sie nicht durch die Steuerklasse beeinflussen. Die Schlussabrechnung kommt ja erst nach Abgabe der Steuererklärung, mit der Sie wahlweise zu viel gezahlte Steuern erstattet bekommen (das ist der Regelfall) oder zu wenig gezahlte Steuern nachzahlen müssen (das ist die Ausnahme).

Die Steuerklasse entscheidet nur darüber, wie viel Lohnsteuer von Ihrem Bruttogehalt abgezogen wird und wie viel Ihnen netto bleibt. Meine Empfehlung, die Steuerklassen-Kombination 4/4 mit Faktorverfahren zu wählen, stellt Sie als Frau oft deutlich besser. Aber manchmal ist es sogar noch besser, wenn Sie auf die Steuerklasse 3 umsteigen und Ihrem Mann die weitaus ungünstigere Steuerklasse 5 überlassen, auch wenn sein Gehalt den Löwenanteil Ihres gemeinsamen Einkommens ausmacht und er netto dann zunächst weniger heimbringt.

Blöde Steuerklassen-Kombination – aber für bestimmte Fälle geeignet

Die eigentlich blöde Steuerkombination 5 (Ehemann)/3 (Ehefrau) empfiehlt sich mit Blick auf das Kindergeld. Wenn Sie Nachwuchs planen oder sogar schon schwanger sind, sollten Sie ein möglichst hohes Nettogehalt anstreben, bevor Sie mit der Geburt des Kindes in Elternzeit gehen. Das gilt zumindest, wenn Sie die Elternzeit-Monate als Paar nicht ganz gleichmäßig untereinander aufteilen, sondern wenn Sie als Frau mehr Monate Elternzeit nehmen als Ihr Ehemann. Der Grund ist einfach.

Elterngeld: Gezahlt werden 67 Prozent des Nettogehalts

Die Höhe des Elterngelds richtet sich nach dem Nettoge-halt und nicht etwa nach dem Bruttogehalt. Sie bekommen 67 Prozent des Nettogehaltes. Das heißt: Je weniger Abzüge Sie von Ihrem Bruttogehalt haben, desto mehr Elterngeld er-halten Sie. Maßgeblich ist dabei das durchschnittliche Netto-einkommen der letzten zwölf Monate vor der Geburt Ihres Kindes. Ein Umstieg auf die Steuerklassen-Kombi 4/4 mit Faktorverfahren oder sogar 5/3 (mit 3 für Sie als Frau und 5 für Ihren Mann) kann sich also schon lohnen, bevor Sie über-haupt schwanger sind.

Beispiel: Was ein Steuerklassenwechsel ausmacht

Ist ein Steuerklassenwechsel wirklich so lohnend, wenn es ums Elterngeld geht? Oh ja! Ein Beispiel zeigt, was Ihnen das bringen kann:

Angenommen, Sie verdienen brutto 2700 Euro pro Mo-nat. Sie haben bislang noch keine Kinder, und damit sind auch noch keine Kinderfreibeträge auf der Lohnsteuerkarte ein-getragen. In Steuerklasse 5 bleiben Ihnen davon netto rund 992 Euro. Als Elterngeld erhalten Sie 67 Prozent davon, das sind rund 665 Euro pro Monat. So viel würden Sie also monatlich erhalten, wenn Sie ein Jahr lang in Elternzeit gehen. Nehmen wir mal an, Sie haben stattdessen ein Jahr vor der Geburt in die Steuerklasse 3 gewechselt. Ihr Nettogehalt ist damit auf knapp 1180 Euro angestiegen. 67 Prozent davon sind knapp 791 Euro. Pro Monat bekommen Sie damit in der Elternzeit 126 Euro mehr – für die vollen 12 Monate Elternzeit macht die Differenz damit über 1500 Euro aus. Sie sehen, so ein Steuerklassenwechsel lohnt sich wirklich!

Steuerklasse wechseln – so geht's

Egal, aus welchem Grund Sie die Steuerklasse wechseln wollen und welche Kombination Sie künftig bevorzugen: Schwierig ist ein solcher Wechsel nicht. Inzwischen ist er sogar jederzeit möglich und nicht bloß einmal im Jahr. Aber Sie ahnen es schon: Natürlich brauchen Sie auch dafür ein Formular, das Sie ausfüllen und mit Ihrer Unterschrift ans Finanzamt schicken müssen. Seit dem Jahr 2018 reicht es zumindest für den Wechsel in Steuerklasse 4, wenn Sie den Antrag allein unterschreiben. Hier finden Sie ihn:

- Gehen Sie auf die Internetseite des Bundesfinanzministeriums: www.formulare-bifinv.de.
- Klicken Sie links oben auf die Schaltfläche »Formularcenter«.

- Akzeptieren Sie mit einem Klick die temporäre Speicherung Ihrer Daten.
- Wählen Sie im Menü links die Option »Steuerformulare«.
- Klicken Sie in der Liste dann auf den Ordner »Lohnsteuer (Arbeitnehmer)«.
- Beim Formular Nr. 20 »Antrag auf Steuerklassenwechsel bei Ehegatten« sind Sie richtig.

Rechenspielchen erlaubt

Sie wollen erst noch ein bisschen herumrechnen und herumprobieren, bevor Sie sich endgültig für eine bestimmte Steuerklassen-Kombination entscheiden? Dann nutzen Sie einen Steuerklassen-Rechner, der es Ihnen leicht macht. Davon gibt es im Internet einige:

- Praktisch ist beispielsweise derjenige von www.nettolohn.de (Wählen Sie im Menü unter dem Eintrag »Rechner« den »Steuerklassenrechner« aus).
- Ebenfalls leicht zu bedienen ist derjenige, den Sie auf www.steuerklassen.com finden. Scrollen Sie dazu etwas nach unten, Sie finden den Steuerklassenrechner links auf der Startseite.

Zum Schluss dieses Kapitels noch ein Zitat der Moderatorin und Bestsellerautorin Susanne Fröhlich, das ich richtig klasse finde – ganz einfach, weil es eine gute Einstellung zum Thema Steuern zeigt und auch die Ansprüche herunterschraubt, bei der Steuererklärung unbedingt das absolut Beste für sich herausholen zu müssen.

Das sagt Susanne Fröhlich zum Thema Steuern

»Ich bin keine Steuer-Sparmodell-Tante. Ich habe einmal bei meinem Vater angerufen und gejammert: ›Oh, die ganzen Steuern, das ist ätzend, was soll ich machen?‹ Und da hat mein Vater gesagt: ›Zahl es einfach.‹ Seitdem zahle ich es einfach.«

Mein abschließender Tipp für Sie: Stellen Sie die Weichen richtig. Aber überfordern Sie sich nicht mit dem Anspruch, beim Steuersparen wirklich noch den allerletzten Cent auch für sich herauszuholen. Die in diesem Kapitel aufgeführten Steuersparprogramme und Steuer-Apps sorgen automatisch dafür, dass Sie nicht viel mehr an den Staat zahlen als unbedingt nötig.

Lifehack 7: Geld in der Beziehung – »Lass uns über Geld reden, Liebling!«

In den 1990er-Jahren erfreute uns der Entertainer Jürgen von der Lippe mit seiner Sendung »Geld oder Liebe«, der Ur-Mutter aller Dating-Sendungen. In neckischen Spielchen sollten sich Singles kennenlernen und am Ende im Idealfall mit einer neuen Liebe aus dem Studio gehen. Oder zwar ohne Liebe, aber dafür mit einem Säckchen voll Geld. Für die »Gewinner«, das neu gefundene Pärchen, gab es sogar Geld UND Liebe – es bekam den Jackpot noch obendrauf.

Im wahren Leben erscheint es vielen von uns aber doch so, als ginge das eine nicht mit dem anderen zusammen: »Entweder man liebt oder man denkt an Geld!« Über Geld zu reden oder auch nur an Geld zu denken, finden gerade Frauen total unromantisch. Es zerstört die Prinzessinnenträume gleich zu Beginn einer Beziehung. Erstaunlicherweise behalten viele Frauen diese Denkweise selbst dann noch bei, wenn aus dem Prinzen und dem Schloss in den Wolken längst der Lebenspartner oder Ehemann in der gemeinsamen Wohnung geworden und der Alltag alles andere als märchenhaft ist.

Geld ist in der Beziehung meist ein Tabuthema. Darüber zu reden, wer welchen Anteil zum Haushaltseinkommen beiträgt, wer welchen Anteil der unbezahlten Hausarbeit macht und wie ein gerechter finanzieller Ausgleich aussehen könnte, finden viele Menschen kleinkrämerisch. Noch schlimmer: Es gilt als egoistisch, berechnend und lieblos. So wollen wir Frauen doch nicht sein, das passt gar nicht zu unserem Selbstbild als liebevolle, selbstlose und fürsorgliche Partnerin, nicht wahr?

Allerdings kommt dieses schmeichelhafte Selbstbild viele Frauen teuer zu stehen, wenn sie nach einer Trennung praktisch ohne Geld dastehen und im Alter mit einer Minirente auskommen müssen.

Wie sehr dieses Nur-die-Liebe-zählt-Selbstbild selbst sehr gut verdienenden Frauen schaden kann, zeigt das Beispiel der Sängerin Michelle.

Geld und Liebe – Sängerin Michelles leidvolle Erfahrungen

2006 musste Michelle die Zwangsversteigerung ihrer Kölner Villa und anderer kreditfinanzierter Immobilien erleben, gefolgt von einem Insolvenzverfahren. Durch die Presse gingen Angaben von einer halben Million Euro Schulden. Die Sängerin war mit diversen Zusammenbrüchen und privaten Problemen immer wieder in der Regenbogenpresse und war 2007 eigentlich am Ende ihrer Karriere angekommen.

Das sagte sie dazu: »Ich wollte doch nur Liebe. Männer haben mich nur geliebt, weil ich ihnen das Geld in den Hals gesteckt habe.« (Bild.de)

Nach ihrer dritten Scheidung berappelte sich Michelle, nahm neue Schlager auf und feierte dank treuer Fans ein bundesweites Comeback. Heute tritt sie als gestrenge Jurorin bei »Deutschland sucht den Superstar« im TV auf und ist auch als Sängerin wieder gut im Geschäft.

Für Michelle gab es glücklicherweise einen Neuanfang. Aber auch sie hätte sich viel Leid ersparen können, wenn für sie zuvor nicht nur die Liebe gezählt hätte, sondern auch die Finanzen.

Ein weiteres prominentes Beispiel für einen lieblosen Umgang mit Geld ist die Schauspielerin Ingrid Steeger, die vor allem durch die Comedy-Sendung »Klimbim« in den 70er-Jahren bekannt wurde.

Ingrid Steeger – mit Naivität in die Privatinsolvenz

2011 geriet Ingrid Steeger in eine Privatinsolvenz und musste Hartz IV beantragen. Sie sei naiv gewesen, erklärte sie damals in der Presse, sie habe viel Geld für ihre Männer ausgegeben.

Das sagte sie dazu: »Ich möchte nicht, dass meine Schulden nur auf die Männer reduziert werden. Ich habe viel Geld gegeben, aber nicht nur an die Männer. Ich bin einfach zu großzügig gewesen, das ist klar. Ich habe nichts hinterfragt.« (Bunte.de)

Ingrid Steeger bekam zahlreiche Angebote für das RTL-Dschungelcamp und andere Trash-Formate, ging aber einen anderen Weg. Sie sprach in Talkshows öffentlich über ihre Finanzprobleme, spielte mit viel Ausdauer Theater auf kleineren Bühnen und veröffentlichte 2013 eine äußerst lesenswerte Autobiografie (*Und find es wunderbar*). Mittlerweile ist sie schuldenfrei und kann heute die Miete ihrer 40-Quadratmeter-Wohnung in Schwabing selbst zahlen, wie die *Abendzeitung* anlässlich des 70. Geburtstags der Aktrice berichtete.

Für Frauen, die nicht berühmt sind und nicht aus eigener Kraft einen finanziellen Neustart hinlegen können, endet die finanzielle Dürreperiode aber oft nicht so glimpflich. Meist endet sie gar nicht.

Übrigens ist es keineswegs so, dass Frauen kein bisschen an Geld denken. Irgendwo im Hinterkopf tun sie es schon. So ergab eine aktuelle Studie eines deutschen Partnervermitt-lungsinstituts, dass für 31 Prozent der befragten verheirate-ten Frauen die (finanzielle) Absicherung neben der Liebe ein Grund für die Heirat gewesen sei. Steuerliche Gründe nann-ten nur 21 Prozent der Frauen. Bei den Männern waren beide Gründe mit 27 Prozent der Nennungen gleich wichtig.[15]

Dass Männer sich eher Gedanken über Steuervorteile durch eine Hochzeit machen, liegt vermutlich daran, dass sie in der Regel mehr verdienen als ihre Partnerinnen. Deswegen ist das Ehegattensplitting aus ihrer Sicht besonders attraktiv. Umgekehrt ist vielen Frauen offensichtlich durchaus bewusst, dass sie finanziell weniger gut dastehen. In derselben Studie heißt es nämlich zwei Seiten weiter:

»Liebeskiller Lohngefälle? Gerade bei Frauen in den 30ern offenbart sich ein Gefühl der Benachteiligung, wenn es um das Thema Einkommen geht. Fast jede vierte Frau zwischen 30 und 39 Jahren beneidet ihren Partner um dessen Einkünfte. Erst in der Lebensmitte sinkt das Neid-Niveau deutlich ab.«

Unausgesprochene Erwartungen, steuerliches Kalkül, Neidgefühle – kein Wunder, dass über Geld auch ordentlich gestritten wird. Selbst 17 Prozent der eigentlich zufriedenen Paare gaben in der Studie an, am meisten über Geldausgaben und Finanzen zu streiten. Bei den unzufriedenen Paaren sind es sogar 34 Prozent.[16]

Puh, Zoff ums Geld ist mindestens so unromantisch wie ein Märchenprinz, der vom Pferd fällt und im Matsch landet. Andererseits ist es auch nicht besonders romantisch, pleite zu sein. Und »sie lebten glücklich bis an ihr Lebensende« ist nur im Märchen der Normalfall. Im echten Leben ist es die Ausnahme.

Werfen wir dazu mal einen Blick auf die harten Zahlen: Die Statistik sagt, dass heutzutage jede zweite Ehe geschieden wird. Auf die Absicherung durch einen Mann sollten wir Frauen uns also nicht unbedingt verlassen. Außerdem haben Frauen, je nach Geburtsjahrgang, eine fünf bis sieben Jahre höhere Lebenserwartung als Männer. Das ist grundsätzlich erfreulich. Es spricht aber erst recht dafür, rechtzeitig die Weichen so zu stellen, dass wir auch dann noch gut leben können, wenn wir im Alter allein sind.

Die entscheidende Frage lautet also: Wie sorge ich als kluge Frau dafür, dass ich in der Beziehung mit meinem Partner finanziell nicht zu kurz komme – und das ohne Zoff ums Geld?

Reden hilft!

Hm, wann soll man denn anfangen, über Geld in der Beziehung zu sprechen? Beim ersten Date? Nach dem ersten gemeinsamen Restaurantbesuch? Soll frau beim Daten gleich sagen: »Wir teilen die Rechnung!« Oder lieber abwarten, bis er die Rechnung nimmt und zahlt?

Und wie ist das, wenn man bereits seit Langem verheiratet ist, aber trotzdem nie über Geld redet? Es ist schließlich auch bequem, sich auf den Partner zu verlassen und darauf, dass er schon alles richtig machen wird.

An dieser Stelle muss ich etwas gestehen: Ich verstehe sehr gut, wenn Sie nicht von Anfang an mit Ihrem Mann über Geld gesprochen haben. Mir ging es nämlich selbst so.

In der Rushhour des Lebens, so um die 30, passiert alles gleichzeitig. Wer hat da Zeit, an Verträge zu denken? Als ich meinen Mann kennenlernte, war ich gerade so richtig erfolgreich mit meinem ersten Buch. Meine Arbeit als Moderatorin der Telebörse füllte mich völlig aus. Kurz nachdem wir unsere Beziehung begonnen hatten, erlitt meine Oma einen Schlaganfall, und es war an der Zeit, das Versprechen aus meiner Kindheit wahrzumachen: Meine Oma sollte nicht ins Heim gehen müssen. Wir mieteten ein Haus und zogen gemeinsam ein: Mann, Frau, Oma und eine Pflegerin.

In den nächsten fünf Jahren lebte Oma bei uns. Mit meinem ersten Sohn konnte sie noch hingebungsvoll Kinderlieder singen. Kurz vor der Geburt meiner Tochter ging sie dann von uns.

Tja, bei all diesen Ereignissen in meinem Leben hatte ich völlig vergessen, meine eigene Beziehung in finanzieller Hinsicht auf solide Beine zu stellen. Und das, obwohl ich das anderen immer gepredigt hatte!

Doch nach der Geburt des dritten Kindes ordneten wir unsere finanzielle Situation in einem Ehevertrag. Wir trafen die nötige Vorsorge, um unsere Lebensrisiken abzusichern und unseren Kindern einen guten Start ins Leben geben zu können.

Daher kann ich aus Erfahrung sagen: Es ist jetzt noch nicht zu spät, mit Ihrem Mann über Geld zu sprechen. Auch dann nicht, wenn Sie das bisher noch nie getan haben. Egal, wie lange Sie schon zusammen sind. Das geht auch ohne Streit und Vorwürfe, wenn beide Seiten auf einen fairen Ausgleich bedacht sind. Aber noch besser ist es, wenn Sie von Anfang an klare Vereinbarungen treffen.

Das ist natürlich am einfachsten, wenn Sie beide Geld verdienen und der Einkommensunterschied nicht groß ist oder sogar zu Ihren Gunsten ausfällt. Dann können Sie es halten wie die Fernsehmoderatorin Katja Burkard.

Katja Burkard setzt in der Beziehung auf finanzielle Eigenständigkeit

Katja, wie gehst du in der Beziehung mit Geld um?

»Ich bin da komplett eigenständig, habe mein eigenes Einkommen und mein eigenes Auskommen. Das war mir immer zu 100 Prozent wichtig.«

Falls das bei Ihnen – wie wohl bei den meisten Paaren – nicht der Fall ist, hilft nur ein offenes und vertrauensvolles Gespräch. Am besten, Sie kündigen ein oder zwei Tage vorher an, dass Sie über die gemeinsamen Finanzen reden wollen. Dann reservieren Sie einen freien Abend oder Nachmittag dafür und notieren vorab stichpunktartig die Themen, über die Sie konkret sprechen möchten.

Sie haben beim Gedanken an so ein Gespräch ein ungutes Gefühl? Dann gibt Ihnen vielleicht zu denken, was der Paartherapeut Michael Mary dazu sagt.

Paartherapeut: Geldgespräche schaden der Beziehung nicht

»Viele denken auch, wenn sie über Geld redeten, dann schadeten sie ihrer Beziehung. Dabei ist das Gegenteil der Fall. Wenn die Beziehung ein Gespräch über Geld nicht aushält, dann taugt sie nicht viel.«[17]

Er rät im selben Interview übrigens dazu, Paare sollten ihre Beziehung in finanzieller Hinsicht »vom Ende her denken«. Das klingt schon wieder unromantisch. Andererseits tun Sie das sonst ja auch. Zum Beispiel, wenn Sie eine Haftpflichtversicherung abschließen. Die brauchen Sie nur, wenn etwas Schlimmes passiert, das einen großen finanziellen Schaden mit sich bringt, den Sie ohne die Versicherung nicht tragen könnten. Oder wenn Ihr Mann eine Risiko-Lebensversicherung abschließt. Das tut er, um Sie und die Kinder für den Fall abzusichern, dass er vorzeitig stirbt. Das ist vom Ende her gedacht und höchst sinnvoll.

Also: Wie sähe es um Ihre finanzielle Situation aus, wenn Sie und Ihr Mann sich in fünf Jahren trennen würden? Wenn er einen schweren Unfall hätte oder erkranken würde und deswegen erwerbsunfähig würde? Wenn er sterben würde?

Jetzt sind Sie erschrocken? Nicht nur wegen der Liebe, sondern auch wegen des Geldes? Dann ist es höchste Zeit, das Thema anzugehen!

Das Money-Mindset in der Partnerschaft

Nüchtern betrachtet ist eine Ehe seit jeher eine Versorgungsgemeinschaft: Ein Paar verbindet sich vertraglich, um gemeinsam den Lebensunterhalt zu bestreiten und – sofern möglich und gewünscht – Kinder zu bekommen und aufzuziehen. Dazu tragen beide Partner bei: Mit dem Geld, das sie verdienen und mit der Arbeit, die sie in den Haushalt, die Pflege, Ernährung und Erziehung der Kinder stecken.

So gesehen ist eine Ehe bzw. eine feste Partnerschaft wie ein kleines Unternehmen, das von zwei Partnern gemeinsam aufgebaut wird: Beide Partner investieren in dieses Unternehmen. Am Anfang einer Beziehung tragen beide vielleicht annähernd gleich viel an Geld und Hausarbeit bei. Aber das verändert sich im Lauf der Zeit, wenn ein Partner beruflich aufsteigt und der andere nicht. Oder wenn Kinder kommen und ein Partner (in der Regel die Frau) beruflich zurücksteckt, um sich um die Kinder zu kümmern.

Kinder bedeuten nicht nur einen Vollzeit-, sondern einen Rund-um-die-Uhr-Job. Frauen arbeiten in dieser Lebensphase also viel mehr als zuvor, verdienen aber nach dem Elterngeld nur ein kleines Teilzeit- oder Minijob-Entgelt oder auch gar nichts. Wenn dafür in der Beziehung kein Ausgleich gefunden wird, ist das unfair und – vom Ende her gedacht – eine Falle, aus der Frauen sich kaum befreien können. Wie Sie diese und andere Beziehungsfinanzfallen vermeiden können, lesen Sie in den folgenden Abschnitten.

Zuvor habe ich noch einen praktischen Rat für Sie: Viele Paare haben nur ein gemeinsames Konto oder ein Haushalts-konto für beide und ein weiteres für den Hauptverdiener. Das ist in Zeiten teilweise recht happiger Kontoführungsgebühren naheliegend. Es sorgt aber in vielen Beziehungen für Streit, benachteiligt den Partner, der weniger verdient (meist die Frau) und kann sich zudem finanziell verheerend auswirken, wenn ein Partner in die Überschuldung oder gar in die Privat-insolvenz rutscht.

Daher rate ich zum Drei-Konten-Modell in der Partner-schaft: Jeder Partner hat sein eigenes Konto, daneben gibt es ein Haushaltskonto für die gemeinsamen Ausgaben. Auf das Haushaltskonto wird monatlich so viel Geld überwiesen, wie für den gemeinsamen Lebensunterhalt erforderlich ist. Von ihm gehen die Zahlungen für Miete, gemeinsame Ver-sicherungen, Internet, Kindergartengebühren, Lebensmittel-einkäufe usw. ab.

Eine gerechte Lösung ist es, wenn jeder zum Haushaltskonto so viel beiträgt wie zum Haushaltseinkommen. Verdient Ihr Mann beispielsweise dreimal so viel wie Sie, tragen Sie ein Viertel und er drei Viertel zum Haushaltskonto bei. Verdienen Sie als Hausfrau kein Geld, muss Ihr Mann eben das gesamte Haushaltsgeld übernehmen. Dann sollte aber zusätzlich noch ein »Hausfrauengehalt« auf Ihrem Konto landen, denn Ihre Arbeit wird zwar nicht bezahlt, ist aber auch Geld wert. Denken Sie nur daran, was es kosten würde, wenn Sie das Putzen, Waschen, Bügeln, Kochen und die Kinderbetreuung von einer angestellten Haushälterin oder einem Dienstleister übernehmen lassen würden!

Wenn jeder Partner ein eigenes Konto hat, gibt das ein Stück Unabhängigkeit. Sie brauchen sich nicht vor sich selbst oder vor Ihrem Mann dafür zu rechtfertigen, wenn Sie sich von Ihrem Geld mal einen kleinen Luxus gönnen. Er wird nicht sehen, was sein Geburtstagsgeschenk oder das für Ihre Mutter gekostet hat. Und es kann kein Gläubiger Ihres Mannes auf Ihr Konto zugreifen, wenn es hart auf hart kommt. Was auf Ihrem Konto liegt, ist IHR Geld.

Bevor ich Sie vor den sieben typischen Finanzfallen in der Ehe warne und Ihnen zeige, wie Sie sie vermeiden können, lasse ich noch die Schauspielerin Maren Gilzer zu Wort kommen. Ich habe sie danach gefragt, wie ihr Money-Mindset geprägt wurde und wie es heute in ihrer Beziehung aussieht.

Das sagt Maren Gilzer zu Geld und Beziehung

Maren, wie bist du im Hinblick auf Geld aufgewachsen?

Ich bin bei meinen Großeltern aufgewachsen. Und da war es grundsätzlich so: Wer das Geld nach Hause bringt, hat die Macht. Das war der Mann. Der Mann bestimmt.

Ich bin aber mit Frauen groß geworden, die das gar nicht gut fanden. Bei meinen Großeltern hatte meine Oma die Hosen an. Wenn mein Opa nach Hause kam, ging sie an sein Portemonnaie und nahm Fünf-Mark-Stücke raus. Da kam eine Menge Geld zusammen. Davon sind wir dann in den Urlaub gefahren. Mir gab sie als Tipp mit: »Sprich nicht Berlinerisch, sondern Hochdeutsch, dann bekommst du einen besseren Mann!«

Meine Mutter war eine Emanze, bevor es das Wort überhaupt gab. Sie wollte immer finanziell unabhängig sein, hat immer gearbeitet und Geld verdient.

Und wie handhabst du das in deiner Beziehung?

Ich habe viel von meiner Mutter übernommen. Ich hatte immer mein eigenes Geld, konnte meine Sachen selber kaufen. Gemeinsame Anschaffungen machen wir zusammen. Oder ich kaufe das eine und nächstes Mal kauft mein Mann das andere.

In meiner neuen Ehe ist es viel einfacher. Mein Mann würde nie sagen: »Du brauchst doch nicht schon wieder eine Hose und du hast schon blaue Schuhe.« Wir geben beide gern Geld aus. Und eben weil wir das wissen, passen wir jetzt viel mehr auf!

Sieben Finanzfallen, in die Sie als Frau besser nicht hineintappen

Sie arbeiten in Sachen Finanzen nicht gegen Ihren Mann, sondern idealerweise mit ihm, das ist klar. Aber natürlich werden Sie beide sich in Geldfragen und im Umgang mit Geld nicht immer hundertprozentig einig sein. Da ist es gut, wenn Sie die wichtigsten Fallen kennen, die für Sie richtig teuer werden könnten. Ob aus Liebe oder aus Angst vor Streit: In die folgenden sieben Fallen tappen Sie besser nicht hinein!

- **Falle 1: Finanzielle Abhängigkeit von Ihrem Partner.** Sie haben es schon gelesen: Gerade wenn Sie Kinder haben, besteht die Gefahr, dass Sie rund um die Uhr rödeln, aber keinen Cent für Ihre Arbeit bekommen oder höchstens in Teilzeit nur einen kleinen Lohn haben. »Er verdient ja genug für uns alle«, werden Sie jetzt vielleicht denken. Aber nicht jede Beziehung hält ewig. Handeln Sie klar mit Ihrem Partner aus: Ihre Arbeit zu Hause wird auch von ihm finanziell honoriert. Sein Beitrag kann nicht nur im Haushaltsgeld bestehen, das ja der ganzen Familie zugutekommt. Eine Risiko-Lebensversicherung (siehe Kapitel 2) und ein ETF-Sparplan (siehe Kapitel 5) ist das Mindeste, was er zu Ihrer finanziellen Absicherung beitragen sollte. Darüber hinaus gilt es aber auch zu überlegen, ob Sie nicht mehr als nur einen Minijob annehmen können, zumindest, wenn die Kinder schon größer sind. Das bringt Einzahlungen in die gesetzliche Rentenkasse, und das eröffnet Ihnen auch die Möglichkeit, vom eigenen Einkommen Geld für später anzusparen.

- **Falle 2: Kredit oder Bürgschaft für Ihren Partner.** Er will sich selbstständig machen, und die Idee klingt ganz toll? Wenn die Bank den notwendigen Kredit zur Gründung seines Unternehmens abhängig davon macht, dass Sie für die Rückzahlung seines Kredits bürgen, winken Sie ab. Auch als Kreditgeberin sollten Sie sich keinesfalls einspannen lassen. Sonst erleiden Sie womöglich beide Schiffbruch. Mal ganz ehrlich: Entweder seine Pläne haben genügend Erfolgsaussichten. Dann kann er auch ohne Ihre Hilfe Geldgeber finden, die ihn mit dem nötigen Startkapital ausstatten. Ist das nicht der Fall, dann muss er seine Pläne eben begraben oder so lange eigenes Geld ansparen, bis er sich die Gründung aus eigenen Mitteln leisten kann. Setzen Sie dagegen Ihre Unterschrift bei der Bank unter eine Bürgschaftserklärung, dann heißt das: Wenn er die Kreditraten nicht mehr zahlen kann, hält sich die Bank bei Ihnen schadlos. Ebenso ruinös kann es sein, wenn Sie ihm gleich Ihr eigenes Geld leihen: Dann ist Ihr Erspartes weg. Lassen Sie das lieber bleiben!

- **Falle 3: Kostenlose oder kaum entlohnte Mitarbeit im Unternehmen Ihres Partners.** Vorsicht ist auch angebracht, wenn er als Selbstständiger tätig ist und Sie in seinem Unternehmen mitarbeiten. Ob er nun einen Handwerksbetrieb hat und Sie das Büro für ihn schmeißen oder ob er als Arzt oder Anwalt auf Ihre Mitarbeit setzt:

Lassen Sie sich dafür regulär anstellen – und zwar zu einem Gehalt, das er auch einer fremden Kraft dafür zahlen würde. Nicht gerade optimal ist ein Minijob, ganz einfach, weil er Ihnen üblicherweise keine Rentenpunkte bringt. Ein Teil- oder Vollzeitjob ist da besser – abhängig davon, wie viele Stunden Sie tatsächlich in seinem Unternehmen arbeiten. Generell sollten Sie aber auch überlegen: Vielleicht ist es besser, er stellt eine fremde Kraft ein – und Sie arbeiten woanders. Dann ist Ihr Job nicht gleich weg, wenn sein Unternehmen in die Pleite rutscht oder wenn Ihre Beziehung je scheitern sollte.

- **Falle 4: Zusammenleben ohne Trauschein.** Was?! – Die »wilde Ehe« soll eine finanzielle Falle sein? Warum denn das?! Sie müssen wissen: Vom Staat ist die Ehe auch als Absicherungsgemeinschaft gedacht. Einer sorgt für den anderen, und das während des Zusammenlebens, aber auch nach dem Tod. Angenommen, Sie haben als nicht verheiratetes Paar zwei Kinder, derentwegen Sie beruflich zurückgesteckt haben. Es kommt zur Trennung. Sie haben als Mutter dann keine Ansprüche auf einen finanziellen Ausgleich, weil Sie erziehungsbedingt weniger gearbeitet haben als er. Er kann sein Erspartes nehmen und gehen. Anders, wenn Sie verheiratet waren: Bei Scheidung gibt es dann sowohl einen Zugewinnausgleich als auch einen Versorgungsausgleich. Zugewinnausgleich heißt: Der Vermögenszuwachs, der während der Ehe entstanden ist, wird zusammengezählt und gerecht durch zwei geteilt. Wenn hauptsächlich er in dieser Zeit Geld verdient hat, muss er Ihnen etwas von seinem Vermögen abgeben. Gleiches gilt für die während der Ehe erworbenen Rentenansprüche: Auch sie werden zusammengezählt und durch zwei geteilt. Sie erhalten dann einen Teil seiner Rentenpunkte, aber auch anderer Rentenanwartschaften (zum Beispiel aus einem Pensionsanspruch, wenn er etwa Beamter war). Die Vorsorge geht aber sogar über den Tod hinaus. Angenommen, Ihr Partner stirbt. Als hinterbliebene Ehefrau haben Sie meist Anspruch auf eine Witwenrente, als Partnerin ohne Trauschein nicht. Selbst wenn er viel Vermögen angespart hat und Sie alles erben: Als Witwe bleiben 500 000 Euro vom Nachlass von der Erbschaftssteuer befreit. Waren Sie dagegen nicht verheiratet, sind es nur 20 000 Euro – und von allem, was darüber liegt, kriegt der Staat mindestens 30 Prozent. Sie sehen: Es gibt abseits von schönen Märchenhochzeitfantasien viele handfeste finanzielle Gründe, die für eine Heirat sprechen.

- **Falle 5: Fehlende Vollmachten.** Hand aufs Herz: Wenn Ihr Partner nach einem Unfall im Koma läge, hätten Sie Zugriff auf sein Bankkonto? Oder er im umgekehrten Fall auf Ihres? Falls nein, ist es höchste Zeit, gemeinsam zur Bank zu gehen, und sich gegenseitig eine Bankvollmacht einzurichten. Ohne eine solche Bankvollmacht können Sie im Zweifelsfall weder die Miete zahlen noch fällige Handwerkerrechnungen. Zumindest nicht, ohne Ihre eigenen Reserven anzugreifen. Ideal ist eine »Bank-

vollmacht über den Tod hinaus«, um auch im schlimmsten Fall finanziell handlungsfähig zu bleiben. Auch für
eventuell vorhandene Depots sollten Sie sich gegenseitig Vollmachten einrichten, um für Notfälle gerüstet zu
sein. Besser als bloß eine Bankvollmacht ist übrigens
eine Vorsorgevollmacht, mit der Sie sich gegenseitig umfassende Befugnisse einräumen. Dann sind Sie für alle
Notfälle gerüstet, wo Sie oder Ihr Partner womöglich
nicht handlungsfähig sind. Infos und Vorlagen dazu finden Sie beispielsweise auf der Internetseite des Bundes-
justizministeriums: www.bmjv.de (geben Sie einfach das
Wort »Vorsorgevollmacht« ins Suchfeld ein).

- **Falle 6: Auszahlung der Lebensversicherung geht an
die falsche Person.** Falls Sie oder Ihr Partner eine Lebensversicherung haben, prüfen Sie unbedingt, wer als
Empfänger oder Empfängerin der Todesfallleistung eingetragen ist. Vielleicht waren Sie ja bei Abschluss der
Versicherung mit jemand anderem liiert oder Ihr Mann
bzw. Freund hatte eine andere Partnerin. Falls diese Person noch als »bezugsberechtigt« eingetragen ist, wäre
das schlecht. Denn dann ginge die Auszahlung an den
Ex-Partner oder die Ex-Partnerin. Übrigens zeigt ein Urteil des Bundesfinanzhofs: Es reicht noch nicht einmal,
»die aktuelle Ehefrau« bzw. »den aktuellen Ehemann«
als Empfänger/in festzulegen, weil sich das Wort »aktuell« auf den Zeitpunkt des Versicherungsabschlusses
bezieht. Also: Schreiben Sie an Ihre Versicherung und
benennen Sie die Person, die die Auszahlung erhalten

soll, namentlich und mit gültiger Adresse. Nur so vermeiden Sie Fehlauszahlungen.

- **Falle 7: Nachteilige Klauseln im Ehevertrag.** Ist ein Ehevertrag sinnvoll oder nicht? In vielen Fällen geht es sicherlich ohne. Aber wenn Ihr Partner oder Sie selbst an einem oder mehreren Unternehmen beteiligt sind, dann werden Sie einen brauchen. Gleiches gilt, wenn eine/r von beiden Vermögen in die Ehe bringt oder wenn der Altersunterschied sehr groß ist. Einen Ehevertrag abzuschließen heißt nicht, dass Sie alles schlucken müssten, was Ihnen vorgesetzt wird. Eine ganze Reihe von Klauseln können für Sie ziemlich nachteilig sein. Etwa ein Verzicht auf nachehelichen Unterhalt. Oder ein Ausschluss von der Erbenstellung. Denn das könnte sich zu Ihrem Nachteil auswirken – und das nicht nur im Scheidungsfall, sondern auch, falls Ihr Partner vor Ihnen versterben sollte. Nehmen Sie dafür nicht den gleichen Anwalt wie Ihr Mann und verlassen Sie sich auch nicht auf die Empfehlungen des Notars, der den Vertrag beurkundet. Lassen Sie stattdessen den Vertragsentwurf prüfen, ob er auch Ihre Interessen angemessen berücksichtigt. Am besten wenden Sie sich mit diesem Anliegen an einen Fachanwalt für Familienrecht. Er wird Sie darauf hinweisen, wenn eine Klausel Sie benachteiligt. Übrigens soll Melania Trump ihren Ehevertrag im Jahr 2020 nachverhandelt haben – sie habe angeblich die nötigen Druckmittel gegen ihren Mann Donald dazu in der Hand gehabt, melden einschlägige Presseberichte. Ich wüsste nur zu gerne, welche das waren …

Selbsttest:
Wie ist jetzt Ihr Money-Mindset?

Nachdem Sie nun das Wichtigste über Geldfragen in Ehe und Beziehung wissen, prüfen Sie, inwiefern das Ihr Denken beeinflusst hat. Der folgende Selbsttest hilft Ihnen dabei.

Selbsttest: Ihr persönliches Money-Mindset nach der Lektüre

1. Welches Gefühl haben Sie jetzt, wenn Sie an Geld denken?

....

....

2. Was sind Ihre neuen Glaubenssätze zum Thema Geld?

....

....

3. Was möchten Sie in Bezug auf Geld in der Beziehung zu Ihrem/r Lebenspartner/in ändern?

....

....

4. Was machen Sie zukünftig mit Geld, das Sie übrig haben, also nicht direkt für den Lebensunterhalt brauchen?

....

....

5. Wie verhandeln Sie beim nächsten Mal im Job über Ihr Gehalt bzw. über eine Gehaltserhöhung?

....

....

6. Was tun Sie ab sofort für Ihre Altersvorsorge?

....

....

Zum Abschluss: Die besten Apps und digitalen Angebote für Ihre finanzielle Wellness

Früher brauchte man Papier und Stift oder ein Telefon, um sich mit seinem Geld zu beschäftigen oder eine Versicherung abzuschließen. Heute erledigen das alles kleine Helfer auf unserem Smartphone – Apps sind in den letzten Jahren immer besser geworden und decken inzwischen so ziemlich jedes Thema ab, das man sich vorstellen kann. Das geht weit über alberne Spielchen oder Emojis hinaus. Für jedes Lebensthema gibt es nützliche Helfer.

Leider findet man sich in dem Dschungel des App-Stores kaum mehr zurecht und kann die Angebote der verschiedenen Unternehmen nur schwer und mühsam vergleichen. Wie gut, dass es Menschen gibt, die einem diese Arbeit abnehmen. Im Deutschen Institut für Service-Qualität, kurz DISQ, in Hamburg arbeiten solche Menschen. Die Tester vom DISQ wühlen sich durch »Kleingedrucktes«, prüfen die Funktionsweise und vor allem den Service, den die Anbieter von Finanzprodukten und Versicherungen ihren Kunden in digitaler Form als Apps und Websites entgegenbringen. In Hunderten von Einzeltests werden auf diese Weise die Besten ihrer Art herausgefiltert.

Ich freue mich sehr, dass ich für dieses Buch auf die Arbeit der DISQ-Mitarbeiter zurückgreifen kann und präsentiere

Ihnen hier nun die Sieger und teilweise auch die zweiten und dritten Plätze aus ausgewählten Service-Tests zu Themen rund ums Geld, aber auch Versicherungs-Helferlein und praktische Lebenshilfe bei teilweise unangenehmen Dingen, die wir alle nur zu gern vor uns herschieben und auf irgendwann später einmal in einem mentalen Ordner ablegen.

Natürlich habe ich mir von jeder App ein eigenes Urteil gebildet, das ebenfalls in die Beurteilung einfließt und auch die Kommentare von Nutzern aus dem Netz habe ich herangezogen, um ein möglichst rundes Bild zu bekommen.

So möchte ich Ihnen den Einstieg in Ihre finanzielle Wellness so einfach wie möglich machen und Ihnen die Angst vor Mäusen – und Finanz- und Versicherungs-Apps – nehmen.

Los geht's – einfach downloaden und starten – denn die meisten dieser digitalen Helfer sind erst mal kostenfrei. Aber sie sind natürlich nicht umsonst. Ich sage Ihnen darum auch bei jeder App, womit die Firma dahinter ihr Geld verdient.

Übrigens

Einige Apps und Websites haben Sie in diesem Buch schon kennengelernt – jeweils passend zum Thema des Kapitels, in dem sie vorgestellt werden. In diesem Kapitel beschränke ich mich daher auf die Vorstellung derjenigen digitalen Angebote, die vom DISQ für ihre gute Nutzbarkeit und Service-Qualität ausgezeichnet worden sind.

Advocado

Bereich: Rechtliche Fragen tauchen fast täglich im Leben auf. Bekomme ich mein Geld bei einer Flug- oder Bahnverspätung zurück? Wie kann ich mich gegen eine Mieterhöhung wehren? Wie kann ich meine Rechte durchsetzen, wenn das online bestellte Gerät defekt ist? Bei solchen Fragen gehen Sie wegen des Kostenrisikos vielleicht nicht sofort zum Anwalt – da kommt die Website und App Advocado gerade recht (www.advocado.de). Denn mit ihrer Hilfe können Sie einschätzen, ob sich der Rechtsweg lohnt und welche Kosten auf Sie zukommen. Sie erhalten einen einfachen Zugang zum Recht und umfassende Informationen zu allen rechtlichen Belangen.

Einfache und komplexe Fälle werden vollständig digital und sicher abgewickelt – zeit- und ortsunabhängig. Dafür setzt Advocado eine spezielle Technologie ein und verfügt über ein eigenes Netzwerk von mehreren Hundert Partneranwälten. Das Unternehmen ist mehrfach ausgezeichnet und zählt mehr als 110 000 Kunden und 50 Mitarbeiter an den Standorten Greifswald und Stralsund.

Layout und Optik: Nüchternes Blau, übersichtliche Anordnung, einfache Navigation: Es wird in klar verständlichen Schritten aufgezeigt, wie Sie Ihren eigenen Fall am besten schildern.

Leistungen: Sie erhalten ein kostenfreies Erstgespräch per Video und auf Wunsch eine kompetente Beratung. Wenn die Advocado-Anwälte darüber hinaus für Sie tätig werden sollen, bekommen Sie ein Festpreisangebot, das alle Leistungen übersichtlich auflistet. Die Partneranwälte werden regelmäßig auf strenge Qualitätsstandards geprüft, die gesamte Fallabwicklung findet digital statt. Es wird auch geprüft, ob die Rechtsschutzversicherung für die Kosten aufkommt.

Advocado nutzt verschlüsselte Server, die in Deutschland stehen und nach dem gleichen Standard arbeiten wie Bankenserver. Das heißt, Ihre Daten sind vor der Einsicht durch Dritte geschützt. Die Kommunikation erfolgt über eine SSL-verschlüsselte Verbindung. Die Mitarbeiter unterliegen der Verschwiegenheitspflicht.

Geschäftsmodell: Geld verdient das Start-up pro zustande gekommenen Vertrag zwischen Anwalt und Mandanten: Im Schnitt kassiert Advocado rund 25 Prozent der erhobenen Beratungsgebühr.

Was mir gefällt

Advocado ist eine einfache Anlaufstelle, wenn Sie eine rechtliche Frage haben. Die Beliebtheit des Angebots spiegelt sich auch in vielen positiven Kommentaren in den sozialen Kanälen wider.

Bevestor

Bereich: Bevestor ist der digitale Vermögensmanager oder auch Robo-Advisor genannt, von der DekaBank, dem Wertpapierhaus der Sparkassen. Beim Test des DISQ war Bevestor der Testsieger mit der Note »Sehr gut«.

Layout und Optik: Ein dunkles Türkis und etwas Orange lässt im ersten Moment keine Erinnerung an das Sparkassenrot aufkommen. Aber das ist wohl auch so gewollt, um auch andere als die klassischen Kunden anzusprechen.

Leistungen: Bei Bevestor können Sie in eine große Anzahl von Fonds und ETFs investieren, entweder mit einem Einmalbetrag ab 1000 Euro oder via Sparplan ab einer Rate von 25 Euro monatlich. Beim Sparplan können Sie wählen zwischen einer klassischen Anlage oder einer nachhaltigen, bei der ökologische und ethische Gesichtspunkte einbezogen werden. Zusätzlich können Sie sogar spezielle Interessen in Ihrer Anlagestrategie berücksichtigen, wie etwa Infrastruktur, digitaler Lifestyle, Wasser oder Klimawandel.

Geschäftsmodell: Die Gebühr bei Bevestor beträgt 0,8 Prozent pro Jahr auf den Depotwert. Für weitere 0,2 Prozent pro Jahr können Sie einen Anlageschutz erwerben. Weitere Gebühren werden teilweise von den einzelnen Fondsgesellschaften erhoben, deren Fonds Sie dort kaufen können. Beim Kauf von aktiv gemanagten Fonds wird die Provision erstattet.

Was mir gefällt

Wer immer bestens informiert sein will, der kann sich den Stand seines Portfolios sogar auf seiner Apple Watch anzeigen lassen. Vielleicht ist das mal eine spannende Alternative zum Schrittzähler!

Clark

Bereich: Clark ist eine App, die als Versicherungsmanager fungiert. Da der Anbieter mit »Liebe deine Versicherung« wirbt, scheint er ein ganz schönes Selbstbewusstsein zu haben. Wenn Sie diese App nutzen, müssen Sie einmal Ihre ganzen Verträge eingeben, egal bei welcher Gesellschaft Sie sie abgeschlossen haben. Dann haben Sie alle Beiträge und Kündigungsfristen im Überblick.

Clark will auch dabei helfen, den eigenen Versicherungsbedarf zu ermitteln, immerhin haben viele Deutsche eher zu viele als zu wenige Versicherungen, oder es fehlt an wichtigen Policen. Auch die ungefähre Rente lässt sich mithilfe der Clark-App schnell ermitteln. Auch im Schadensfall verspricht die App schnelle Hilfe.

Layout und Optik: Die Gestaltung ist ansprechend. Alles ist klar und übersichtlich zusammengefasst, wie in einem digitalen Ordner. Und das alles in einem angenehmen Dunkelblau.

Leistungen: Clark vermittelt neue Policen, macht zu den Eingaben passende Angebote. Als Nutzerin können Sie diese annehmen, aber das müssen Sie nicht.

Geschäftsmodell: Clark erhält bei Abschluss einer vorgeschlagenen Police Vermittlungsprovisionen. Außerdem bekommt das Unternehmen für laufende Verträge eine jährliche Provision für die Verwaltung des Vertrages und arbeitet im Prinzip wie ein Versicherungsmakler.

Was mir gefällt

Wie bei vielen Fintechs und sogenannten Insuretechs werden bei Clark die Daten der Kunden in einem Rechenzentrum in Deutschland aufbewahrt. Regelmäßig prüft zudem der TÜV Saarland den Datenschutz des Unternehmens. Sie haben richtig gelesen: Der TÜV prüft nicht nur Ihr Auto, sondern viel mehr.

Comdirect

Bereich: Comdirect ist eine sogenannte Direktbank, die vom kostenlosen Girokonto bis zur Baufinanzierung alles über das Internet anbietet. Filialen gibt es bei der Comdirect nicht.

Layout und Optik: Das Gelb auf der Website und in der App erinnert daran, dass die Comdirect 1994 als Tochter der Commerzbank gestartet war, zwischenzeitlich an der Börse notierte, seit 2020 wieder ganz der Commerzbank gehört und nun sogar mit der Mutter verschmolzen wurde.

Leistungen: Sie können bei der Comdirect alle möglichen Bankdienstleistungen erhalten – vor allem die Geldanlage und der Kauf von Wertpapieren ist problemlos möglich. Auch können Sie hier inzwischen ein sogenanntes Motiv-Investment aussuchen. Das geht dann von Cyberthemen über Konsumtrends bis hin zur Anlage mit einem Schwerpunkt auf Nachhaltigkeit. Beim Test des DISQ überzeugte die Comdirect bei den Sparplänen mit Zertifikaten, das sind Finanzprodukte, mit denen Sie ebenfalls recht günstig in verschiedenste Themen und Ideen investieren können.

Geschäftsmodell: Die Comdirect verdient an den bankenüblichen Gebühren und Provisionen, an Überziehungskrediten usw.

Was mir gefällt

Mit Comdirect ist einfaches Banking und ein leichter Einstieg in die Geldanlage möglich. Wer noch nie eine digitale Bank genutzt hat, der findet hier einen guten Start.

CosmosDirekt

Bereich: CosmosDirekt ist ein Versicherungsunternehmen, das alle möglichen Policen über das Internet anbietet – von der Kfz-Versicherung über eine Risiko-Lebensversicherung bis hin zur Zahnzusatzversicherung.

Layout und Optik: Es gibt die Kundenportal-App oder die Website des Direkt-Versicherers. Beide sind übersichtlich, ansprechend und leicht zu bedienen.

Leistungen: CosmosDirekt ist Testsieger mit dem Qualitätsurteil »Sehr gut«. Die Versicherung bietet die umfassendsten Informationen auf der Website, und auch bei den Inhalten landet CosmosDirekt im Test des DISQ ganz vorn.

Geschäftsmodell: Die Nutzung von App oder Website ist kostenlos. CosmosDirekt verdient am Abschluss und der Verwaltung der Versicherungen aus dem eigenen Hause.

Was mir gefällt

Auch wenn man alles per App oder am Computer machen kann, so gibt es bei diesem Anbieter gleichwohl eine 24-Stunden-Hotline mit einem bequemen Rückrufservice und ein sogenanntes Co-Browsing, mit dem man bei Schwierigkeiten durch die App oder Website geleitet wird.

Consorsbank

Bereich: Die Consorsbank ist eine Direktbank. Sie hat viele Angebote, die Ihre Hausbank auch hat – vom Girokonto bis zum Wertpapierhandel.

Layout und Optik: Die Consorsbank kommt erst mal in frischem Türkis daher und mischt dann auf den verschiedenen Seiten ein paar Farben dazu. Auch hier erkennt man auf einen Blick, wie viel man angelegt hat und wie viel man bereits mit seiner Aktie gewonnen hat.

Leistungen: Beim Test des DISQ hat das Unternehmen bei den Aktien-Sparplänen den ersten Rang eingenommen. Hier lohnt es sich, die Kosten zu vergleichen, da solche Sparpläne normalerweise über einen längeren Zeitraum laufen und schon kleine Unterschiede bei den Gebühren am Ende eine ganze Menge ausmachen. Wer also Zug um Zug einzelne Aktien kaufen möchte, übrigens auch ausländische, und dabei Sparraten ab 25 Euro im Monat aufbringen kann, der kommt bei der Consorsbank am günstigsten weg. Das Depot zum Sparplan ist kostenlos. Die Sparraten lassen sich jederzeit anpassen oder pausieren. Und das Geld aus dem Sparplan ist jederzeit verfügbar. Natürlich sind bei Consors auch Sparpläne auf Fonds und ETFs möglich. Hier lagen aber im DISQ-Test andere Anbieter bei Kosten und Service vorn.

Geschäftsmodell: Wie jede Bank verdient die Consorsbank ihr Geld mit Gebühren auf verschiedene Produkte und Dienstleistungen.

Was mir gefällt

Bei der Consorsbank kann man sich an die Anlage mit Aktien heranwagen. Die Kosten für den Sparplan sind günstig, und bei Fragen kann man ganz bequem einen Chat beginnen. Für alle Interessierten hat Consors eine Community, in der sich die Kunden mit Experten zu allen Fragen der Geldanlage austauschen.

Flatex

Bereich: Flatex ist einer der größten Online-Broker mit mehr als 370 000 Kunden. Dass hier die sogenannten »Trader« unterwegs sind, also spekulative Anleger, die kurzfristig in Wertpapiere ein- und wieder aussteigen, muss Sie als Anlegerin zunächst einmal nicht abschrecken. Denn Flatex bietet eben auch denjenigen günstige Investitions-Möglichkeiten, die nicht den ganzen Tag auf Aktienkurse schauen und günstige Ein- und Ausstiegszeitpunkte abpassen wollen.

Layout und Optik: Bei der Flatex-Website ist wohl jemand in den Farbtopf gefallen. An das kräftige Orange muss man sich erst mal gewöhnen. Wer mit Signalfarben kein Problem hat, der kommt auf der Website schnell und einfach zurecht. In der App wird das Orange durch viel Schwarz abgemildert. Man könnte an schnelle Rennautos mit Rallyestreifen erinnert werden, aber so kritisch wollen wir mal nicht sein.

Leistungen: Wenn Sie Lust haben, können Sie bei Flatex Aktien günstig kaufen und verkaufen. Im Test des DISQ belegt Flatex den ersten Platz bei ETF-Sparplänen. Es gibt mehr als 1000 Angebote, und für die Hälfte davon wird keine Kauf- oder Verkaufsgebühr fällig. Wenn Sie es einfach haben wollen, dann legen Sie monatlich Geld in einem solchen Sparplan an, das kostet dann 1,50 Euro bei einem Anlagebetrag von mindestens 50 Euro.

Geschäftsmodell: Flatex verdient wie jede andere Direktbank sein Geld mit Bankentgelten, Sollzinsen etc.

Was mir gefällt

Ohne viel Schnickschnack können Sie hier einen Sparplan einrichten. Flatex bietet aber auch Seminare und Lernvideos, sodass Sie ganz nebenbei etwas mehr zum Thema Geldanlage lernen können. Vielleicht wird aus Ihnen dann am Ende doch noch eine »Traderin«.

Growney

Bereich: Growney ist eine Finanzmanager-App mit einem Robo-Advisor, bei dem Sie viele Prozesse zur Geldanlage einfach automatisch einrichten und damit eine Kostenersparnis erzielen können.

Layout und Optik: Growney bietet eine schlichte und übersichtliche Darstellung des Depots.

Leistungen: Das DISQ-Qualitätsurteil lautet: »Sehr gut«. Growney ist der Testsieger unter den Fintechs. Es gibt auf der Website viele Informationen zu allen Themen rund um die Geldanlage. Die Fragen zum eigenen Anlageverhalten sind einfach und klar. Die angebotenen Lösungen gehen von einer einmaligen Anlagesumme von 500 Euro bis zu einem Sparplan ab 25 Euro monatlich aus. Auch Fonds, die auf Nachhaltigkeit setzen, sind im Angebot von Growney dabei.

Geschäftsmodell: Growney nimmt Depotgebühren und Fondsgebühren, die aber häufig niedriger sind als bei einer herkömmlichen Bank mit Filialen.

Was mir gefällt

Bereits mit einer verhältnismäßig kleinen Summe von 25 Euro pro Monat können Sie an dem Mega-Trend Nachhaltigkeit teilhaben. Das Geld sollten Sie zwar für einen längeren Zeitraum erübrigen können, bei einem Notfall kommen Sie jedoch immer an Ihr Erspartes heran.

Smartbroker

Bereich: Smartbroker ist eine Online-Depotbank und damit ein hilfreiches digitales Angebot für die Geldanlage.

Layout und Optik: Die App ist aufgeräumt und klar gegliedert. Die Farbkombination aus Rot und Grün ist etwas gewöhnungsbedürftig.

Leistungen: Sie können über das Internet unter www.smartbroker.de ein Depot für Aktien, Fonds oder Sparpläne eröffnen. Der Anbieter ist DISQ-Testsieger bei Wertpapier-Sparplänen. Das Finanzinstitut verfügt über 800 aktiv gemanagte Fonds, die allesamt ohne Ausgabeaufschlag angeboten werden. Auch im Bereich der ETF-Sparpläne hat der Anbieter ein großes Angebot (über 600 entsprechende Produkte); für fast die Hälfte der ETFs wird keine Kauf-/Ordergebühr erhoben. Sparraten sind ab 25 Euro möglich.

Geschäftsmodell: Als Kundin zahlen Sie für Ihr Depot nichts, beim Kauf oder Verkauf von Aktien wird aber eine Orderprovision von vier Euro pro Auftrag fällig. Dazu kommen Kosten für besondere Dienstleistungen, wie etwa der Rückruf einer Überweisung oder für einen Auftrag an einer ausländischen Börse.

Was mir gefällt

Smartbroker gehört zu Wallstreet Online, einem Wirtschafts-Informations-Portal, das bereits seit mehr als 20 Jahren auf dem Markt ist. Damit hat der Anbieter eine Menge Erfahrung mit digitaler Geldanlage und bietet Neueinsteigern eine einfache Plattform.

ING

Bereich: Die ING ist eine in Deutschland etablierte nieder-
ländische Großbank, bei der Sie neben einem Giro- und Tagesgeldkonto auch ein kostenloses Depot führen können. Sie
können Wertpapiere ordern und Fonds- sowie ETF-Sparpläne anlegen, was schon ab einer monatlichen Sparrate von
25 Euro möglich ist. Sie haben dabei die Wahl, ob Sie das lieber klassisch mit einem Login in Ihren persönlichen Kunden-
bereich am Computer tun oder ob Sie dafür lieber die ING
App »Banking to go« auf Ihrem Smartphone nutzen. Dort
können Sie sich jederzeit informieren, was an den Aktien-
märkten los ist. Auch der Wertpapierkauf sowie -verkauf und
die Sparplan-Einrichtung lässt sich via App erledigen. Auch
telefonisch ist die Bank erreichbar – falls es mal Fragen geben
sollte.

    Layout und Optik: Ob Bauf dem Rechner oder auf dem
Smartphone: Die dominierende Farbe der Benutzeroberfläche
ist orange. Die Anzeige auf dem Display ist nicht überladen
und sehr übersichtlich aufgegliedert in »Girokonto«, »Sparen« (für ein Sparkonto – aber das brauchen Sie nicht) und
»Investieren« (fürs Depot). Beim Wertpapierkauf- und Verkauf werden Sie übersichtlich durchs Menü geführt, Gleiches
gilt, wenn Sie einen Sparplan anlegen.

    Leistungen: Geboten werden über 1.800 Sparpläne, dar-
unter gibt es auch einige gebührenfreie ETF-Sparpläne und
Sparpläne auf aktiv gemanagte Fonds ohne Ausgabeaufschlag. Apropos Fonds: Etwa 8.000 Stück werden angebo-

ten, 4.500 davon mit reduziertem Ausgabeaufschlag bei Kauf direkt bei der Fondsgesellschaft. Laut DISQ gehört die ING übrigens 2020 zu den drei besten Anbietern von Aktiensparplänen, bei Fonds- und ETF-Sparplänen schnitten dagegen viele andere Depotbanken besser ab.

Geschäftsmodell: Die ING verdient ihr Geld klassisch über Orderprovisionen und sonstige Bankentgelte. Sie gehört zwar nicht zu den billigsten Anbietern, aber versteckte Gebühren und fehlende Transparent brauchen Sie hier nicht zu befürchten.

Was mir gefällt
Bei der ING finde ich die Bedienung übersichtlich und die App sogar sehr komfortabel. Bei dieser App gibt die Bank sogar ein Sicherheitsversprechen. Falls Betrüger sich mit geklauten Zugangsdaten Zugriff verschaffen und Schaden anrichten, dann ersetzt die Bank Ihnen den finanziellen Schaden.

Treefin

Bereich: Treefin hat mehrere Funktionen, die alle mit Geld zu tun haben. Zunächst handelt es sich um eine Multibanking-App, das heißt, Sie können darüber mehrere Konten verwalten. Zugleich fungiert die App als Versicherungsmanager und auch ein Haushaltsbuch ist in die App integriert. In diesem Haushaltsbuch können Sie einem automatischen Zugriff auf die Kontobewegungen zustimmen und die App ordnet sie dann den verschiedenen Einnahme- und Ausgabekategorien zu. Alternativ ist auch eine Eingabe per Hand möglich, um einen guten Überblick über die eigenen Finanzen zu erhalten.

Layout und Optik: Die Seite und die App sind einfach gestaltet. Die farbliche Gestaltung in Blau und Weiß dient der Übersichtlichkeit. Die App bietet wenig Ablenkung, man kann sich immer wieder aufraffen, sich damit zu beschäftigen. Hat man es einmal gemacht, wird man mit einer einfachen Kontrolle über sein Geld belohnt.

Leistungen: Als Testsieger geht Treefin mit dem Qualitätsurteil »Gut« aus der Studie des DISQ hervor. Es gibt viele Informationen, die den Einstieg erleichtern. Hierfür bekam Treefin in der Untersuchung die besten Noten. Dabei profitieren Sie als Kundin unter anderem von einer verständlichen und transparenten Kostendarstellung sowie von umfangreichen Informationen. Bei der Nutzung punktet die App mit einer schnellen, intuitiven Bedienung. Alles ist recht einfach dargestellt und übersichtlich zusammengefasst.

Eine Versicherung gegen Vermögensschäden bis 5000 Euro ist in der App eingeschlossen.

Geschäftsmodell: Treefin ist für private Nutzer zunächst einmal kostenlos. Das Haushaltsbuch lässt sich also einrichten, ohne dafür zu bezahlen. Das soll möglich sein, weil Treefin seine Technologie anderen Finanzdienstleistern verkauft. Bei der Vermittlung von Versicherungen und Finanzprodukten über die App bekommt Treefin dann aber eine Provision von den jeweiligen Anbietern.

Was mir gefällt

Wer sich einmal die Mühe gemacht hat, all seine Bank- und Versicherungsunterlagen zu sortieren und in der App einzugeben, wird belohnt mit einer einfachen Handhabung und einem tollen Überblick über den eigenen finanziellen Status und die wichtigsten Geldthemen.

Wenigermiete.de

Bereich: Das Online-Portal (www.wenigermiete.de) bietet rechtliche Hilfe bei allen Problemen rund um Ihren Mietvertrag. Dazu gehören Fragen wie Mieterhöhung, Kündigung, Mietpreisdeckel, Beteiligung an den Renovierungskosten.

Layout und Optik: Die Website ist einfach zu handhaben, die diversen Mietprobleme sind schön aufgelistet, und Sie können Ihre Daten einfach eingeben.

Leistungen: Geordnet nach den diversen Themen können Sie Ihr Problem schildern. Der Anbieter prüft mit Ihrem Einverständnis dann den Sachverhalt. Das Unternehmen kümmert sich um die formalen Dinge und versucht, Ihren Anspruch gegenüber dem Vermieter durchzusetzen.

Geschäftsmodell: Die Website wird von einem Inkassounternehmen gemeinsam mit dem Verein »wenigermiete.de Verein für Mieterrechte« betrieben. Wer die Seite nutzt und z.B. seine Miete mindern möchte, muss zunächst keinen Anwalt zahlen. Der Anbieter erhält im Erfolgsfall einen Anteil an der gesparten Miete.

Was mir gefällt

In den sozialen Netzwerken hat www.wenigermiete.de durchweg viele Fans. Insbesondere bei Twitter gibt es viele Likes, fanden die Tester des DISQ heraus.

Whitebox

Bereich: Whitebox ist ein Robo-Advisor, eine Art digitaler Vermögensverwalter (www.whitebox.eu). Normalerweise leisten sich nur Menschen mit viel Geld eine Vermögensverwaltung.

Layout und Optik: Alles ist einfach und übersichtlich. Vielleicht ein bisschen viel Schwarz-Weiß. Aber auf den persönlichen Seiten kann man sehr schnell sehen, wo das Geld angelegt wird und wie viel Rendite man bereits erwirtschaftet hat.

Leistungen: Whitebox erfragt zunächst die Präferenzen seiner Kunden, also beispielsweise die Risikoneigung, die Sparziele und den Anlagehorizont. Entsprechend investiert der Robo-Advisor das ihm anvertraute Geld seiner Kunden ausschließlich in günstige ETFs. Das macht die automatisierte Geldanlage günstig. Ab einem Anlagebetrag von 5000 Euro legt Whitebox für seine Kunden das Geld weltweit an.

Geschäftsmodell: Die Verwaltung kostet pro Jahr weniger als ein Prozent des Depotvolumens.

Was mir gefällt

Whitebox erstellt ein persönliches Anlageprofil und fragt nach, wie viel Risiko Sie eingehen möchten oder wofür Sie Ihr Geld sparen wollen. Je nachdem, wie lange Sie Zeit haben, bekommen Sie dann einen ganz persönlichen Vorschlag. Das ist zwar alles nicht neu, aber durch den volldigitalen Zugang günstiger als bei vielen herkömmlichen Banken.

Xing

Bereich: Xing ist ein Karriereportal, über das Sie sich vernetzen können – sowohl per App als auch auf der Website (www.xing.com). Das empfiehlt sich auch dann, wenn Sie für längere Zeit aus dem Job raus sind oder wegen der Kinder nur in Teilzeit arbeiten können. Mit Xing verlieren Sie nicht so schnell den beruflichen Anschluss.

Layout und Optik: Xing ist quasi ein berufliches Facebook in Grün. Es gibt eine Nachrichtenseite, die Sie an Ihre persönlichen Bedürfnisse und Interessen anpassen können. Über die App oder Website können Sie direkt mit anderen Menschen in Kontakt treten.

Leistungen: Eine Mitgliedschaft bei Xing hilft Ihnen dabei, ein eigenes Netzwerk aufzubauen und berufliche Chancen zu nutzen. Xing ist zugleich eine Jobbörse, ermöglicht geschäftliche Kontakte und gibt einen Überblick über Gehälter und offene Stellen. Xing ist das beliebteste Jobportal in der DISQ-Kundenbefragung. Das Unternehmen überzeugt mit dem Qualitätsurteil »Gut« und erreicht in allen Teilbereichen den ersten Platz. Besonders gut werden der Internetauftritt sowie Angebot und Leistung bewertet. Guter Kundenservice rundet das Bild ab.

Geschäftsmodell: Die Grundvariante ist kostenlos, für Zusatzangebote müssen Sie ein Abo abschließen.

Was mir gefällt

Wer für eine gewisse Zeit aus dem Beruf ausgestiegen oder kürzergetreten ist, bekommt hier einen guten Überblick, welche Angebote es auf dem Arbeitsmarkt gibt. Die Kommunikation ist sehr, sehr einfach möglich und die Jobsuche komfortabel.

Anmerkungen

1 www.consorsbank.de/content/dam/de-cb/editorial/PDF/Ueber-uns/Presse/Pressemitteilungen2019/presseinformation-frauen-maenner-studie-20191111.pdf.

2 www.ing.de/ueber-uns/presse/pressemitteilungen/ing-privatanleger-analyse-frauen-erzielen-2019-hohere-rendite-als-manner/.

3 www.destatis.de/DE/Themen/Gesellschaft-Umwelt/Einkommen-Konsum-Lebensbedingungen/Einkommen-Einnahmen-Ausgaben/_inhalt.html, abgerufen am 14.10.2020.

4 www.destatis.de/DE/Themen/Gesellschaft-Umwelt/Einkommen-Konsum-Lebensbedingungen/Einkommen-Einnahmen-Ausgaben/Tabellen/liste-haushaltsgroesse.html;jsessionid=534DE74A19B08D3C28D7036BA7FFA2C4.internet8711, abgerufen am 14.10.2020.

5 www.destatis.de/DE/Themen/Gesellschaft-Umwelt/Einkommen-Konsum-Lebensbedingungen/Konsumausgaben-Lebenshaltungskosten/Tabellen/liste-haushaltsgroesse.html, abgerufen am 11.10.2020.

6 www.destatis.de/DE/Themen/Arbeit/Arbeitsmarkt/Qualitaet-Arbeit/Dimension-1/gender-pay-gap.html, abgerufen am 07.10.2020.

7 Ebd.

8 Berufsbildungsbericht des Bundesministeriums für Bildung und Forschung, abgerufen unter: www.die-bonn.de/tagg/extra/bbb1999.pdf, S. 75, abgerufen am 07.10.2020.

9 www.destatis.de/DE/Themen/Arbeit/Arbeitsmarkt/Qualitaet-Arbeit/Dimension-5/tarifbindung-arbeitnehmer.html, abgerufen am 10.10.2020.

10 www.diw.de/de/diw_01.c.635473.de/mindestlohn__nach_wie_vor_erhalten_ihn_viele_beschaeftigte_nicht.html, abgerufen am 10.10.2020.

11 https://kinder-medien-studie.de/wp-content/uploads/2019/08/
KMS2019_Handout.pdf, S. 50.

12 https://kinder-medien-studie.de/wp-content/uploads/2019/08/
KMS2019_Handout.pdf, S. 51.

13 www.dji.de/themen/jugend/taschengeld.html.

14 Vgl.www.dai.de/de/das-bieten-wir/studien-und-statistiken/rendite
dreieck.html.

15 ElitePartner-Studie 2020: So liebt Deutschland, S. 32.

16 ElitePartner Studie 2020: So liebt Deutschland, S. 30 f.

17 Erschienen in der *Neuen Zürcher Zeitung* vom 20.08.2019 unter
dem Titel: »Viele Paare reden ungern über Geld – wieso das
gefährlich ist«, www.nzz.ch/finanzen/paare-und-geld-viele-reden-
nicht-gerne-ueber-finanzen-ld.1502284.

Sachregister